KB061687

내 삶의 문을 연 독서

내 삶의 문을 연 독서

초 판 1쇄 2020년 10월 22일

지은이 박상민
펴낸이 류종렬

펴낸곳 미다스북스
총괄실장 명상완
책임편집 이다경
책임진행 박새연 김가영 신은서 임종익
본문교정 최은혜 강윤희 정은희 정필례

등록 2001년 3월 21일 제2001-000040호
주소 서울시 마포구 양화로 133 서교타워 711호
전화 02) 322-7802~3
팩스 02) 6007-1845
블로그 http://blog.naver.com/midasbooks
전자주소 midasbooks@hanmail.net
페이스북 https://www.facebook.com/midasbooks425

ISBN 978-89-6637-865-4 03190

값 15,000원

내 삶의 문을 연 독서

새로운 삶을 시작할 독서 습관을 만들어줄 가이드북

-

박상민 지음

미다스북스

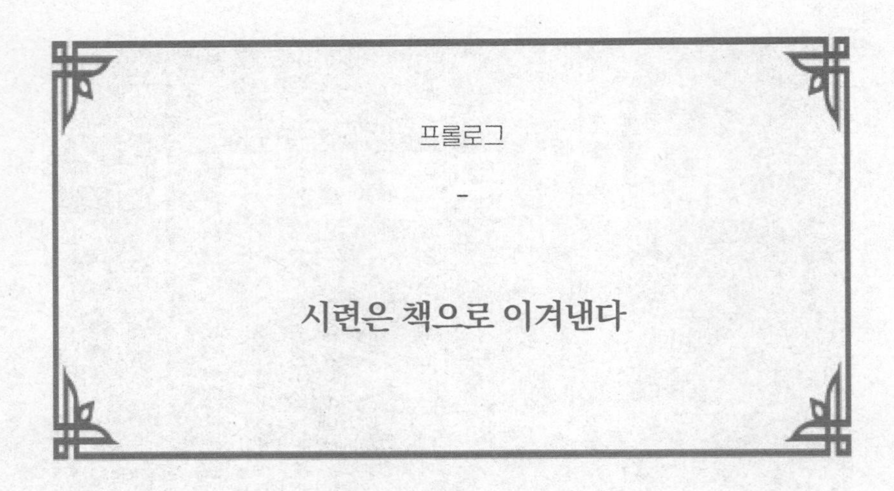

프롤로그

-

시련은 책으로 이겨낸다

책이라고는 1년에 단 한 권도 읽지 않았다. 하지만 머릿속에는 언제나 책을 가까이해야 한다는 소리가 맴돌고 있었다. 한편으론 '책 한 권 읽는다고 뭐가 달라지나?'라는 막연한 상념에 사로잡혀 지레짐작 포기하고 마는 나태하고 게으른 내가 있었다. 학창시절부터 제복 입은 군인을 동경해 공군 부사관으로 입대하기도 했다. 그마저도 뚜렷한 목표의식 상실로 공군 정비사의 기름때를 져버리고 다른 이들처럼 사회에 진출해 성공을 외쳤다. 평범한 직장생활을 하던 중 월급쟁이보다는 사업을 해야 큰 돈을 번다는 생각과 동시에 가장 안전하다고 말하는 먹는장사에 솔깃해 프랜차이즈 가맹점을 시작했다. 사랑이라는 이름으로 아내는 묵묵히 따라주었고 둘이서 무엇이든 함께한다면 어떤 고난도 이겨내리라 여겼다. 처음엔 주변 상권에 음식점이 많지 않아서 그런지 주문도 많았고 사람도 많았다. 바쁠 때는 부동산에서 사람을 데려와 다시 팔라고 말할 정도였다. 문제는 시간이 지날수록 경험 부족에서 오는 매출급감이 눈에 띄기 시작했다는 것이다. 결국엔 1년 6개월 만에 고스란히 빚만 남긴 채 모든 걸 내려놓아야만 했다. 그 시기에 첫째 딸이 태어났다. 이제 갓 태어난 딸 사진을 지갑에 넣고, 보는 사람마다 내 딸이라고 자랑하며 다니던 20년 전의 일이 마치 어제 일처럼 느껴진다. 그러나 기쁨도 잠시, 현실을 직시해야 했다. 매일 빚 독촉 전화와 찾아오는 카드사 직원들, 두렵고 불안했지만 의연해야 했고 때론 거칠어야 했다. 당시를 회상하면 어떤 방법도 없고 그저 막막하기만 했다. 빚 갚을 걱정은 둘째치고라도 먹고사는 문제가 우선이었다. 우여곡절 끝에 골판지 배송 일을 시작했다. 새벽 배송 준비 중 기사대기실의 우연한 책 한 권이 1년에 책 한 권 읽지 않던 나를 독서의 묘미에 빠지게 했을 뿐 아니라 삶의 한 부분을 차지하는 운명이 되었다.

나는 많은 사고를 접하며 살았다. 그때마다 어떤 이는 좋지 않은 징조라고 비아냥거리기도 했다. 그때는 별생각 없이 흘려듣곤 했지만, 최근 일어난 손가락 사고를 계기로 여러 일이 주마등처럼 스쳐 지나갔다. 신용불량자를 거쳐 개인 파산으로 살면서 선택의 폭은 그리 넓지 않기에 맨몸으로 뛰어들다 보니 여러 사고를 경험했다. 가장 일반적인 일에서 조금이라도 빨리 눈에 띄려면 결과를 내야 했고 거기엔 용기가 필요했다. 그 용기가 때론 기회로 어느 때는 사고로 이어졌다. 어느 순간엔 생명을 위협하는 아찔한 사고로 이어질 뻔하기도 했지만, 천만다행으로 운좋게 비껴갔다. 문제는 나이 사십을 막 넘긴 어느 날 팔꿈치에 문제가 생기기 시작했다는 것이다. 병원에서 진단한 팔꿈치 MRI 사진은 충격적이었다. 나는 의연해져야 했다. 스스로 해결하려 했다. 수술뿐 아니라 다른 방법의 모든 걸 알아보았지만 결국엔 마지막으로 선택한 것이 운동이었다. 달리 방법이 없었다. 주변 근육을 단련하는 것이 급선무였다. 선택의 여지가 없었다. 병원에서 주는 소염진통제만이 유일한 해결책같았다. 직장생활 하며 열심히 운동한 결과 다행히 증상은 호전되었지만 지금도 진행 중이다.

32세에 닥친 시련은 정확히 10년의 세월이 흐르면서 조금씩 안정되어갔다. 책은 거칠게 살아온 나를 보듬어주었고 따스하게 안아주었다. 책을 읽을 때면 기분이 좋아진다. 책을 통해 혼자만의 고독은 불편함이 아닌 친근함으로 다가왔고 그로 인해 나를 아주 조금씩 성장시키는 비타민이 되었다. 따로 시간을 내어 책을 읽는 습관도 중요하지만 언제 어디서고 시간이 주어지면 펼쳐내는 순간적 선택이 중요하다. 스마트폰이 아닌 손끝에서 느껴지는 한 페이지의 촉감과 그 내용은 하루를 가슴 설레게 한다.

누구에게나 시련은 찾아오기 마련이다. 인간은 시련을 마주하는 경험을 통해 성장하고 어른이 되어간다. 시련을 이겨내는 방법 또한 개인마다 다르겠지만 책을 통해 자신을 성찰해가는 삶의 유연함을 배운다면, 지금의 시련 또한 추억으로 여기며 술잔을 기울일수 있을 것이다.

이 책은 독서와는 거리가 먼 삶을 살다가 시련을 겪으면서 우연히 손에 잡은 책 한 권으로 독서의 깊은 의미를 알아가는 한 사람의 인생 이야기이다.

언제나 잘되기만을 바라시며 애태우시는 부모님, 그리고 힘들 때마다 격려와 힘을 주신 장인어른과 장모님께 무한한 감사의 말씀을 드린다. 무엇보다 결혼하자마자 시작한 일이 고되고 힘들었을 뿐 아니라 그로 인해 시련의 연속을 겪으면서도 묵묵히 따라준 아내에게 그저 고마울 따름이다. 경제적 어려움 속에서도 2명의 아이를 키우며 지금껏 힘들다고 불평 한마디 하지 않은 아내였기에 더욱 고맙다. 또한, 어려울 때마다 보이지 않게 도움을 주며 응원을 아끼지 않았던 하나밖에 없는 여동생과 처형에게도 감사함을 전한다. 더불어 미흡하기만 한 원고를 채택해 멋진 책을 만들어준 미다스북스와 명상완 실장님, 그리고 이다경 팀장님과 관계자 여러분께 진심으로 감사함을 전한다.

목 차

1장

갑자기 찾아온 마음의 병, 우울증

프랜차이즈 창업 그리고 파산

살면서 누구나 한 번쯤은 변화를 통해 무언가를 이루고자 한다. 나는 평범한 중소업체인 카드 단말기 회사 영업사원이었다. 주로 음식점 등을 관리하며 단말기 설치 및 카드전표를 회수하는 일을 했다. 그러다 보니 자연스레 음식점 사장님들과 대화가 많았다. 당연히 “그래도 먹는 장사는 망하지 않는다.”라는 말을 자주 듣곤 했다. 당시 한창 프랜차이즈 사업이 붐이었다. 나는 결혼을 약속한 지금의 아내와 상의를 했다. 아니 상의라기보다는 일방적인 내 의견의 전달이었다. 월급쟁이가 아닌 우리 일을 하자며 설득했고 끝내 결혼을 미루기로 했다. 문제는 돈이었다. 우리는 모아둔 돈 한 푼 없이 시작해야 했다. 하지만 문제 되지 않았다. 내 의지와 열정이 대출이라는 든든한 장벽과 함께 모든 문제를 한 방에 날려 주었기 때문이다. 당시를 회상하면 ‘프랜차이즈 정보나 장사 관련 책을 여러 권 읽었더라면 좀 더 신중히 결정하지 않았을까?' 하는 아쉬움이 남는다.

나는 2001년 겨울 영등포에서 프랜차이즈 분식점을 오픈했다. 평소 음식에 관심이 있는 것도 아니었다. 프랜차이즈의 장점을 활용해 비법과 방법을 배워 그대로 따라 하면 된다는 조금은 안일한 생각을 하고 있었다. 아내와 나는 열심히 준비했고 특히 주방 청결에 신경을 많이 썼다. 처음엔 손님이 온종일 끊이질 않았다. 종일 서서 일하며 식사조차 제대로 할 수 없을 만큼 손님이 많았다. 돈을 더 벌어볼 욕심에 오토바이까지 사서 배달을 했다. 하루에 60만 원이라는 매출이 발생했다. 모두 하나같이 '잘 선택했다.'라며 칭찬을 아끼지 않았다. 한번은 근처 부동산에서 어떤 손님과 함께 찾아와 가게를 다시 팔 생각 없냐고 물어왔다. 나와 아내는 손사래를 치며 "그럴 생각 없다."라며 거절했다. 시간이 지나면서 알았다. 그 시점에 팔았어야 했음을. 이후 주변에 다른 경쟁 음식점이 생겨나기 시작했다.

당시 아내는 임신 중이었다. 시간이 지나면서 배가 불러왔고, 종일 서서 주방 일을 하는 것이 힘에 부쳤다. 영등포 방향 서부간선도로는 출근 시간에 조금만 늦어도 차량정체가 심각했다. 그래서 우리는 새벽 4시에 출발했다. 내가 새벽 장을 보는 동안 아내는 홀 바닥에 스티로폼을 깔고 잠을 잤다. 정상적인 사람도 힘든 주방 일을 임신한 몸으로 종일 서 있어야 하니 오죽 피곤했으랴. 지금 생각해도 불평 한마디 없이 묵묵히 따라 와준 아내에게 그저 미안할 따름이다.

서서히 매출이 줄어드는 시점에 아내가 만삭이 되어 더는 주방 일을 할 수 없게 되었다. 잠시 편하게 지낼 수 있는 처가에서 시간을 보내게 했다. 하는 수 없이 주방일은 어머니의 몫이 되었다. 지금 생각해도 나 한 사람의 무모한 결정으로 가족 모두를 힘들게 했다. 프랜차이즈 분식점의 매출은 급격히 떨어져만 갔고 대출금과 이자, 각종 카드 금액을 메꾸기에 정신없었다. 100만 원에 가까운 월세마저도 버거웠다. '더 이상은 아니다.'라고 느끼신 어머니께서 다른 방도를 내놓았다. 업종을 변경하는 것이었다. 프랜차이즈 분식점보다 단일 메뉴로 가자고 했다. 바로 가마솥 순대국이었다. 어머니께서는 맛있는 집을 알고 있으니 본인이 임금도 받지 않고 일하며 기술을 배워오겠노라 하셨다. 그로부터 두 달 뒤에 어머니와 나는 대형 가마솥을 사서 주방을 다시 꾸몄다. 간판도 새로 달았다. 또다시 빚을 내 공사를 했다. 그렇게 나는 불안한 내일을 애써 달래 가며 '이번만큼은 괜찮을 거야.'라며 자신을 위로했다. 하지만 나의 예상은 빗나갔다. 나는 개업한 지 1년 6개월 만에 모든 걸 잃고 말았다. 이 위기는 시작에 불과했다. 나는 한마디로 쫄딱 망했다. 나는 신용불량자가 됨과 동시에 아빠가 되었다. 아빠가 되었다는 기쁨도 잠시 나는 살아야 했다. 아니 가족들을 살려내야 했다. 신용불량자의 삶은 생각보다 버거웠다. 내가 잘못한 결과라 하더라도 당장 없는 돈을 해결하지 못한다.

아침 일찍부터 울려대는 독촉 전화는 불안과 함께 자존감마저 극도로 떨어뜨린다. 당장 취직이 문제였다. 나는 어렵사리 배송업체에 입사했다. 새벽 4시에 출근해서 해당 구역의 김밥 가맹점에 들어가는 재료를 배송하는 일이었다.

아내는 모든 면에서 아껴야 했다. 어느 여름 오후의 일이다. 아내는 갓 태어난 딸을 안고 장을 보기 위해 마트로 향했다. 장을 보던 중 진열대의 하얀색 면티가 눈에 들어왔다. 세일 행사 중이었고 가격은 3,000원이라 적혀 있었다. 아내는 딸을 앞에 안고 그 티를 한참 이리 뒤집고 저리 뒤집으면서 꼼꼼히 살폈다. '혹시 불량품이 아닌가?' 하는 불안감 때문이었다. 그렇게 아내는 그 하얀색 면티를 계속 들었다가 내려놓기를 반복했다고 한다. 아내가 이런 행동을 반복했던 이유는 살까 말까 고민이 되어서였다. 생활비가 빠듯했기 때문에 꼭 필요한지 따져 보고 또 따져 보느라 그랬다. 결국, 빈손으로 집에 돌아온 아내는 딸아이를 붙잡고 소리 없이 눈물을 흘렸다고 한다. 나는 이런 사실을 15년이 지나고서야 아내에게서 우연히 듣게 되었다. 지금은 상황이 나아졌지만, 그날 일을 회상할 때면 아내의 눈에는 지금도 눈물이 맺히곤 한다.

나는 어떻게 하면 더 수입을 올릴 수 있을까를 틈만 나면 생각했다. 그러던 중 지인을 통해 화물차에 박스를 만드는 골판지 원단을 싣고 내려주는 배송 일을 소개받았다. 온몸으로 골판지 원단을 싣고 내려야 하는 일이다. 몸은 고되지만 잘만 하면 수입 면에서 일반 직장을 다니는 것보다도 나을 것이라 했다. 그러려면 화물차를 구매해야 했다. 당시 아내의 배 속에 둘째 아이가 자라고 있었다. 15년 된 2.5톤 화물차를 장모님께서 빌려주신 돈 100만 원으로 구매했다. 비가 오면 천장에서 물이 떨어졌고 에어컨은 작동되지 않았다. 한마디로 굴러가는 것이 신기할 따름이었다. 운전석 위 천장은 찌그러져 내려앉아 있었다. 상관없었다. 조금이라도 돈을 더 벌 수만 있다면 다른 어떤 것도 마다하지 않았을 것이었다. 이 일은 짐을 머리에 이고 뛰어다니며, 싣고 내리기를 빠른 시간 안에 마무리하는 것이 관건이었다. 일명 '까대기'라 불리는 이 일은 꽤 힘든 일 중 하나에 속한다. 비나 물에 젖기라도 하면 배상을 해야 하기 때문이다. 짐을 싣고 가던 중 갑자기 비가 내리기라도 하면 도로 한복판에서 낭패를 보기 일쑤다. 도로 한복판에서 비닐이나 덮개를 씌우다가 자칫 떨어져 골절상을 입기도 한다. 그렇지만 조금이라도 더 벌 수 있다는 것에 위안으로 삼았다. 이렇게 하루 세 번을 왕복하며 일했다.

둘째 아이가 무사히 태어났다. 가장 힘든 시기에 두 아이 모두 건강하게 태어나 준 것만으로도 내게는 큰 기쁨이자 행운이었다. 아내에게 감사한다. 이제는 더 뛰어다녀야 했다. 둘째 아이가 태어나자 책임감도 두 배가 되었다. 간혹 깔끔하게 차려입고 회사에 출근하는 다른 이들을 보고 있으면 부럽다고 느낄 때가 많았다. 남들의 일상적인 삶이 내게는 버겁게 느껴졌기 때문이다. 둘째 아이 돌잔치를 한 달여 남겨두고 아내에게서 전화가 걸려왔다. 아이의 팔에 문제가 있다는 것이다. 나는 느낌이 좋지 않았다. 당시 아내는 아이 둘을 데리고 오랜만에 처가를 방문했다. 언니 집에서 놀던 아이가 갑자기 왼팔을 쓰지 않고 있는 것을 이상히 여겨 가까운 정형외과에 진료를 받았다. 의사는 한참을 진료하고서 빨리 큰 병원에 가보라고 했다. 아내와 처형은 발걸음을 재촉해 지방대학병원에 입원했다. 한참 여러 검사를 반복하다가도 상태를 물으면 기다리라고만 했다. 며칠이 지나서야 원인불명이라는 말을 들었다. "왼쪽 팔목 부위의 뼈가 녹아내려 휘어졌다."라고 말했다. 그걸 치료하려면 왼쪽 팔목에 약 한 뼘 길이의 고름을 빼내야 하는 수술을 해야만 했다. 이때 생긴 흉터는 아직도 그대로 남아 있다. 나와 아내는 망치로 머리를 크게 한 대 얻어맞은 느낌이었다. 어떻게 해야 할지 몰랐다. 나는 새벽에 골판지 원단을 싣는 상차 준비를 하려다 말고 트럭을 운전해 경상남도에 위치한 처가로 향했다. 병원에 도착한 나는 아직 돌도 지나지 않은 막내아들을 물끄러미 바라보았다. 아빠가 왔다며 반쯤 감긴 눈빛으로 '씩' 웃어주었다. 순간 울컥했다. 갓난아기에 불과한 어린 녀석이 마치 무얼 알기라도 한 듯한 표정이었다. 나 때문에 이런 일이 일어난 것 같아 마음이 너무나도 아팠다. TV에서나 봤을 법한 일이 실제로 나에게 일어난 것이다. 나는 당장이라도 서울의 유명 대학병원으로 옮기자고 했다. 하지만 소아과 의료진과 아내의 설득으로 당분간 이곳에서 치료를 계속하기로 했다. 나는 하루만 같이 있어주고 일터로 향했다. 나는 미친 듯이 일했다. 병원에서 본 아이 얼굴만 떠올렸다. 나흘 동안 잠 한숨 자지 않고 밤새 가며 골판지 원단을 실어 날랐다. 나흘째 되던 날에는 4미터 높이에서 상체가 기울어 추락할 뻔도 했다. 원단을 고정하기 위해 차량 위에서 안전 바를 정리하던 중 나도 몰래 순간적으로 졸았던 모양이다.

둘째 아이는 돌잔치 사진이 없다. 병원에서 온갖 주사와 항생제로 병마와 싸우며 시간을 보냈기 때문이다. 3개월가량 지방대학병원에서 치료를 이어나갔다. 하지만 구체적인 원인은 여전히 불투명했다. 나는 결단을 내리기로 마음먹고 치료를 중단시켰다. 나와 아내는 곧바로 서울로 향했다. 서울에 있는 대학병원에서 다시 진료를 시작했다. 며칠 후 담당 교수님께서는 이미 이전 대학병원에서 할 수 있는 모든 조치를 한 상태여서 지켜보자고 하셨다. 다시 며칠이 지나고서 패혈증의 일종으로 바이러스 침투가 주원인이라고 했다. 교수님은 아이가 너무 어려 수술은 권하지 않았다. 우리는 한 달 뒤 퇴원했다. 완치 판정을 받지 못한 채 현재 진행형으로 남았다. 불안한 마음은 좀처럼 가시질 않았지만 어쩔 도리가 없었다. 팔은 여전히 휘어 있었고 이제 남은 건 하늘에 맡기는 수밖에 달리 방법이 없었다.

이 무렵 나는 골판지 배송으로는 늘어나는 빚 독촉과 병원비를 감당하기 버거웠다. 나야 일하러 나가면 그만이지만 아내는 마음이 편할 날이 없었다. 두 아이가 아직 어려 손이 많이 가야 함에 잠시도 쉴 틈이 없었다. 더군다나 통장에 잔액을 보고 있으면 한숨이 절로 나왔다. 어느 날

나는 파산이라는 것에 깊이 생각해보지 않을 수 없게 되었다. 시간이 많이 지났음에도 기억이 생생하다. 법원에 나와 같은 많은 사람이 마치 무언가에 쫓기는 불안한 표정으로 넋을 놓고 있었다. 이름을 부르면 판사 앞에 앉아 질문에 답을 한다. 나는 법원에 수시로 불려갔고 두 분의 판사와 대면해야 했다.

첫 번째는 서류 미비로 파산취소가 되었다. 두 번째 판사는 젊은 분이었다. 내 나이 또래로 보였다. 그분은 왜 채무변제를 하지 못하는지 물었다. 나는 솔직히 답을 했다. 장사하다가 잘못되었고 갚아나가려 했지만, 아이가 생겼다. 둘째 아이의 병은 원인불명이고 현재도 진행 중이라고. 갑자기 젊은 판사는 둘째 아이 나이를 묻고 병명에 대해 세세히 물었다. 그러고는 잔뜩 긴장한 나를 보며 아이의 현재 상태를 증명할 수 있는 병원 서류를 제출하라고 했다. 이렇게 나는 신용불량자이자 파산자가 되었다.

앞으로 어떻게 살아가야 할까?

'앞으로 어떻게 살아가야 할까?'라는 물음은 인생을 살면서 숱하게 되뇌게 되고 자신을 채찍질 하게 한다. 그리고 현재까지도 진행 중이다. 이는 학생이건 직장인이건 결혼을 했든 여자든 남자든 연세가 지긋한 어르신이든 상관없이 누구에게나 떠오르는 질문이기도 하다. 미래를 알 수 없는 인간은 끝없는 욕망과 위험으로부터 자신뿐 아니라 종족 보호를 위해 매 순간 떠올려야 하는 본능이다.

올해로 72세이신 아버지 역시 이러한 질문이 마음 한구석에 매번 자리 잡고 있다는 말씀을 하신 적이 있다. 아버지께선 현재까지도 일하고 계신다. 나는 복이 많은 사람이다. 부모님과 장인 장모님께서는 같은 연배시다. 그리고 모두 일선에서 땀을 흘리며 월급이라는 대가를 받고 계신다. 엄연한 사회구성원으로 각자의 역할을 하고 계신다. 지금까지 아프시거나 병원에 입원하시지 않고 건강하시다. 언제나 감사드린다. 이 질문은 나 역시 어떤 일을 할 때마다 숱하게 머릿속을 맴돌아 방황하게 했던 말이기도 하다.

나는 프랜차이즈 가맹점을 개점했다가 1년 6개월 만에 문을 닫았다. 폐업하자마자 모든 것이 빚이라는 이름으로 남기 시작했다. 당장 취직을 해야 했다. 아내는 출산을 한 달여 남겨놓고 있던 만삭의 몸이었다. 다행히 처형 댁이 처가와 가까이에 있어 안심되었다. 지금은 어여쁜 딸을 키우고 있지만, 당시에는 아이가 없었다. 당장 돈이 없었다. 한 달 뒤에 아이가 태어나는데 생활비는 바닥난 상태였다. 나는 절박했다. 그리고 엄청난 조바심이 일었다. 구인·구직 정보지를 빨간색 펜으로 수도 없이 동그라미를 그리며 전화를 돌렸다. 대부분 영업직이었고 운전직도 간신히 통화연결이 되면 이미 채용했다는 답만 들었다. 다행히 아는 지인으로부터 봉제 공장 납품기사가 그만두어 직원이 필요하다고 했다. 나는 급여가 얼마인지조차 묻지 않고 바로 출근하겠다고 답했다. 나는 봉고밴을 몰고 옷을 만드는데 필요한 자재 및 배송업무를 했다. 한 달이 지나 일요일 새벽 아내를 보기 위해 처가로 향했다. 11월 24일은 날씨가 제법 추웠다. 아내의 배는 이미 예정일을 살짝 지나서인지 마치 커다란 산처럼 보였다. 앉았다가 일어서기에도 힘에 겨웠다. 나는 제일 아름다운 모습 중 하나를 꼽으라면 아이를 뱃속에 품은 엄마의 모습이라 생각한다.

세월이 흘렀지만 길을 걷고 있는 임신한 산모를 보면 애틋한 생각과 함께 아름답게 보이기도 한다.

아내는 진주성을 구경시켜주겠다고 했다. 날씨가 추워 배와 허리를 담요로 둘렀다. 우리는 이런저런 이야기로 수다를 떨며 진주성을 오랜만에 마음껏 걸어 다니며 데이트를 즐겼다. 저녁을 먹고 다음 날 출근을 위해 밤늦게 출발했다. 함께 내려온 처남 차로 새벽 고속도로를 달려 대전쯤 지나고 있을 무렵 다급히 장모님 전화가 왔다. 아내가 양수가 흘러 급히 병원으로 갈 준비를 한다는 것이다. 우리는 가던 길을 돌려 다시 진주성으로 향했다. 열두 시간의 산고 끝에 첫 딸아이가 태어났다. 뭐라 말로 표현할 수 없는 감정들로 심장이 요동치고 있었다. 기쁨도 잠시 나는 현실을 직시해야 했다. 앞으로가 문제였다. 매달 내야 하는 월세와 갚아야 할 빚은 환희의 기쁨마저 다시금 우울하게 만들었다. 회사로 복귀하는 차 안에서 책망과 자책으로 얼룩진 경제적 어려움을 무능력자라며 스스로 손가락질해댔다. '앞으로 어떻게 살아가야 할까?'라는 물음에 답을 찾으려 셀 수 없을 만큼 묻고 또 물었다.

나는 이전에 직장을 다니며 저녁에 택배 물류센터에서 아르바이트를 했다. 어느 날 소장님께서 "정식직원으로 일해보는 게 어때?" 하고 물었다. 나는 흔쾌히 수락했고 본격적으로 택배 일을 시작했다. 신용불량자였던 탓에 출근 전부터 각 카드사에서 전화가 빗발쳤다. 나는 되도록 당당하려 노력했다. 돈을 쓰고 갚지 못한 건 분명 내 잘못이다. 그래서 채권자의 전화벨 소리가 울려도 피하지 않았다. 운전 중에도 되도록 통화하려 노력했다. 하지만 마음만은 거절하고 싶었다. 당시 전화통화를 이어가다 보면 격한 말들이 오가기도 했기 때문이다. 매일 하루도 빠짐없이 출근 시간 전부터 저녁 늦게까지 전화벨이 끊임없이 울렸다. 어떤 카드사 직원은 반말로 시작해 서로에게 고래고래 소리를 질러대곤 했다. 나는 아직 갓난아이가 있으니 조금만 기다려달라고 악다구니를 질러댔다. 서너 달쯤 지나서였을까, 점심 무렵 여전히 목소리가 익숙한 그에게 전화가 왔다. 역시나 서로 간에 할 말을 질러대다시피 쏟아내고는 갑자기 내 이름을 불렀다. 그가 말하길 "당신 사정 알았으니 다신 전화 안 하겠다."라고 하더니 "나중에 돈 벌면 갚아라. 그리고 아이 잘 키워라."라며 전화를 끊었다. 나는 그가 누구인지 모르지만 정말 고마웠다. 아마 그도 '나와 비슷한 아이를 키우는 아빠인가 보다.'라고 생각했다. 저녁 무렵에는 검은색 양복을 입은 남녀 서너 명이 어머니 혼자 계시는 집에 찾아와 거실까지 들어오는 바람에 한바탕 소란이 일었다. 당시 나는 택배물건을 싣고 인천에서 부곡 터미널 회사로 복귀하던 중이었다. 운전하면서 '모든 것이 나 때문이다.'라며 끝없이 자책했다. 나는 극도로 불안해지기 시작했다. 이런 일들이 매일 지속하다 보니 내 맘속 시한폭탄은 점점 커져만 가고 있었다. 매일 그들과 싸우는 꿈을 꾸었다. 다음날이 되면 어김없이 전화벨이 울리기 시작했다. 하루하루가 전쟁이었다. 앞으로 어떻게 살아야 할지는 늘 현재진행형으로 남았다.

'돈을 잃으면 조금 잃는 것이고 명예를 잃으면 많이 잃는 것이며 건강을 잃으면 다 잃는 것이다.'란 말이 가슴에 깊이 새겨지는 인생사가 있었다. 딸아이가 초등학교 3학년, 막내아들은 일곱 살 무렵 인천에서 경남에 있는 처가로 이사를 했다. 당시 서울에 직장을 두고 여러 회사를 전전하며 나름 독하게 때론 억세게 살았다. 하지만 형편은 썩 나아지지 않았다고 느껴질 때쯤 아내가 제안했다. 얼마 전 치아치료를 받으려 서울에 있는 치과병원에 견적을 받았다. 형편이 형편인지라 너무 비싸다고 느끼던 중 아내는 이모부께서 치기공사로 계시다는 걸 알고 전화를 했다. 처가로 내려가 치료를 받고 돌아온 아내는 내게 군 정비경력을 인정받을 수 있는 지방에서 자리를 잡아 보는 것이 어떠냐고 물었다. 서울에 매달려 있지 말고 지방으로 기회를 돌려보라는 의미였다. 곰곰이 생각해보니 아내 말에 일리가 있었다.

당시엔 주유소에 근무 중이었고 특별한 기술도 없이 경력이라고는 화물차 운전경력 외에는 내세울 것이 없었다. 하지만 여태껏 살아온 삶의 터전을 한순간에 바꾼다는 건 고민에 고민을 하지 않을 수 없는 일이었다. 약 보름을 생각하고 아내와 지방행을 결정했다. 지금 생각해도 내 인생에서 가장 선택을 잘한 부분이기도 하다. 우리 부부는 직장을 다니는 관계로 이사할 집을 알아볼 시간이 빠듯했다. 그때마다 장모님께서 손수 발품을 파시고 집을 알아봐주셨다. 하지만 우리가 장모님께 보낸 돈으로는 폐가를 연상케 하는 집들만 살 수 있을 뿐이었다. 돈이 터무니없이 부족했다. 안 되겠다 싶으셨는지 장모님께서 직접 대출을 받아 아파트를 계약해주셨다. 솔직히 나는 신용불량자이자 파산자이기에 금융거래가 제한되었다. 그런 내가 집을 마련한다는 것은 전혀 예상하지 못했다. 이렇게라도 집을 마련한 우리는 지방에서 새로운 삶을 시작했다. 나는 새 터전에서 새로운 직업인 기계 가공을 배우기로 마음먹었다. 하지만 생각보다 순탄치 않았다. 이곳에서 나는 이방인이었다. 특히나 말투부터가 서울말을 하고 있어 다들 묻는다. "원래 이쪽 분이 아니죠?"라며.

나는 기계 가공 분야가 생소하지만, 열심히 배워나가면 당당한 기술자가 되겠다 싶어 주 · 야간 가리지 않고 다녔다. 문제는 갑자기 찾아왔다. 기계 가공을 위해 알루미늄 소재를 기계 안에 장착하는 과정 중 팔에 힘이 들어간다. 하지만 어느날부터인가 양쪽 팔꿈치가 펴지지 않는 것이었다. 별거 아니라고 생각했지만 이내 잠을 잘 때조차도 팔꿈치를 펼 수 없어 통증이 심하게 느껴졌다. 결국엔 압박붕대를 양쪽 팔꿈치에 감고 일을 할 수밖에 없었다. 여러 병원을 찾았지만, 소염진통제만 처방해주었다. 나는 정밀진단을 받아보기로 하고 병원을 찾아갔다. MRI 촬영을 위해 입원을 하고 결과를 기다렸다. 담당 의사는 사진을 보여주며 나의 얼굴을 한번 보고는 심각하다고 했다. 양쪽 모두 연골은 없어졌고 그로 인해 뼈와 뼈가 이탈된 상태였다. 더욱이 골다공증 증상이 있어 뼈가 약해졌다고 했다. 나이로 치자면 80세나 되어야 나올 법한 증상이라고 말했다. 나는 수술이 가능한지 물었다. 하지만 담당 의사는 수술을 권하지 않았다. 왜냐하면, 지금보다 좋아진다는 보장이 없다는 이유에서였다. 지금 의학으로 이런 문제가 수술이 안 된다는 답변에 황당하기도 했다. 현재 기계 쪽 관련 일은 되도록 피하라고 했다. 제일 나은 방법은 팔을 쓰지 않는 것이라 했다. 도대체 무엇을 하란 말인가? 집으로 돌아오는 길에 어떻게 살아가야 할지에 대한 답을 찾으며 방황해야만 했다.

살면서 크고 작은 사건 사고가 누구에게나 있기 마련이다. 심지어 나는 생명에 위협적인 사고를 여러 번 겪었다. 그럴 때마다 자신을 달랬고 운이 좋아서라며 아무렇지 않게 스쳐 보냈다. 하지만 이번 일은 내게 충격이었다. 지금에 와서 다른 일을 알아본들 팔꿈치와 관련 없는 일이 어디 있나 생각했다. 사실 아무 일도 할 수 없다. 머릿속에 떠오르는 건 아파트 대출금과 아이들 학교문제 등 돈 들어가는 모든 것들이 떠올랐다. 예전에 몸을 혹사하며 골판지 원단 배송을 했던 일들이 떠올랐다. 몸을 돌보지 않고 무리하게 일만 했던 내가 한없이 처량했다. 시간이 지날수록 통증은 더욱 심해져 갔다. 처방전은 소염진통제뿐이었다. 이젠 압박붕대마저도 소용이 없었다. 나는 퇴근 후 곧바로 동네 헬스클럽 관장님께 무작정 찾아갔다. 그리고 회원가입을 한 후 본격적으로 운동을 시작했다. 처음 운동은 상당한 고통의 연속이었다.

퇴근 시간 저녁 8시 30분이 되면 체육관으로 향했다. 운동을 마치고 집으로 돌아오면 밤 11시경이다. 6년이라는 시간 동안 퇴근 후에 삶은 재활치료에 힘을 썼다. 간절히 원하면 이루어진다고 했던가. 서서히 통증이 사라지기 시작했다. 팔꿈치를 움직일 때마다 뼈와 뼈의 마찰음은 여전히 남아 있지만, 통증은 사라졌다. 관장님의 말처럼 팔꿈치 주변 근육을 발달시키니 자연스레 통증이 사라진 것 같다. 나의 결정이 옳았다. 지금은 정상인 못지않은 힘을 써가며 열심히 일하고 있다. 내 인생에서 다시금 '어떻게 살아가야 하나'를 심각하게 고민했던 기억이기도 하다. 팔꿈치 문제는 현재진행형으로 계속 운동 중이다.

절망과 우울을 이겨내게 해준 새벽 독서

우리는 살아가면서 인생의 굴곡을 넘는다. 굴곡은 감당하기 벅차게 다가오더니 이내 한계점을 넘어서면 절망하게 되고 우울해져 삶의 희망을 놓아버린다. 그럼 절망이란 무얼까. 사전적 의미로는 '바라볼 것이 없게 되어 모든 희망을 끊어버림. 또는 그런 상태'를 말한다. 인간에 있어 최대의 불안, 공포는 죽음이지만 근본적으로 두려운 것은 의지나 행위의 주체인 나 자신의 목표를 잃는 것이며 이러한 나를 잃은 상태를 표현하는 말이다. 우울이란 근심스럽거나 답답하여 활기가 없는 상태를 말한다. 또 다른 뜻으로는 반성과 공상이 따르는 가벼운 슬픔을 말한다. 그럴 때마다 나를 위로함은 다름 아닌 책 한 권의 글귀였다.

나는 공군 부사관으로 강원도 강릉에서 근무했다. 군 생활 2년째 되던

해 동기생 결혼 소식에 차를 몰고 같은 부대에 근무하는 동기생 한 명과 함께 진주로 향했다. 결혼식을 마치고 돌아오는 늦은 밤 강원도 태백산 국도를 넘어오던 중 내리막길에서 코너를 돌지 못해 그대로 처박히고 말았다. 그나마 낭떠러지가 아니었기에 불행 중 다행이었다.

일어나 보니 병원이었고 동기생은 배를 부여잡고 서 있었다. 우리 둘은 안전벨트를 하지 않았다. 내가 운전을 했고 동기생은 옆에서 의자를 눕힌 채 자고 있었다. 천만다행으로 크게 다친 곳은 없었다. 다만 말을 하면서 뭔가 이상하다고 느껴 혀로 이리저리 확인하던 중 이빨 하나가 없다는 걸 알아차렸다. 나중에 차량을 확인해보니 핸들에 이빨이 부딪쳐 정확히 앞니 하나만 빠진 것이었다. 보고도 신기했다. 얼굴은 멀쩡한데 이빨 하나만 부딪혔다. 동기생 역시 배를 부여잡고 약간의 통증을 호소했지만 크게 다치지 않았다.

사고 발생 경위를 작성하기 위해 담당 파출소를 찾았다. 대뜸 파출소장님께서 "내가 경찰 생활하면서 이렇게 사고 나서 사지 멀쩡한 사람은 자네가 처음이야. 인생을 다시 산다고 생각해."라고 말씀하셨다. 차량은 그야말로 끔찍했다. 생각할 필요도 없이 곧바로 폐차를 결정했다. 나는 앞니 하나만 빠진 거 빼고는 엑스레이 상으론 아무 이상 없었다. 하지만 약 한 달 동안 몸이 제대로 움직여지지 않았다. 제대로 걷지도 못했다. 누군가 부축해주지 않으면 일어서지도 못했다. 그래서 내 자취방 바로 옆 동기생 집에서 신세를 져야 했다. 약 일주일 신세를 지고 일상적인 내 생활 터전으로 돌아왔다. 아직 치료를 받지 못한 앞니는 마치 TV 속 영구를 떠오르게 했다. 애써 웃어보려 했지만, 전혀 웃지 못했다. 거울 속 나는 내가 아니었다. 이렇게 우울이라는 것은 서서히 나라는 사람과 친숙해져 가기 시작했다. 종일 가만히 앉아 있거나 누워 있으니 머릿속엔 온통 쓸데없는 잡동사니 생각으로 가득했다. 다른 방법을 찾아야 했다. 군에 오기 전 이우혁 작가의 『퇴마록』을 재미있게 읽었던 게 생각났다. 운동도 할 겸 천천히 몸을 움직여 서점으로 향했다. 이리저리 책을 고르던 중 눈에 들어온 책이 스티븐 코비의 『성공하는 사람들의 7가지 습관』이었다.

"우리의 행동은 자신의 의사 결정에 의한 것이지 결코 주변 여건에 의해 좌우되는 것이 아니다."

자신의 삶을 주도하라고 작가는 전하고 있다. 사고가 나고 나 자신을 돌아보는 계기를 찾았다. 파출소장님의 말이 계속 떠올라서일까. 나 말고는 아무도 없는 방에서 내 몸을 이리저리 만져보고 움직여보았다. 천운일까. 갑자기 묘한 긴장감이 돌았다. 자신의 삶을 주도하라는 강한 메시지가 내 맘 깊은 곳에서 꿈틀대기 시작했다.

시련은 순서를 기다리지 않고 동시다발적으로 온다. 나는 요식업을 정리하고 빚만 남게 되었고 동시에 아이가 태어났다. 그래서인지 내 마음은 늘 조급했다. 미래를 생각할 겨를 없이 당장 현실을 직시해야 했다. 지인을 통해 어렵게 골판지 배송 일에 뛰어들었지만 어디 가나 텃세는 존재했다. 나는 초저녁에 출근해서 남들이 출근할 무렵 퇴근한다. 제법 추운 12월 새벽에 벽제 공동묘지를 지나 박스공장에 도착해 서둘러 골판지 원단을 내린다. 어둠 속 텅 빈 공장에 나 홀로 물건을 내려야 한다는 것이 때로는 무섭기도 했다. 특히나 공동묘지 산 바로 밑 공장은 마치 군에서 특수훈련이라도 받는 느낌이었다. 비까지 부슬부슬 내리기라도 하면 더욱 스산했다.

그날도 여느 때와 같이 차를 입구에 주차 후 빠른 발걸음으로 골판지 원단을 내리기 시작했다. 뒤쪽 짐을 어느 정도 내리면 적재함에서 내 머리 높이만큼 원단 높이를 두 손으로 힘껏 잡아당긴다. 그리고 무릎을 내려 머리로 무게를 들며 중심까지 이동해 균형을 잡는다. 그리고 빠르게 내릴 위치에 가져간다. 내릴 때 무게가 무거워 몸을 옆으로 피한 채 살짝 집어던지듯 내려놓는다. 어둡고 조용한 공장이 순간 '빵' 하고 쩌렁쩌렁 울리며 땅에 진동을 전달한다. 이번엔 좀 더 많은 무게를 머리에 이었다. 목뼈가 묵직한 걸 느꼈지만 자신 있었을 뿐만 아니라 빨리 내리고 여길 빠져나가고 싶은 마음뿐이었다. 내 키 두 배 정도 높이였다. 팔에 힘을 줌과 동시에 머리로 중심을 잡아 빠르게 이동했다. 몇 발자국 지나지 않아 중심을 잃고 머리에 이고 있는 짐과 함께 뒤로 넘어지고 말았다. 여기까지의 기억이 끝이다. 1시간가량 지나고 나서야 얼굴에 눈발이 날려 물기를 느꼈다. 뭔가 잘못됐다는 것을 느끼고 손가락부터 움직여 보았다. 정상적으로 움직였다. 목뼈가 심상치 않음을 느껴 살짝 돌려보았지만 좀처럼 움직여지지 않았다. 그 상태로 한 바퀴 굴러보았다. 시멘트 바닥에 한참 동안 납작 엎드려 있었다. 아내에게 긴급연락을 하려 했지만 이내 포기했다. 휴대전화를 차에 두었기 때문이다. 서서히 일어나 보니 목이 삐끗해서인지 돌아가지 않는 것만 빼고는 다행히 멀쩡했다. 한동안 똑바로 누워서 자면 목이 아팠다. 그날 이후 밤에 일하는 시간이 무섭기도 하고 마음의 안정을 찾지 못했다. 낮 시간대는 외곽순환도로의 정체가 너무 심해 길바닥에 버려지는 시간이 많아 일부러 밤 시간대를 택한 이유다. 나는 쉬는 날 서점으로 향했다. 리처드 칼슨이 지은 『우리는 사소한 것에 목숨을 건다 2』가 눈에 들어왔다. 1편을 아내와 연애할 때 읽은 기억이 있어 자연스레 손이 갔다.

새벽에 골판지 원단을 실으려 순번 대기 중이면 틈나는 대로 단 몇 줄이라도 읽었다. 기사 휴게실이 있었지만, 보통은 고스톱판이 벌어지거나 음담패설이 주를 이루어 시끄럽기도 해 내 차에서 읽었다.

'당신의 과거를 통해 교훈을 얻을 수는 있겠지만, 그것에서 행복을 구하려 한다거나 그것을 필요 이상으로 해부하는 것은 그야말로 어리석은 행동이다.'

나는 이 글귀가 가장 좋아 몇 번을 써보기도 했다. 한번 넘어지고 목숨에 위협을 느꼈다고 생각한 나머지 너무 자기 비하적이며 부정적으로 변해버렸다. 어떻게 받아들이냐에 따라 상황은 온전히 달라진다. 행복을 위해 애쓰는 것보다 불행을 내버려두는 것이 훨씬 더 힘든 일이다. 나는 생각을 고쳐먹기로 마음먹고 책을 덮었다. 내가 지금 이 일을 할 수밖에 없다면 여기서 죽더라도 어쩔 수 없다는 각오가 일었다. 내 순번에 실은 원단은 다름 아닌 내가 쓰러졌던 바로 그 공장이다. 나는 기쁘게 이를 악물고 싣기 시작했다.

나는 2.5톤 화물 차량에서 11.5톤 대형 화물 차량으로 업그레이드를 했다. 같은 동네에 사시는 형님의 권유로 차량을 매입해 본격적으로 영업 화물기사가 되었다. 물론 내 사정을 누구보다 잘 아는 처형의 도움이 너무 컸다. 이는 살면서 두고두고 갚아야 할 빚이며 감사해야 한다. 나는 충북 청원에서 한 기업의 기계를 싣고 가려 준비 중이었다. 비는 오지 않고 있었지만, 잔뜩 흐려져 있었다. 오후 2시경 지게차 기사가 기계를 들어 올려 적재함에 실어주었고 다음 기계를 실어주려 대기하고 있었다. 적재함을 닫으려 고개를 숙이는 순간 머리 정수리 쪽에서 둔탁하고 뭔가 깨지는 소리가 났다. 잠깐이지만 눈앞이 보이지 않다가 뿌연 안개처럼 서서히 보이기 시작했다. 적재함 고리의 쇠뭉치가 정수리 한가운데를 살짝 비켜 지나갔다. 절묘하게 비가 억수같이 쏟아지기 시작했다. 머리 위에서 솟구치는 피가 흘러내려 목덜미를 뜨끈하게 지나며 하얀색 면티는 빨갛게 물이 들어가고 있었다. 순간 지게차 운전기사와 눈이 마주쳤다. 무척 난감해하는 표정이었으나 빨리 내려 주고 퇴근하고 싶은 표정이었다. 나는 아픔도 잊은 채 적재함을 닫았다. 일단 차 안에 수건을 찾아 머리를 감싸고 비와 땀과 피로 범벅된 채 결박을 했다. 차를 몰고 경비실에 내려 경비아저씨에게 화장실을 써도 되는지 허락을 얻고 피를 닦았다. 경비 아저씨도 걱정을 많이 하는 눈치였다.

나는 서둘러야 했다. 토요일 주말인 데다 도착지는 안산 시화공단이다. 최악이었다. 피는 계속해서 흘렀고 도착지에선 기다리고 있을 테니 빨리 와달라고 했다. 고속도로는 막혔고 2시간이면 도착할 시간이지만 무려 다섯 시간이 걸렸다. 수건 5장이 피에 젖었고 머리가 아파 운전에 집중할 수 없었다. 간신히 안산에 진입 후 약국을 찾았다. 약사에게 머리를 보여주고 응급처치를 부탁했다. 머리를 본 약사는 병원에 최대한 빨리 가보라고 신신당부하며 일단 먹는 약을 주었다. 그의 표정에서 두려움이 일었지만 빨리 움직여야 했다. 나는 밤 9시가 되어서야 병원에서 치료를 받았다. 혹시 몰라 여러 검사를 했다. 천만다행으로 큰 이상은 없었다. 다만 쇠뭉치 모서리 부분이 외피를 가격해 상처가 벌어져 있어 호치키스와 비슷한 도구로 좁혀 고정했다. 집에 돌아온 나는 한 번도 생각해보지 않은 내 삶의 운명과 여러 위험을 다시 조명해보았다. 왜 하는 일마다 좋지 않은 일들이 마치 그림자라도 되는 듯 따라다니는 건지. 절망은 지금 우리 눈앞에 벌어지고 있는 일에 어떤 가치와 의미가 있는가를 질문하게 한다. 나는 의기소침해졌다. 하지만 이대로 가만히 답을 기다릴 수만은 없었다.

나는 가까운 서점으로 향했다. 첫눈에 이거다 싶은 책 제목이 있었다. 은지성 작가의 『생각대로 살지 않으면 사는 대로 생각한다』라는 책은 제목에서 오는 무언의 메시지에 나를 강렬히 끌어당겼다. 새벽 시간뿐 아니라 화물차에 두고 틈나는 대로 여러 번 읽었던 기억이 있다. 실제 우리의 삶이 이 말속에 오롯이 담겨 있다 해도 과언이 아니라고 생각한다. 또한, 인생에 대해 저자는 이렇게 전한다.

"마라톤에는 결승점이 있지만, 인생에는 결승점이란 없다."

그러므로 늦었다고 해서 포기하거나 겁먹을 필요가 없으며, 또한 자신이 지금 1등이라고 해서 교만해져서는 안 된다는 것이다. 의기소침했던 나의 마음은 온데간데없이 사라지고 희망에 초점을 맞추기 시작했다. 책 한 권이 주는 깊은 의미는 나를 서서히 일으켜 세우기 시작했다.

독서는 세상에서 가장 행복한 전염병이다

드라마 〈미생〉의 대사처럼 요즘 우린 '삶'이라 쓰고 '버티기'라 읽으며 살아간다. 어쩌다 이런 지경에 이르렀을까. 인간은 그 어떤 대상이나 무엇에 인정받고 싶어서 하는 기본적 욕망을 품고 살아간다. 그것이 곧 나를 결정짓는 가치의 수단이기 때문이다. 살아남아야 하기 때문이다. 누구나 성공이란 단어를 나에게 접목한다. 나 역시 마찬가지다. 회사에 다니며 인정받아야 월급이라는 몸값의 가치가 오르기 때문이다.

나는 남들처럼 그럴듯한 스펙을 가지고 있지 않다. 고등학교 졸업이 학력의 전부다. 군에서 항공정비를 했지만, 항공회사에 취직하지 못한다면 무용지물이나 마찬가지였다. 제대 후 처음엔 우리나라 유명한 항공회사에 원서를 지원해 시험을 치렀지만 몇 차례 실패했다. 나이마저 30대로 접어들고 있어 스스로 포기하고 다른 길을 택했다. 이런 일련의 과정을 겪으며 앞날은 불안했고 초조했다. 때론 부사관으로 군 장기 복무를 하지 않은 것에 후회하기도 했다. 그때마다 나를 보듬어주고 이끌어준 건 다름 아닌 한 권의 책이었다. 내가 중소업체 카드 단말기 영업사원으로 해당 구역의 카드전표와 관리업무를 하고 있을 때였다. 무슨 이유인지는 모르겠지만, 지금도 기억나는 건, 사장님께서 의자 2개를 붙여 다리를 교차해 쭉 뻗고서 나를 불렀던 일이었다. 대답하며 앞으로 가는 나 자신이 수치스러웠다. 훈계를 듣고 일을 나갔다. 빈번하게 일어나다 보니 언제부터인가 정수리 부분에 머리카락이 빠지기 시작했다. 이내 500원짜리 동전 크기까지 커졌다. 당시 짧은 머리를 하고 있어 뒤에서 보아도 태가 났을 정도였다. 안 되겠다 싶어 병원을 찾아 머리에 주사를 맞았다. 연세가 지긋해 보이시는 의사 선생님께서 스트레스도 관리해야 한다는 말을 해주셨다. 그러시면서 "책을 가까이에 두고 친해져보라."라는 당부의 말씀을 해주셨다. 그날 저녁 나는 의사 선생님께서 일러 주신대로 서점으로 향했다. 어니 J. 젤린스키의『느리게 사는 즐거움』이란 책을 선택했다. 머리말을 읽고 곧바로 구매했다

"당신은 왠지 마음이 자꾸만 조급해지고 점점 뒤떨어진다는 느낌이 드는가? 만일 당신이 현대사회의 미친 듯한 질주에 당혹스러워 긴장을 풀고 잠시라도 생각할 시간을 갖고 싶다면, 이 책은 바로 당신을 위한 것이다."

저자는 흔히 생활의 지혜라고 일컬어지는 속담들 가령 '놀면 녹슨다. 노동은 그 자체가 기쁨이다.'라는 말로 우리가 오로지 일만 부추긴, 이에 서두르지 말고 인생을 느긋하게 살면 행복해질 거라고 말한다. 또한, 일반적인 믿음과 달리 진정 보람 있는 삶을 살 수 있는 그 순간을 즐기라고 이야기하고 있다.

나는 이 책을 단번에 읽어 내려갔다. 평소 책 한 권 제대로 읽지 않던 내가 하루 만에 읽었다는 것 또한 놀라웠다. 나는 의사 선생님께 감사했다. "책을 가까이에 두고 읽어보라"라는 말 한마디가 아니었다면 스스로 분노만 키워나가고 있을 뿐 내적 변화에 아무 일도 일어나지 않았을 것이다. 이후 머리카락은 잘 자라났고 무엇보다 현재의 나를 되돌아보며 긍정이 주는 묘미를 찾으려 책을 가까이 두는 계기가 되었다.

주말이면 아들과 공원에서 자전거를 타며 휴식을 취한다. 첫째 딸은 현재 고등학교 3학년이고 막내는 중학교 2학년이다. 이상하리만큼 우리 집은 고3 수험생 분위기와는 거리가 멀다. 아내와 나는 아이들 교육문제에 무덤덤한 편이다. 공부를 강요하지도 않고 대개 자발적이길 원한다. 다행히 아이들 이모, 나한테는 처형이 영어 학원 강사로 근무를 하셔서 아이들 영어를 지도하고 있다. 현재는 아이를 키우느라 육아에 전념하고 있다. 나 역시 특별한 경우 아니면 책을 보며 시간을 보낸다. 책의 고마움과 그것으로 인해 인생의 굴곡을 현명하게 넘어왔다.

집에서 10분 거리에 서점이 있다. 딸은 고3이라 나와 함께 서점을 갈 경우가 없지만, 막내아들은 곧장 따라나선다. 아이가 어려서도 서점을 자주 데리고 다녔다. 보통 나는 목차를 보며 책을 고르고 아들은 마블 책 분야에서 한참을 기웃거린다. 결국엔 내 책과 함께 마블 책을 구매한다. 그런데 마블 책들은 비닐로 포장이 되어 볼 수가 없다. 만화책이지만 기꺼이 사준다. 활자를 읽는 습관을 기르는 데는 만화책도 상당히 좋은 방법의 하나라고 생각해서이다. 간혹 이런 이야기를 하다 보면 만화책에 민감한 반응을 보이시는 학부모들을 본 적이 있다. 아직 만화책은 돈 주고 사볼 가치는 안 된다는 전형적인 사고방식을 가지신 분들이 계신다. 옳고 그름을 떠나 아이가 흥미를 느끼고 있는 분야의 책이 도덕성에 어긋나지 않는다면 응원해줘야 한다는 편이다. 막내아들은 그다지 책을 좋아하지 않는 편이다. 나 역시 어렸을 때 책과 가까이 지내지 않았다. 그래서 이해하는 편이다.

이번 겨울방학에는 게임을 했다. 내가 읽은 책 중에 이지성 작가의 『에이트』라는 책을 추천했다. 너무 재미있게 읽었고 앞으로 미래의 교육에 대해 다시 생각하게 하는 책이었다. 이 책을 읽기만 하면 오만 원을 현금으로 주겠다고 약속했다. 겨울방학 끝날 때까지만 읽으라고 했다. 딸아이와 막내아들은 별거 아니라고 큰소리를 쳤다. 오히려 아빠 용돈이 없어짐을 걱정했다. 첫째 딸아이는 고3 수험생이라 크게 기대하지 않았다. 하지만 의외로 책을 읽었다. 막내아들은 현재까지도 읽지 않고 있다. 책은 여전히 거실 소파 옆에 놓아두었다. 계속해서 책이 눈에 띄면 '언젠가는 들추어 보겠지'라는 나의 작전이기도 하다.

책도 바이러스처럼 전파력이 있다. 굳이 강의를 듣고 설명하지 않아도 세월과 무관하게 사람들의 뇌리에 읽혀 나간다. 때론 한 권의 책을 다 읽지 않고 한 구절의 글귀에 자신을 변화시키며 감동의 소용돌이를 느끼게 해준다. 나는 아이들에게 늘 전한다. 학생의 본분은 공부지만 본인의 선택사항이다. 하지만 독서만큼은 평생 습관으로 가져야 할 필수항목으로 여겼으면 한다. 공부는 때가 있기 마련이다. 시기가 지나고 나면 몇 배의 노력을 수반해야 한다. 공부 역시 평생을 해야 하는 건 맞지만 독서는 오롯이 나를 만나는 시간이다. 큰 성공을 거둔다 해도 자신을 들여다보지 못한다면 뿌리 약한 나무와 같다.

"오늘의 나를 만든 건 마을의 도서관이었다. 하버드 졸업장보다 소중한 것은 독서하는 습관이다."라며 세계적 갑부인 빌 게이츠 역시 독서 습관에 대해 심도 있게 전하고 있다.

나는 오랜만에 경기도 성남을 찾았다. 떨리기도 하고 가슴 설레기도 하는 한책협(한국책쓰기협회)에 김태광 대표님 강의를 듣기 위해서다. 시간이 남아 예전에 같이 근무한 동료가 마침 성남에 있었다. 그는 지방에서 올라와 성남에 있는 회사에 입사한 상태다.

모처럼 만나 반가워 식사도 하고 차도 마시며 이런저런 수다를 떨었다. 나와는 나이 차이가 크게 나는 한참 후배였다. 그는 공업고등학교를 우수하게 졸업해 학교에서 추천해주는 중소업체에 취직했고 병역특례까지 회사에서 마쳤다. 머리가 똑똑했고 성실한 친구였다. 같은 회사에서 근무하던 중 내가 다른 회사로 이직했고 서로 가끔 연락만 주고받았다. 나는 성남에서 이틀간 강의를 들어야 했다. 그나마 주말 강의라 다행이었다. 토요일 강의를 듣고 숙식을 해야 하는데 이 친구가 끝까지 함께 했다. 지금 생각해도 너무 고마웠다. 우리는 그 친구가 잘 아는 찜질방으로 향했다. 코로나 여파로 휴업을 했다가 다시 문을 열었다고 했다. 들어가기 전 발열 체크를 일일이 하고 연락처도 적었다. 낯선 곳에서의 하룻밤이지만 그 친구 덕에 맘 편히 잠을 청했다. 사실 이 친구와 같이 근무하면서 책을 한 권이라도 좋으니 읽어보라고 수없이 이야기하곤 했다. 인생 선배로서 살아보니 인생에서 지혜를 얻는 가장 좋은 방법은 독서라고 수없이 얘기했던 기억이 난다. 갑자기 궁금해졌다. 다음 날 아침 식사를 하고 차 한 모금 마시며 물었다. "요즘에 읽고 있는 책은 있어?" 역시나 대답은 "아니오."였다. 책 살 돈과 시간이 없다고 빈정거렸다. 나는 강의 시간이 다가와 이동하던 중 백화점 지하 서점이 눈에 띄어 들어가자고 했다. 사람들은 각자 마스크를 쓴 채 책을 고르거나 한쪽에 마련된 의자에 앉아 책 속에 집중하고 있었다. 나는 이왕 온 김에 책을 구매하기로 마음먹고 평소 마음에 담아둔 책을 훑어보았다. 그러면서 그 친구에게 책 몇 권을 추천해주었다.

이야기를 듣던 중 갑자기 조금 전까지 자기 눈에 들어오는 책이 있었다며 그 책을 들고 왔다. 그러고는 내가 고른 이서현 작가의『해빙』책까지 계산했다. 나는 깜짝 놀랐다. 불과 몇 시간 전만 해도 책이란 이야기만 나와도 시큰둥한 얼굴을 하던 친구가 아닌가. 나는 물어보지 않을 수 없었다. 그는 갑자기 이야기만 듣다가 직접 서점에 와보니 본인도 읽어보고 싶다는 생각이 들었다고 했다. 고맙게도 내가 읽으려고 했던 책까지 덤으로 받아 너무나 기뻤다. 무사히 마치고 돌아온 나는 무언가 뿌듯했다. 그 책을 읽었는지는 알 수 없다. 하지만 그 친구는 머지않아 독서의 즐거움을 알게 될 날이 올 거라 여긴다.

지금은 코로나 감염으로 전 세계가 비상이다. 한 사람의 기침으로 눈에 보이지 않는 바이러스란 괴물에 의해 전 세계가 초토화되고 있다. 비단 이런 바이러스만 확산하는 건 아닐 것이다. 지금은 외부보다는 내부생활이 주를 이루고 있다. 이럴 때 책을 접할 기회가 더욱 많을 거로 생각한다. 책으로 인한 독서 바이러스 역시 강력하다. 독서는 한 사람의 미래를 바꿀 수 있는 계기를 마련하는 초석이 된다. 그뿐만 아니라 가정을 지키고 나아가 불안한 사회의 전망을 나름대로 긍정으로 밝게 비추게 되리라 믿는다. 언제나 희망은 존재해왔다. 희망은 또 한 번의 숨고르기며 삶의 미덕이기 때문이다.

5

나는 책을 읽기 전까지 아무 생각 없이 살았다

책이란 문자 또는 그림을 수단으로 표현된, 정신적 소산물을 체계 있게 담은 물리적 형체, 도서 · 서적으로 정의한다. 서적이란 인간의 사상이나 감정을 글자나 그림으로 기록하여 꿰어 맨 것으로 정의한다.

나는 군대 가기 전까지 1년에 책 한 권 읽지 않는 부류였다. 중학교 시절엔 공부를 곧잘 했던 기억이 난다. 당시 기억엔 역사시험을 잘 치렀다. 역사 선생님 수업이면 오히려 잠을 자다가도 깨었을 정도로 집중했다. 중학교 3학년엔 공업기술 선생님이 담임 선생님이셨다. 당시엔 서울기계고등학교, 한양공업고등학교, 덕수상업고등학교 등 실업계 고등학교가 상위 1%에 들지 않으면 원서조차 내밀기 힘들었다. 중학교 3학년 여름방학이 끝나고 담임 선생님께서 호출이 왔다. 한양공업고등학교에서 학업이 우수한 학생 중 선발하여 서류전형으로만 입학허가를 내준다는 것이다. 그중에 나를 추천해주셨다. 나는 뛸 듯이 기뻤다. 선생님께서는 우선 부모님의 허락을 얻는다면 서류전형은 문제없을 것이라 말씀하셨다.

그날 저녁을 먹고 잠시 틈을 타 아버지께 말씀드렸다. 나는 자신에 차 있었고 당당하게 칭찬받을 준비를 했다. 하지만 아버지 표정은 무거웠고 무서웠다. "아들자식이라고는 한 명인데 대학에서 공부할 생각은 안 하고 기껏 공업계 고등학교에 다닐 생각을 해?"라며 손사래를 쳤다. 옆에 계신 어머니의 표정은 눈물까지 글썽거리고 있었다. 나로서는 어리둥절했다. 내가 큰 잘못을 한 건가? 그런 생각도 잠시. 나는 포기할 수밖에 없었다. 너무 엄하고 무서운 아버지를 도저히 이겨낼 자신이 없었다. 그렇게 나는 인문계 고등학교에 입학하게 되었다. 고등학교에 들어가서부터는 공부를 하지 않았다. 성적은 하위권에서 맴돌았고 점점 학교생활마저 적응하지 못했다. 고등학교 2학년까지는 아주 평범했다. 반에서 나서지도 않고 특별하지도 않은 조용한 성격의 소유자였다. 이때 서울 관악구 신림동 셋방살이 집에서 경기도 안양으로 이사를 했다. 1년에 몇 번 얼굴조차 보기 힘든 아버지와 어머니께서 악바리 인생으로 자식들 키워가며 처음으로 집 장만을 하셨기 때문이다. 아버지께선 건설회사에 근무하셨다. 지방공사가 많다 보니 숙식을 하시며 3~4개월 만에 집에 오시곤 했다. 그런 아버지가 나와 여동생은 가끔 낯설기까지 했다. 나 자신이 외부에서 한 푼이라도 더 벌어볼 욕심에 집에 오지 못했을 때야 비로소 알았다. 아버지의 외롭고 허탈했을 마음을, 가장의 책임감에 눌려 속마음을 철저히 숨긴 채 자신만을 내던진 아빠의 마음을. 3학년으로 올라가자마자 외부에서 맴돌기 시작했다. 공부와는 점점 멀어져 친구들과 어울리는 시간이 잦았다. 때론 친구들과 서울역 근처 만화방을 기웃거렸다. 보고 싶은 만화를 실컷 보고 배가 고파오면 라면도 시켜 먹었다. 어느 날 친구가 조용히 따라오라고 했다. 얼떨결에 작은 골방으로 따라갔다. 작은 입구에 비해 방은 제법 컸다. 친구와 컴컴한 방 한구석에 앉았다. 친구는 담배를 꺼내 피우더니 나에게도 한 대 주었다. 원래 담배 피우는 줄 알았지만, 그날은 무척 당황했다. 이곳에서 처음으로 담배를 피웠다. 그리고 그 친구는 앞에 TV를 보라며 턱 짓을 했다. 다름 아닌 불법 성인물을 보게 된 것이다. 알고 보니 이곳은 이런 종류의 영화를 보기 위해 은밀히 만든 비밀 아지트였다. 고3 수험생이고 공부에 매진해도 될까 말까 하는 시기에 이런 어처구니없는 짓을 하고 다녔다. 나는 그저 졸업을 기다리며 시간만 지나기를 고대하고 있었다.

이뿐만이 아니었다. 나의 치부를 드러내는 것 같아 망설여지지만, 지난날을 반성하는 계기로 삼으려 몇 자 적는다. 고등학교 3학년 여름방학을 얼마 남기지 않았을 때의 일이다. 나는 학교인 신림동에서 경기도 안양까지 걸어가기로 했다. 저녁 무렵이었다. 나는 차비보다는 담배를 사기로 했고 걷는 쪽으로 결론을 내렸다. 걷는다면 약 1시간은 족히 걸린다. 이미 어두워졌고 천천히 걸어가고 있었다. 골목을 지나갈 무렵 전봇대 옆에 세워진 허름한 스쿠터 한 대를 발견했다. 그다지 상태가 썩 좋진 않다고 느낄 때 오토바이 열쇠가 꽂혀 있다는 걸 순간적으로 알아차렸다. 순간 나는 이기적인 본능에 사로잡혔다. 분명 주인은 근처에 없는 것으로 확인했다. 오토바이 번호판도 없었다. 나는 한참을 그 자리에서 조금 떨어져서 생각했다. '안양에서 신림동까지 버스 타고 다니는 것도 힘든데 이참에 잘 됐다.'라고 생각하기에 이르렀다. 30분쯤 기다렸을까. 나는 긴장한 손으로 천천히 키를 돌려 시동을 걸어보았다. 자연스럽게 엔진음이 들리고 곧바로 시동이 켜졌다. 나는 잽싸게 핸들을 돌려 안양방면으로 전속력으로 당겼다. 나는 자신의 에고에 지배당한 채 아무 생각도 없이 타락의 길을 가고 말았다. 고3 여름방학이 끝날 때까지 학교 앞에 오토바이를 세워두고 저녁에는 친구들과 신나게 타고 다녔다. 부모님에게 들키기라도 할까 봐 집에서 조금 떨어진 곳에 세워둔 오토바이는 어느 날 흔적도 없이 사라지고 말았다.

시간이 흘러 어느덧 자식이 고등학교에 다니고 있다. 그때를 젊음의 객기로 치부해버린 채 죄책감마저 없이 잊고 말았지만, 사실 돌이켜보면 무척이나 후회되고 한심하기 그지없다. 대학에 진학하지 못해서가 아니라 습관적으로 독서를 했더라면 자신의 에고에 쉽게 휘둘리지 않았을 것이다. 나는 이 글을 통해 누구인지 모를 오토바이 주인 분에게 진심 어린 사죄를 드린다. 나의 학창시절은 영혼 없는 방황의 연속으로 끝이 났다.

나는 한때 아동도서를 판매하는 회사 영업직으로 근무했다. 아동도서라 그런지 여성 근무자가 압도적으로 많았다. 열심히 팔아야 하는데 방법을 몰랐다. 회사에서도 영업방법을 알려주거나 교육을 하진 않았다. 밖에 나와서는 어디로 가야 할지 막막했다. 마침 지인으로부터 연락이 와 강남역 커피숍에서 만나기로 했다. 세상 사는 이야기로 시작해서 영업의 어려움을 이야기했다. 그는 영업을 잘하는 사람을 소개해주겠다고 이야기를 해 귀가 솔깃했다. '쇠뿔도 단김에 빼라.'라는 속담처럼 나는 당장 만나자고 제안했다. 그분의 회사는 강남역과 역삼역 중간쯤에 있었다. 회사에 도착하니 말끔한 정장 차림의 중년이 다가와 차를 타주며 이런저런 질문을 했다. 대답에 답하며 눈치껏 분위기를 살펴 뭐 하는 곳인지 읽으려 했다. 말은 통신판매용 전화카드 회사라지만 기술진들은 보이지 않았고 다양한 사람들로만 가득 찼다.

지인은 회사 홍보용 강의가 있으니 이왕 여기까지 온 거 듣고 가라고 권했다. 한사코 거절했지만, 꼭 들어보라며 애걸하다시피 말을 하는 바람에 할 수 없이 맨 뒷자리에서 듣게 되었다. 처음엔 대수롭지 않게 듣다가 수익계산을 따져 물을 때는 귀를 쫑긋 세우고 듣게 되었다. 강의를 듣는 내내 획기적인 영업방법 중 하나라고 생각했다. 바로 네트워크 마케팅이었다. 즉 우리말로 풀이하면 다단계회사였다. 같이 온 지인분도 겸업으로 하고 있다고 들었다. 이 회사는 국제전화 휴대전화 통화용 카드를 제작 유통했다. 나는 곧바로 대리점 사업자로 등록했고 아동도서 영업엔 관심이 없어지기 시작했다. 집에 가서 수익을 따져 보았고 그림을 그리기 시작했다. 이대로만 된다면 돈 벌기는 코 푸는 일보다 쉬워 보였다. 일주일 후 아동도서 영업직을 그만두고 본격적으로 다단계 영업을 위해 강남역으로 출근했다. 누구나 그렇듯 많은 돈을 벌고자 내면 깊숙이 이기적인 욕망을 품고 살아간다. 내가 영업직을 배우려 한 것도 돈을 많이 벌고자 함이다. 이름 앞에 성공이라는 글자가 새겨진 이들의 공통점은 모두 영업세계에 몸담고 있다고 느꼈기 때문이다. 나는 새로운 마케팅방법에 대해 강의를 듣기 시작했고 다양한 사람들을 만났다. 나는 일확천금을 꿈꾸고 있었다. 강의가 끝나면 높은 직급의 임원급들이 자기 통장을 보여주기까지 했다. 마치 사람들에게 확신을 주기 위해 준비한 이벤트처럼 보였다. 그분의 통장에는 매시간 수당이 지급되고 있었다. 대충 계산해도 월 수령액이 3,000만 원을 넘긴다. 이곳은 다양한 계층의 사람들로 북적였다. 대학생은 물론 보험회사 영업직 또는 직장을 퇴직하신 분들과 주부, 공무원까지 다양했다. 이들의 공통점은 모두 성공이라는 목표를 지향했고 네트워크 마케팅에 대한 비전이 남다르다는 것이었다.

나는 각자 본업을 유지하고 겸업으로 충분히 가능할 거로 생각했다. 그로 인해 더 많은 이들을 강의에 참석시켜 등록한다면 상당한 액수의 후원금이 들어올 거라 예상했다. 이전 직장인 여성 대리님에게도 전화를 걸어 찾아오게 했다. 유독 살뜰히 챙겨주셨기에 약속에 응했고 찾아주셨다. 한참 이야기를 들으시고 관심도 보였지만 그 역시 선뜻 가입하기엔 많이 망설이고 있는 눈치였다. 가입하지 않았지만, 갑자기 부하 직원이었던 후배가 가입을 유도하고 있으니 많이 당황했을 것이다. 또한, 군에 같이 근무했던 후배에게도 연락해 강의를 듣도록 유도했다. 거기다가 다른 회사의 다단계회사 사람들이 다가와 연락처를 묻기도 했다. 우유부단한 성격을 가진 나는 매몰차지 못해 연락처를 공유하기도 했다. 그는 수시로 찾아왔고 자주 연락이 왔다. 결국, 그가 다니고 있는 다단계회사를 찾아가게 되었다. 나는 약 6개월 동안 다단계회사에서 일했다. 결정적으로 탈퇴 선언을 한 계기가 있었다. 통장을 보여주며 성공을 말하던 이들의 점심은 초라했다. 매일 라면에 김밥이었고 그들이 타고 다니던 멋진 중형 세단의 차는 자세히 들여다보니 가스차로 개조되어 있었다. 나는 의심하지 않을 수 없었다. 그들의 모습을 통해 또다시 인간의 양면성을 낱낱이 보게 되었고 스스로 실망하여 강남 쪽에 발을 끊었다.

네트워크 마케팅, 우리말로 다단계 마케팅이 모두 불법이라고 말하려는 것이 아니다. 기존의 유통방식의 중간단계를 줄여 절약된 비용으로 유통에 이바지한 회원들에게 수당을 지급한다. 이는 인공지능이 발달하는 4차 산업혁명 시대에 더 크게 성장할 수 있는 업종으로 인정받고 있다. 하지만 전체를 왜곡하고 쓸데없는 물건 등으로 사람만을 끌어들이는 회사라면 이는 피라미드 회사라고 봐야 한다. 결국, 나는 다단계가 아닌 피라미드를 다녔다.

독서에는 비용이 들지 않는다

인생을 살아가다 보면 뜻하지 않는 시련으로 우울과 좌절감에 허우적거릴 때가 있다. 요즘엔 많은 젊은이가 취업문제로 고심을 하고, 기성세대는 빠르게 변하는 시간 속에서 자신을 붙잡으려 애쓴다. 매 순간 이어지는 긴장감과 초조함으로 모든 일상은 극도로 민감해져 있다. 이를 눈치 챈 이들은 강의나 운동으로 심신의 청량감을 찾는다. 여기에는 비용이 소요된다. 취미 활동에도 자신에 대한 투자이기에 적든 많든 비용이 들어간다.

나는 건강 하나는 누구보다 자신 있었다. 고등학교 학창시절엔 꾸준히 체육관을 다녔다. 결혼하고 '힘들다'던 제지회사 골판지 배송 일을 하면서 아이들을 키웠다. 골판지 배송 일은 순전히 사람의 힘으로 나르는 고된 육체노동이다. 화물차의 적재함에 원단을 들고 수시로 오르락내리락 해야 해서 무릎을 많이 다치곤 한다. 마흔이 넘어 지방으로 이사했고 기계 가공을 배우기 시작했다. 처음 배우는 초보일 때는 외국인들과 함께 주 · 야간을 함께 일했다. 기술을 익히기 위해 무던히 찾아다니며 일했다. 그러던 중 팔꿈치에 문제가 생겨 병원을 찾았고 치유되기 어렵다는 말을 들었다. 아버지를 제외한 그 어떠한 존재에도 무서움을 모르고 살아온 나였지만, 그저 막막했고, 처음으로 삶이 무섭게 느껴졌다.

젊어서 운동을 좋아해 여러 가지를 배우며 보고 느낀 점이 생각났다. 같이 운동하던 동네 형은 용인대학교에 다녔다. 그는 허리디스크로 심한 통증을 느껴 수술하려다 운동을 선택했다고 했다. 매일 꾸준히 운동한 결과 감쪽같이 사라졌다는 말이 기억났다. 나는 당장 동네 헬스클럽으로 달려가 등록을 한 후 하루도 빠지지 않고 다녔다. 처음에는 너무 아파 숟가락을 드는 것조차 통증을 느꼈다. 어떤 날은 가기 싫었다. 하지만 곧바로 팔을 쓰지 못하게 된다는 생각에 미치자 바로 핸들을 돌려 체육관으로 향했다. 무조건 운동만이 답은 아니었다. 충분한 영양섭취가 관건이다. 온종일 일하고 퇴근 후에 무게를 들어 올리다 보니 체력적으로 한계에 이르렀다. 그래서 단백질 쉐이크를 구매해 섭취하게 되었다. 아직도 아내는 단백질 섭취에 대해 부정적이다. 아무리 좋다 한들 인위적인 화학물질로 이루어져 몸에 해롭다는 자신만의 주장을 하고 있다. 문제는 돈이 들어간다. 한 달 분량이 약 10만 원에서 20만 원은 지출된다. 혹 팔꿈치 주변 근육을 더 빨리 단련할 수는 없을까 해서 자주 섭취했다. 헬스 비용과 단백질 쉐이크 비용을 합하면 못해도 20만 원은 지출한다.

5년이라는 시간이 지난 지금은 팔꿈치가 그다지 아프지는 않다. 꺾이면 통증이 올 수는 있지만 잠을 자거나 일상생활 그리고 힘을 줄 때도 통증은 없다. 다만 팔꿈치를 구부릴 때면 관절끼리 맞닿는 소리가 나고 있지만, 통증은 사라졌다. 운동을 시작하기 전에는 잠자리에 누워 팔을 내려놓지 못했다. 고통스러워 새벽에 몇 번이고 잠을 깨곤 했다. 한 번 망가진 건강을 되찾는 일에는 비용뿐만 아니라 시간도 많이 소요된다. 또한, 취미 생활에도 돈은 지출된다. 아무리 적은 위험성을 시도한다 해도 얼마간의 비용은 지출되기 마련이다. 내가 사는 이곳은 조금만 나가면 바다를 언제고 볼 수 있다. 그래서인지 낚시 광들이 많다. 그들의 이야기를 들어보면 생각보다 상당한 비용이 지출된다고 한다. 몇 백씩 돈이 들어가는 것은 예사도 아니라는 말도 한다. 독서는 두뇌를 깨우치기에 가장 좋은 머리운동이다. 책 한 권에 이만 원도 되지 않는 가격으로 남이 고생하여 얻은 지식을 아주 쉽게 내 것으로 만들 수 있다. 독서는 기회비용이 가장 적게 들어가며 성장이라는 큰 이득을 발생시킨다는 걸 사람들은 알지 못한다.

뉴스에서 들려오는 한결같은 소식이 젊은이들의 일자리 창출이다. 취업이 힘들어지면서 각종 범죄사고도 늘어나고 있다고 들었다.

〈주간동아〉의 2020년 5월 19일 기사 "IMF 당시보다 10% 더 줄어든 취업자, '취업 빙하기' 초입에 불과"에 따르면 청년 비경제활동인구는 2018년 1분기에 53.1%, 2019년 동기에 53.3%였지만 올해는 55.1%로 크게 늘었다. 이 가운데 재학, 진학준비 등 학생 신분인 비율은 40% 안팎으로 비슷했으나, 취업을 포기한 청년 비율은 3.5%에서 3.9%, 4.6%로 점차 늘어나고 있다고 한다.

그럼 실제 현장은 어떠한가. 내가 그동안 만나본 이들은 대학을 졸업 후 전공 진로가 어려워 기술계통의 학원이나 직업전문학교를 다시 입학해 졸업한 친구들도 많다. 이들은 4년제 대학을 졸업 후 다시 1년 또는 2년제를 다시 다닌다. 이렇게라도 해서 취업에 성공해 원하는 길을 간다면 좋지만 대부분 그렇지가 않다. 대부분 젊은이는 배움을 너무 당연시 취급하는 경향이 있다. 학생 신분일 때의 배움이란 본인은 인지하는지 모르겠으나 부모의 등골 빠진 돈에 대한 보답이다. 등록금을 냈기 때문에 적절한 강의를 듣고 배울 기회를 얻는다. 여기에는 강요를 하거나 강제성을 두지 않는다. 물론 적절히 평가해 학점으로써 기준으로 삼는다.

사회에서의 배움이란 이와는 정반대다. 일단 회사는 월급을 지급하고 일을 하는 곳이다. 회사에서도 각종 직무교육을 시행하지만, 학교나 학원에서만큼은 가르치지 않는다. 왜냐하면, 돈을 주는 처지기 때문이다. 너무 직설적인 표현인가. 중소기업만 다녀온 나로서 해줄 수 있는 솔직한 대답이다. 배움에는 목적이 있어야 한다. 하지만 많은 이들이 목적 없이 시급으로 계산되는 급여에만 집착한다. 목적이 없다면 아주 작은 바람의 시련에도 버티지 못하고 부러지는 나뭇가지와 같다. 경력과 경험이 화려한 기술진이 할 줄 아는 거라곤 버튼 누르는 그것밖에 없는 그를 위해 귀중한 시간을 내주겠는가. 그걸 바란다면 당신은 엄청난 이기주의자다. 배움을 준비한 자는 일정 기간 기초공사를 해 인정받는 시기가 있어야 한다. 그런 시기를 버티지 못하면 가르치려 하지 않는다. 그래서인지 대부분 졸업생이 얼마 버티지 못한 채 스스로 배움을 포기하고 만다.

기술은 쉽사리 배운다고 금세 익혀지지 않는다. 경력보다도 경험이 가치를 판단한다. 그리고 기술뿐만 아니라 다른 모든 것들 또한 배우려는 자세를 먼저 익히고 실천하려 노력해야 한다. 배우려는 목적이 아닌 막연한 취업이 목적이기 때문에 방향성을 잃어버리고 마는 것이다. 많은 이들이 4년 동안 대학에서 전공하고 취업을 위한 기술습득을 위해 다시 2년을 공부한다. 그리고 취업 후 몇 개월만에 적성에 맞지 않는다며 퇴사하고 만다. 참으로 씁쓸한 일이다. 사실 중소기업은 인력이 부족하다. 하지만 이러한 이유가 또 하나의 기회임을 스스로 생각해볼 필요가 있다. 비단 젊은이들뿐만 아니라 기술을 배우고자 현장에 뛰어든 중년의 가장들도 마찬가지다.

누구나 어느 위치에서건 성공하고 싶어 한다. 따라서 성공하기 위해선 개인의 성장이 이루어져야 하는 건 부정할 수 없는 팩트다. 이런 성장을 이루는 기반이 바로 독서에 있다는 것을 스스로 생각해야만 한다. 나 역시 책을 읽지 않았다면 앞서 말한 이들과 별반 차이가 없었을 것이다. 대학 생활 6년을 다녀도 깨우치지 못한 의식을 책 한 권의 한 구절로 깨닫기도 한다. 물론 독서를 한다고 해서 무조건 성장할 수 있는 건 아니다. 그것을 오롯이 삶에 적용하고 반복 학습을 통해 지속적으로 충분하게 쌓아가다 보면 가장 효율적인 성장을 하게 된다.

책과 담쌓는 성인들이 점점 늘어난다는 기사가 많다. 참으로 씁쓸하면서 내 주위 사람들을 떠올렸다. 스마트폰의 발달은 독서 인구를 감소하게 했다. 그 이유로는 유튜브와 넷플릭스 등 동영상 콘텐츠가 넘쳐나고 각종 게임 산업의 발달로 잠시라도 스마트폰과 떨어질 수 없기 때문이다. 실제로 회사 내 직원들은 휴식시간에 모두 스마트폰을 본다. 때론 중요한 가공을 하는 순간에도 스마트폰의 게임은 자동으로 실행되어 스스로 전투를 벌이고 있다. 또 다른 직원은 게임 속에서 상대방을 이기기 위해 무기를 구매하는데 만 15만 원에서 20만 원을 썼다고 자랑처럼 이야기하곤 했다.

다른 직원은 식구를 거느리는 가장임에도 기본 시급밖에 받지 못한 것에 강한 불만을 표한다. 하지만 그의 휴식시간과 점심시간의 자투리 시간을 보면 게임에 빠져 있는 힘없는 눈동자를 볼 뿐이다. 그들은 모두 1

년에 책 한 권 읽지 않는 부류다. 자기계발에 단돈 100원도 쓰지 않으며 자기 처지에 대한 불평과 불만으로 일관한다.

자신을 변화시키는 가장 효과적인 방법 중 가장 돈이 적게 드는 투자 비용은 독서뿐이다. 독서를 통해 자신의 삶이 하나하나 성장해가는 성찰은 필요가 아닌 필수라는 데는 의심의 여지가 없다. 인지심리학 전문가인 캐나다 토론토대 스타노비치 박사도 "독서는 인지능력을 발달시키고 다양한 성취감을 느끼게 해준다. 책은 읽을수록 더 잘 읽게 되기 때문에 매일 조금이라도 책 읽는 시간을 갖는 게 중요하다."라고 강조했다.

송나라의 문장가이자 개혁정치가인 왕안석은 "독서는 큰 비용이 들지 않으며, 만 배의 이로움이 있고, 사람들의 재능을 밝혀주고 군자의 지혜를 더해주기도 한다. 어리석은 자는 독서함으로 현명함을 얻고, 현명한 자는 독서함으로써 이로움을 얻는다. 독서를 해서 영화로워지는 것은 보았지만 독서 때문에 해를 입는 것은 보지 못했다. 금을 팔아 책을 사서 읽어라. 책을 읽어 두면 금을 사기가 쉬우리라."라며 독서를 자신의 삶으로 녹여냈다.

책을 읽으면서 의식이 달라지기 시작했다

나는 프랜차이즈 요식업을 폐업하고 1억 원의 빚만 남긴 채 신용불량자가 되었다. 곧이어 첫아이가 세상에 태어났다. 돈을 벌어야 한다는 생각은 강박증에 가까웠고 초조했다. 취업을 위해 여러 곳의 문을 두드렸지만, 세상은 그리 녹록지 않았다. 늘 초조함과 불안한 마음은 무의식에 각인되어 나도 모르는 사이 차곡차곡 쌓여만 갔다. 내 입술을 통해 나오는 언어는 부정적이었고 누구보다 격하기까지 했다. 흔히들 사람의 성격은 타고나는 것으로 생각하기 쉽지만 나는 경험을 통해 형성되는 것이 더 크다고 생각한다.

당시 내 머릿속에는 아내와 이제 막 세상에 나온 딸아이 외에는 그 어떤 그것도 들어올 틈을 주지 않았다. 저녁에 골판지 배송 일을 시작할 땐 집안에 내가 없는 관계로 항상 긴장했다. 혹시 빚 독촉으로 검은 양복을 입은 사람들이 밤늦게 방문하지는 않을까 하는 불안함에 전화기를 손에서 떼지 않았다. 날밤을 꼬박 새며 골판지 배송 일을 하는 험한 일에도 버틸 수 있던 건 이런 방어적 기질 때문이었다. 대신에 내 마음은 거친 황무지의 땅처럼 메말라 가고 있었다.

나는 주유소에서도 일했다. 골판지 배송과 대형 화물 운전을 끝으로 영업용 운전을 그만두었다. 왜냐하면, 당시 경유 가격이 1,000원을 넘었기 때문에 더 수지타산이 맞지 않는다고 판단했기 때문이다. 사실 아내가 아이들을 유치원 보내고 남는 시간에 돈벌이를 찾던 중 주유소를 알게 되었다. 아내는 주유소 경리 업무를 하던 중 나에게 추천해서 다니게 되었다. 이곳 주유소는 무엇보다 일반주유소와는 사뭇 달랐다. 다들 유니폼을 입고 큰소리로 인사하는가 하면 차가 도착하면 무릎 앉아 자세로 고객을 대했다. 처음엔 난색을 보였다. 메일 온몸으로 거칠게 일을 하다가 '고객님'하는 소리부터가 낯설었다. 서울에 있는 주유소 중에서 매출이 다섯 손가락에 들었고 서비스가 남다르기로 정평이 나 있었다.

내 나이 서른일곱, 직원들에 비해 적지 않은 나이였다. 나는 또 다른 도전을 해야 했고 독서에 본격적으로 눈뜨게 해준 시기였다. 윌리엄 A. 올코트의『부지런한 습관만이 인생의 기적을 낳는다』를 읽었다. 224페이지로 되어 있어 한 손에 잡고 쉽게 읽을 수 있는 이 책은 삶의 전반적인 지혜의 지침서다. 경기도 안양에서 광명까지 버스로 출퇴근하며 수시로 읽었던 기억이 있다. 그중에서 나에게 와닿았던 글귀를 소개한다.

"게으른 사람들이 내세우는 가장 우스꽝스러운 구실은 대체로 공부할 시간이 없다는 것이다."

마치 나에게 질책하는 것 같아 자주 되뇌어 읽었다. 시간이 지나면서 차츰 회사에서 안정세를 보였고 회사의 서비스 교육을 놓치지 않으려 노력했다. 전에는 몰랐지만, 주유소에 근무해보니 하루 동안 예상하지 못한 많은 일이 일어난다는 것을 알았다. 6만 원을 주유하면 내부세차를 무료로 해주는 서비스를 하다 보니 차량이 줄지어 서는 일은 비일비재했다. 그러다 보니 여러 사건 · 사고도 피할 수 없다. 일하며 느낀 점은 서비스란 고객 응대가 무엇보다도 중요하다는 것을 몸소 체험하며 알았다. 고객은 대접받고 싶어 한다. 주유를 마치는 짧은 시간에 내 돈을 내주었으니 어찌 보면 당연하다. 나는 고객과 싸우지 않았고 적절히 대처해나갔다. 그러다 보니 차츰 여러 고객께서 나를 찾았다. 고객이 알아서 찾아주니 나 또한 자긍심이 일었다. 온종일 서서 일하고 내부청소를 하려니 체력적으로 힘에 부쳤지만, 보람을 느꼈다.

나를 변화시키려 한 권이라도 제대로 읽어보자는 나는 서서히 성장함을 느꼈다. 그에 관한 결과일까. 나는 1년여 만에 2호점인 광명주유소를 책임지는 점장이 되었다. 그리고 광명점의 목표인 하루 50드럼을 달성했다. 책 한 권이라도 마음이 우러나오는 독서는 분명 의식 수준을 향상한다. 언제나 준비된 자만이 기회를 얻는다고 했다. 그 준비는 절대적으로 독서라 생각한다. 한 줄 한 권이라도 독서를 한다면 정신적으로 충실해짐을 느끼게 해주기 때문이다.

나는 독서를 통해 배움의 자세를 익혔고 겸손을 배웠다. 처음 기계가공을 배우려 했을 때는 내 나이 마흔두 살이었다. 공장에 기술진 중 공장장이 나와 같은 연배였다. 아무래도 나이 어린 엔지니어는 내가 불편한 건 오히려 당연했다. 하지만 엄연히 사회생활이기 때문에 그들을 존중했으며 먼저 다가갔다. 그리고 하나라도 배우려 후배로서의 예를 갖췄다. 하지만 기초적인 것조차 알려주는 사람이 없어 외국인들에게 배웠다. 1년 동안 기계 가공 책을 가지고 다니며 묻기를 반복했다. 때론 못 알아들어 나 스스로 답답해 책을 찢기까지 했다가 다시 사길 반복했다. 이때 김규환 명장님의 『어머니 저는 해냈어요』를 감명 깊게 읽었다. 그의 파란만장한 일대기를 읽고 "목숨 걸고 노력하면 안 되는 것이 없다."라는 말이 다시금 가슴 언저리에 녹아내렸다. 같은 기계 분야라서 더욱 공감했다.

이런 내가 안쓰러웠는지 아는 지인으로부터 전화가 왔다. H사에 입사해 그곳 사장님에게 배우면 빨리 성장할 거라 넌지시 알려주었다. 나는 전화가 끝나자 무섭게 연락을 했고 바로 찾아갔다. 쇠뿔도 단김에 빼라고 하지 않았던가. 사정 이야기를 들으시고 입사를 허락해주셨다. 알고 보니 모집공고를 하지 않았던 상황이었다. 앞서 김규환 명장님은 결혼 20년 동안 매일 아침 맞절하는 부부이며, 회사 앞 정문에서 누가 보든 말든 두 손을 모아 합장한다. 나는 30분 전에 출근해 기계를 켜기에 앞서 두 손을 모아 합장했다. 그리고 마음속에 '오늘 나와 함께 최선을 다해보자'를 외쳤다. 나는 하루도 빠짐없이 의식을 행하듯 아침마다 두 손을 모았다. 나 스스로 김규환 명장처럼 해보기로 마음먹었기 때문이다. 배워야 하므로 성공한 사람의 복사본이 되고자 했다. 나이가 많든 적든 선배들의 노하우를 배우려 노력했다. 수시로 묻고 따라 했다. 이때 담배도 끊을 수 있었다. 하루 세 갑을 피울 정도로 애연가였던 내가 스스로 단번에 끊었다. 제품에 불량이 나자 집중력에 문제가 있다고 생각해 과감히 끊어버렸다. 끊고서 다시 피울까 봐 휴식시간조차 다른 직원들과 어울리지 않고 기계에 붙어 있었다. 정성을 들여서인지 몰라도 한 해가 지나고서 월급이 많이 올랐다.

인간은 변화를 두려워한다. 태초부터 악천후나 거대한 동식물로부터 가족이나 부족을 지키고 살아남기 위해 방어적 기질을 답습해왔다. 이는 세월이 흐르면서 유전적으로 이어져 후대들 또한 부정적 감정으로 자신과 가족을 보호해오는 정신적 뿌리가 되었다. 그래서일까. 직원들은 한 기계만 집착하는 경향이 있다. 일단 다른 기계를 명하면 부정으로 일관한다. 계급이 깡패라고 시키면 어쩔 수 없이 하지만 온통 불만이 가득하다. 이런 지나친 방어적 기질이나 부정을 긍정으로 바꾸는 가장 손쉬운 방법은 바로 독서다. 그 분야의 전문가인 선인들의 지혜를 책을 통해 간접경험 할 수 있다는 것은 인간만이 가질 수 있는 크나큰 행운이다. 따라서 독서를 통해 삶의 깊이를 깨닫고 실수를 최소화할 수 있다.

이탈리아 장비 2대가 동시에 알람을 울렸다. 즉 비정상적으로 가동되지 않고 정지했다. 이미 한 대는 주축이 회전하지 않고 원인도 불투명한 상태다. 우리 회사는 대기업에 납품하는 1차 협력사다. 제일 큰 문제는 이런 종류의 장비를 해체해본 경험이 있는 엔지니어를 찾기가 쉽지 않다는 데 있다. 왜냐하면 스핀들(회전축)에 대한 정확한 도면이 없기 때문이었다. 두 달째 새벽 3시 전에 퇴근해본 적이 없다. 때론 너무 피곤해 계속 밤을 새우고 엔지니어와 함께 씨름하고 있다. 다행히 한 대는 내부전기 이상으로 원인을 파악해 수리한 상태로 작업을 하고 있다. 오늘은 대기업 기술팀들이 실사를 나왔다. 원인 규명과 향후 대책 마련을 위해 직접 확인 차 찾아왔다. 대기업 간부들은 사진도 찍고 나에게 이렇게까지 된 원인과 진행 상황, 언제부터 정상 가동되는지를 따져 물었다. 그들이 돌아간 뒤에 나는 결단을 내려야 했다. 나는 창원에 있는 신 부장님께 도움을 요청했다. 그 회사는 앵글 헤드를 직접 만들고 있는 회사이기에 기술적으로 나을 거라 판단했다.

대표님과 함께 온 신 부장님 역시 난감한 표정을 지었다. 일단 노후 된

유럽 장비라서 분해를 못 하는 게 아니라 부속을 구하기 어렵다는 이유다. 신 부장님도 자칫 잘못 건드리면 손해배상금액이 눈덩이처럼 커질 것을 우려하며 말을 아꼈다. 같이 오신 대표님과 충분히 상의 후 혹시 잘못되면 책임을 묻지 않는 전제로 분해 작업을 시작했다. 두 분의 경험을 기초로 하나하나 뜯어 나가다 보니 역시 배선이 문제였다. 눈에는 얇고 가느다란 전선에 불과하지만, 기계 안에서 기름 등으로 인해 딱딱하게 굳어 속에서 끊어진다는 것이다. 분해하는 데만 이틀이 걸렸다. 그리고 수리하는 데 다시 일주일의 시간이 흘렀다. 답답함을 달래기 위해 주말에 서점에서 구매한 일본인들이 '경영의 신'이라고 불리는 이나모리 가즈오의 『왜 일하는가』라는 책을 회사에 놔두고 읽었다.

수리를 마친 스핀들은 대표님과 신 부장님 손에서 세심하게 하나하나 짚어 나가며 조립했다. 배선까지 꼼꼼히 정리해가며 조립 완료 후 작동 버튼을 누르자 빠르게 회전되었다. 두 달 만에 정상가동이 된 것이다. 너무나 흥분해서 덩실덩실 춤이라도 추고 싶었다.

이 책에서 그는 왜 일하는지, 무엇을 위해 일하는지 고민도 하지 않고 목표도 없이 사는 이들에게 '지금 하는 일을 즐기자.'라며 피력한다. 더욱 적극적인 긍정으로 부딪혀 일한다면 분명 행복한 내일을 맞이할 거라고 역설한다. 내가 현장 게시판에 써놓은 "내실 있는 오늘을 꾸준히 이어나간다."라는 글은 바로 교세라의 경영철학 중 하나이다. 막연한 미래보다는 오늘, 현재에 더욱 충실할 것을 강조한다. 지난 두 달간의 고생이 이 책에서 위로가 되었다.

지난 두 달은 내게 무엇보다 의지할 데 없고 물어봐도 대답 없는 사막과 같았다. 스스로 결정할 수밖에 없는 막막한 현실에서 자칫 엄청난 피해보상을 해야 하는 상황까지도 연출해야 했다. 하지만 끝까지 물고 늘어지면 뭐라도 건질 것 같았다. 이것이 내가 일하는 이유다.

2장

살기 위해 시작한 독서가 나를 살렸다

독서, 지금 해도 늦지 않다

우리나라 성인남녀 10명 중 7명은 본인의 독서량이 '부족하다'고 느낀다는 기사를 접했다. 월평균 독서량은 1권 46.5%, 2권 이상 4권미만은 39.8%, 4권 이상 8권미만 11%, 10권 이상은 2.7%로 나타났다.

나 역시 늦은 40세부터 본격적인 독서를 시작했다. 본격적인 독서를 했다는 표현은 많은 분량의 독서를 했다는 것이 아니라 독서를 한 후 깊이 사색하고 삶과 일터에 적용하기 시작한 시점을 말한다. 하지만 정말 다독하시는 분들에 비하면 명함조차 내밀지 못한다. 나는 평균 일주일에 2권에서 3권을 읽는다.

사실 나는 학창시절인 고등학교까지는 책 한 권 읽지 않았다. 오히려 학교를 졸업하고 서점을 이용해 책을 접했다. 대개 소설 위주가 대다수고 베스트셀러의 책을 그저 눈으로 읽고 끝내는 수준이었다. 나는 2명의 자녀를 두고 있다. 유아기를 거쳐 아이들이 유치원에 다닐 때쯤 더는 읽지 않아도 될 나이가 되어버린, 필요 없는 이웃의 책을 잔뜩 가져다 진열했다. 밤새워 일하고 들어온 나까지 챙겨가며 이리저리 바쁜 아내는 아이들에게 매일 그림을 보여주고 읽어주곤 했다. 그런데 지금은 독서를 하지 않는다. 살짝 짜증이 나려는 순간 학창시절의 내 모습이 생각나 웃어넘긴다.

권영식 작가의 『다산의 독서전략』에 나오는 조선 중기의 시인 김득신의 예를 보며 독서의 참 의미를 되새겨 보았다.

시인 김득신은 어릴 때 둔재로 유명했다. 동네 사람들은 그를 가르치는 일은 시간 낭비라며 김득신의 아버지에게 교육을 그만두라고 조언했다. 그러나 그는 포기하지 않았다. 아들 김득신에게 계속해서 글을 가르쳤다. 김득신은 20세가 되어서야 겨우 글 한 편을 쓸 수 있었고, 아버지는 김득신이 올린 그 글을 읽고 칭찬을 아끼지 않았다. 김득신은 밤낮 없이 글읽기에 몰두했다. 어떤 기록에 따르면 어떤 책은 11만 3천 번을 읽었다고 한다. 그는 한참 늦은 나이인 59세에 과거에 급제했다.

그의 묘비명은 다음과 같다.

“재주가 남만 못하다고 스스로 한계를 짓지 말라. 나보다 어리석고 둔한 사람도 없겠지만 결국에는 이룸이 있었다. 모든 것은 힘쓰는 데 달렸을 따름이다.”

신용불량자이자 파산으로 살아온 지난날을 되돌아보면 누구나 그렇듯 힘겨웠다. 때로는 몸이 상하는 줄도 모르고 치열하게 살아냈다. 살다 보니 이렇게 삶을 마감한다면 너무 억울할 것 같아 책을 읽었다. 하루 24시간이란 시간은 누구에게나 공평하게 주어진다. 잘 먹고 잘사는 건 누구나 지향하는 기본이 아닐까. 알다시피 지금 아무것도 하지 않으면 현실은 절대 달라질 수 없다. 이런 생각이 지배적일 때 내 나이 마흔에 막 접어들었다. 독서를 통해 얻을 수 있는 것을 한마디로 정의하자면 자기 성장이다. 여기에 시기는 중요하지 않다. 비록 늦은 나이라 하더라도 본인의 삶에 변화를 주고 의식 수준의 향상과 자기 성장에 현실을 타파하고자 하는 갈망이 있다면 그 순간이 책을 읽어야 할 때라고 생각한다.

독서는 글을 읽는 행위를 말한다. 글을 매개로 하여 필자와 독자가 만나서 대화를 하는 의사소통이라 할 수 있다. 지금은 유아기 때부터 독서 습관을 가지게 하려 많은 관심을 보이기 시작한다. 어떤 일이든 시기가 중요하다는 것에 반문하는 이는 없을 것이다.

매체에 따르면 유아 시절의 독서가 중요하다. 유아기는 전 생애를 통틀어 발달 속도가 가장 빠른 시기다. 게다가 신체, 언어, 정서, 사회성, 도덕성 발달의 기초를 형성하는 시기이기도 하다. 이때의 독서는 글자를 가르치거나 혼자 책을 읽게 두는 것이 아니다. 최대한 다양한 분야의 책을 통한 간접경험과 다양한 독후 활동을 통해 표현력, 사고력, 이해력을 발달시키는 것이다. 또한 이러한 독서 경험은 성장기와 성인이 된 후 독서에 대한 호감을 유지하고 향상시키는 데에 도움이 된다고 한다.

나의 두 아이 역시 유아기에 독서를 했다. 하지만 무조건 어떤 시기에만 책을 읽어준다고 해서 습관이 만들어지지 않는다. 가장 중요한 것은 부모가 수시로 책과 가까이함을 꾸준히 해나가야 한다. 나와 아내는 그렇게 하지 않았다. 삶이 힘들고 어려울 때는 그럴 여력이 없어서 못 했고 지금은 그럭저럭 살만해서 하지 않는다. 아내는 TV 드라마 광이다. 어떨 때는 온종일 재방송까지 보고 또 본다. 그리고 각본과 각색도 하며 본다.

나는 서재에서 책을 읽는다. 아이들이 초등학교를 막 입학했을 때는 이 문제로 많이 다투기도 했다. 나는 책을 통해 아이들의 독서 습관을 평생 습관의 시기로 만들려 했다. 그렇지만 아무리 좋은 의견이라 해도 일방통행이라면 충돌과 마찰이 생기기 마련이다. 아내의 드라마 보기는 유일한 취미이자 카타르시스다. 내가 알고 있는 직장 후배가 전한 말이다. 2남 2녀의 막내인 후배는 바로 위에 형이 공부를 잘했다고 한다. 항상 상위권에서 선생님의 두터운 신임을 받았고 서울에 명문 사립대를 졸업했다. 그는 다독가로 평소에도 책을 손에서 놓지 않았다고 한다. 그런데 취업을 하면 적응을 하지 못하고 얼마 지나지 않아 퇴사한다고 한다. 하도 궁금해 후배가 물었다고 한다. 의외로 대답은 형편없었다고 한다. 노동법을 운운하더니 자본주의로 시작해서 장황하기 그지없이 읊어댔다고 한다. 그 뒤로 후배는 '책을 많이 읽는다고 달라지는 건 없다.'라는 말을 했다. 내가 본 후배 역시 1년에 책 한 권 읽지 않는다. 그는 독서에 대해 상당히 부정적 견해를 가지고 있다. 비단 이 후배만의 문제는 아니다. 공장이라든지 현장에서 땀을 흘리며 일하는 직원들은 아예 독서라는 말만 나오면 고개를 젓는다.

책의 가치는 꾸준함에 있다. 꾸준히 읽고 삶에 실천하고 적용해야 한다. 즉 책을 읽고 난 후의 행동이 어쩌면 가장 중요한 사항이 되는 것이다. 무수히 많은 책을 읽었다 해도 실천하지 않고 읽은 것만으로 만족한다면 하루에 100권의 책을 읽어도 현실은 전혀 달라지지 않는다. 독서의 목적은 무언가를 배우기 위해서다. 나의 경험을 통해서도 알다시피 한 권의 책을 읽음으로 우울감에서 비롯된 주관적 관점을 보다 객관화시키며 나를 되돌아볼 수 있게 한다. 사고와 행동을 변화시키려 하는 직관을 느낀다면 이때가 바로 적절한 독서를 시작할 때이다. 독서를 함에 늦은 시기란 없다.

나는 팔꿈치에 문제가 생겨 운동선수들이 느낄 만큼의 고통을 안고 운동에 매진했다. 불과 얼마 전에 회사 내 작은 사고로 인해 오른손가락 검지 손톱 한마디를 잃은 후로는 잠시 휴지기 상태다. 전날 수리를 완료한 기계였지만 다시 비정상적으로 작동해 원인을 파악하려고 작동 센서에 몰입했다. 너무 몰입한 나머지 내 손이 어디 위치에 있는지 알지 못했고 센서 작동에만 집중하던 중 손가락이 기계에 물고 들어가고 말았다. 오히려 뜯겼다는 표현이 맞을 것이다. 아직 완전한 치료를 위해 재활 중이다. 운동을 시작한 지는 6년가량 되었다. 처음엔 팔꿈치에서 뼈와 뼈가 맞닿는 소리가 상당히 심해 바벨을 제대로 들지 못했다. 어차피 치료 방법도 없어 '마지막이다' 생각하고 열심히 다녔다. 한데 꾸준히 참아내며 바벨을 들어 올리니 어느 순간 더욱 무겁게 들어도 아프지 않았다. 관장님이나 코치진에게 물어보니 주변 근육을 자연스럽게 단련해주니 서서히 통증을 못 느끼는 것이라고 설명해주었다. 그 말을 듣고 더욱더 열심히 다녔다. 마치 기계처럼 회사, 운동, 집을 반복하며 운동에 집중했다.

대부분 사람은 건강할 때 운동하려 하지 않고 나처럼 건강상의 문제가 발생하면 찾는다고 들었다. 그나마 이 시기에라도 발견하고 운동을 지속한다면 절대 늦지 않다고 전문가들은 말한다. 몸을 만드는 운동에도 시기는 중요하지 않다. 지속성을 갖추고 열심히 다닌다면 원하는 몸을 얻는다. 하물며 독서는 어떤가. 운동은 단백질로 구성된 근육을 단련해 몸을 완성한다. 독서는 바로 생각하는 힘, 일명 뇌 근육을 단련시키는데 효과적인 것이다.

물이 끓으면 수증기가 되는 것처럼 일정한 독서를 반복하면 사람이 바뀌어간다. 이는 눈으로만 읽는 활자 인식이 아닌 의미 있는 결과를 창출하는 독서가 의식의 변화뿐 아니라 자기 성장을 가져다준다. 삶을 단련시키는 데는 늦은 시기란 없다. 이는 앞서 말한 운동과 마찬가지다. 어찌됐건 늦었다고 느껴질 때가 시작해야 할 때이다. 만약 운동을 시작하지 않고 다른 방법을 찾았다면 고통만 이어졌을 뿐 지금의 행복을 찾지 못했을 것이다. 처음 시작을 결심했을 때가 내 나이 마흔 넷이었다. 운동은 훈련을 통해 땀이라는 경험을 하며 몸을 만든다. 마찬가지로 독서는 사고훈련을 통해 간접경험을 하며 주관적 사고를 억제해 세상을 보다 객관적이며 유연한 삶의 태도로 바라보게 한다. 세상을 살아가는 지혜를 얻는 데 적절한 시기는 있지만 늦은 시기 또한 없다.

2

안 그래도 바쁜데 언제 책을 읽어요?

'한국 성인 평균 독서량 연간 7.5권, 2년 전보다 1.9권 줄어.'라는 기사를 접했다. 이런 내용을 들을 때면 '나 같은 사람도 책을 읽는데 왜 읽지 않을까?' 하는 의구심이 생긴다. 알다시피 성적이 좋지 않아 대학을 다니지 않았고 남들이 알아차릴 만한 회사에 다녀본 적도 없다. 남들이 가지 않는 길도 경험했고 평균 근무시간이 기본 12시간을 넘겼다.

내 나이 올해로 5학년에 접어들었다. 집에서 아이들의 농담 소리로 일명 '꼰대'라는 말을 들어도 전혀 낯설지 않은 시기가 되어 있었다. 요즘엔 공장에 취직하는 젊은 친구들의 이력을 보면 스펙들이 화려하다. 한편으론 씁쓸하다. 각자의 전공을 살려 인문, 자연계열이든 간에 선택의 폭이 다양한 사회를 만들어야 한다. 하지만 현실은 언제나 그렇듯 정반대로 흐를 때도 있음을 알아차려야 한다. 나는 새로 입사한 친구들에게 업무를 알려주면서 최근에 읽은 책이 있느냐고 슬며시 질문한다. 대부분이 책을 전혀 읽지 않는다. 어떤 친구는 책값이 너무 비싸서 읽지 않는다고 말했다. 그들은 하나 같이 책을 펼쳐 읽어볼 시간이 부족하다고 말한다. 회사 점심시간에 식사를 마치고 피곤함이 몰려와 잠을 청하는 이들은 차라리 측은하다. 나 역시 새벽 시간을 이용해 책을 보다 보니 피로를 풀기 위해 낮잠을 자곤 한다. 그렇지만 직원들은 스마트폰의 유튜브나 게임을 취미로 여기는 것이 현실이다. 경력이 10년을 넘은 직원들도 크게 다르지 않다. 하나같이 삶을 바꾸고자 하는 내면적 욕구에 해답을 찾으려 하지만 표면적 욕구에 파묻히고 만다.

나는 주말이면 책 한 권 읽으려 스타벅스와 같은 커피숍을 이용한다. 커피 한 잔의 여유와 함께 혼자만의 시간을 즐기는 책 한 권은 또 다른 환희를 경험한다. 책을 읽다 보면 자연스레 옆 테이블의 이야기를 의도치 않게 듣게 된다. 20대 중반 친구들로 보이는 남녀 여럿이 마침 회사 이야기를 하는 것 같았다. 그녀는 기본 시급에 강한 불만을 내비치고 있는 듯했다. 그녀는 말끝마다 "어차피 이래도 저래도 기본 시급인 건 마찬가지라 미련 없다."라는 말을 거침없이 내뱉었다. 그리고 나머지 친구들이 동조하고 나섰다.

책을 읽던 나는 그들을 보며 안타까웠다. 그들이 이런 귀한 시간에 책을 친구로 삼았다면 그 답에 깊은 조언을 해주었으리라 생각한다. 구인 구직 사이트 알바천국이 성인 남녀를 대상으로 한 조사에 따르면, 사람들이 자신의 독서량 부족을 알면서도 책을 읽지 않는 이유로 '책 읽는 습관이 들지 않아서(41.4%)'를 1위로 뽑았다. '책 읽을 시간이 부족해서(20.2%)는 2위를 차지했다. 대다수 사람들이 습관과 시간 부족을 지적했다. 조금만 이해하면 알 수 있듯이 습관과 시간 부족은 서로 연관되어 있다. 우리가 쉽게 놓치고 지나치는 자투리 시간을 활용한다면 습관은 자동으로 생성되기 마련이다. 독서하는 능력은 곧 삶을 바라보는 생각을 말한다. 책 한 권을 통해 삶을 바라보는 새로운 리듬과 조화로 유연한 태도를 보인다면 분명 감미로운 인생의 변화를 느낄 것이다.

우리나라는 특이하게 독서를 공부라고 여긴다. 그래서인지 독후감을 쓰라고 강요한다. 책을 읽는 것에 취미가 없던 학창시절에 독후감 숙제는 왠지 모르게 거부감부터 들기 시작했다. 1년에 책 한 권 읽지 않는 많은 비 독서인들도 아마 이런 연유로 책을 읽지 않는지도 모른다. 다가오는 4차 산업혁명 시대에는 상상력을 기반으로 한다. 상상력은 어려서부터 책을 통해 축적되기 때문에 무엇보다도 독서가 절실하다.

책은 힘들었던 시기에 나한테 운명처럼 다가왔다. 그날도 골판지 원단 배송을 위해 야간에 출근해 순번을 기다렸다. 이미 한탕을 다녀온 터라 시간은 자정을 넘어가고 있었다. 앞에 대기차가 생각보다 많았다. 피곤을 풀고자 기사 휴게실로 들어섰다. 휴게실은 이미 다른 기사들로 가득 찼고 포커나 고스톱판이 벌어지고 있었다. 나는 휴게실 귀퉁이에 다리를 뻗고 누웠다. 머릿속에는 빨리 배차를 받아야 돈을 더 벌 수 있다는 생각밖에 없었다. 나는 담배 연기로 가득한 휴게실 귀퉁이에 여러 종류의 만화책과 함께 꽂혀 있는 책 한 권을 발견하고 가져왔다. 나폴레온 힐의 『놓치고 싶지 않은 나의 꿈 나의 인생』이란 책이었다.

나는 배차 시간도 많이 남아 있어 무심결에 이 책을 읽게 되었다. 처음에는 대수롭지 않게 첫 페이지를 넘겨보다가 점점 책 속에 빠져들어 갔다. 이 책은 성공을 갈망하는 사람들에게 성공하는 삶을 살기 위해 무엇을 어떻게 할 것인가를 제시해주고 있다. 나는 배차를 받고 짐을 싣기 전까지 읽었다. 그리고 차에 두고 틈틈이 읽었다. 지금 내 상황에서 바라고 있는 내 심정을 마치 읽기라도 한 듯 이 책을 선물한 것 같다는 착각을 불러왔을 정도였다. 다음과 같은 글귀에 시선이 머물렀다.

'내일 또한 환상에 지나지 않는다. 그러나 충실히 지낸 오늘은 어제도 행복한 꿈이라고 생각하고 내일은 희망에 찬 환상이라 생각한다. 그대여, 이날을 기억하라. 이것이야말로 여명을 향한 인사다.'

그리고 고스톱을 하느라 다음으로 양보해 내 차례가 불리면 최대한 빠르게 움직였다. 남들이 하찮게 느끼는 직업일지언정 날씨가 맑거나 비가 오거나 상관없이 하루를 충실히 살아가려 노력했다. 어딘가 부족하고 표현하기 꺼렸던 마음의 응어리를 책이 위로해주었다. 내 몸에 전율이 흘렀다.

종이를 다루다 보니 비가 오면 대부분 기사는 출근하지 않는다. 비가 오면 화물차에 비닐 작업을 해야 하고 다시 화물차용 덮개(호로)를 씌워야 한다. 무엇보다 물기에 젖기라도 하면 배상 책임을 물어야 할 경우가 발생하기 때문에 일하지 않고 대부분 쉰다. 평상시 일보다 굉장히 시간이 걸릴 뿐 아니라 난해하기 때문이다. 더 큰 문제는 거래처 공장에 골판지 원단을 내릴 데가 열악하다는 데 있다. 장마철에 일하는 건 몇 배의 육체노동이 소요되며 지치는 일인 건 분명하다. 나는 비가 오는 날이면 오히려 더 바삐 출근했다. 배차를 기다릴 필요 없고 내가 원하는 짐을 선택해 원하는 양만큼 싣고 나갈 수 있기 때문이다.

지금 생각해도 우연히 내 손에 닿아 읽기 시작한 책 한 권이 지금 이 글을 쓰고 있는 현재까지, 아니 내 삶이 마무리되어 가고 있을 그 순간까지 삶을 송두리째 바꾸어놓았다. 신호가 들어오자마자 빠른 걸음을 재촉하는 부저 음의 신호등처럼, 나는 생각할 겨를도 없이 부지런한 발길을 내달리며 살았다. 삶에서 '나는 어떻게 살 것인가'를 놓고 치열하게 생각했던 계기를 만들어주었던 책이었다. 저녁 4시에 출근해서 다음 날 아침 7시에 퇴근할 때까지 잠시도 쉬지 않고 일에 열중했다. 이 세상 고통을 나만이 짊어지고 산다고 착각했던 나를 제자리로 가도록 밀어주었다. 이 책의 주인은 자연스레 내가 되었고, 덜컹거리는 화물차 안에서 나와 함께 동고동락하는 또 다른 애인이 되었다.

누구나 하루를 살아가는 시간은 24시간이며 86,400초를 살아간다. 시간은 누구에게나 공평하다. 하지만 누구는 시간이 많고 누구는 시간이 없다고 한다. 때론 자투리 시간을 어떻게 활용하는지에 따라 성공의 성패가 좌우된다는 말까지 있다.

부모님께서 경기도 안양의 작은 빌라를 정리하시고 인천 간석역 앞에 오래된 개인 주택을 구매해 이사했다. 우리 부부는 부모님의 배려로 한 공간에서 같이 살기로 했다. 아내가 불편하겠지만 아이들을 돌봐줄 시어머님이 계심에 안심이 된다며 자신을 위로했다. 첫째는 초등학교에 막 입학했고 막내는 어린이집을 다녔다. 나와 아내는 같은 회사인 주유소에 다니고 있었다. 다만 아내는 본점에서 근무했고 나는 경기도 광명에서 근무하고 있었다.

인천에서 광명까지 출근준비를 하며 도착하는 시간은 두 시간가량 소용된다. 하루에 출퇴근 시간만 4시간가량 소요되었다. 처음에는 피곤해 잠을 청했다. 평균 근무시간이 15시간을 넘어 설 때가 태반일 정도로 차량이 많았다. 때론 한쪽 차선이 차량 대기 줄로 사용될 때도 있었다. 퇴근하는 지하철 안 내 모습은 서 있기도 힘들어 보였다. 마치 눈 풀린 망아지처럼 허우적거리고 있는 가녀린 중생 같았다. 지점장이라는 타이틀이 붙고부터는 책을 등한시했다. 앞서 이보다 더한 골판지 원단 배송을 밤새 가며, 숱한 공동묘지를 가슴 쓸어내리며 일할 때도 틈틈이 읽었던 책이 아닌가. '책 읽을 시간이 없다'란 변명 아닌 변명을 스스로 합리화하며 거만해진 내 모습을 보았다. 순간 정신이 번쩍했다. 나는 어느 순간 스스로 자만하고 있었고 나태해져 갔다. 나는 지난날을 거울삼아 더욱더 생산적인 시간을 가져야 했다. 우선 자투리 시간 즉 출퇴근 시간인 4시간을 활용하기로 했다. 곧바로 지하철 출퇴근 시간에 쉽게 읽을 수 있는 책들로 구성해 구매했다.

'시간이 없다.', '바빠서 읽지 못한다.'는 말은 사실 실천하지 못하는 자기 합리화에 불과하다. '인간은 항상 시간이 모자란다고 불평을 하면서 마치 시간이 무한정 있는 것처럼 행동한다'는 루시우스 세네카의 명언처럼 나의 시간을 다시금 되새겨 보게 했다. 독서는 또 다른 나와의 약속이다. 스스로 언제 할 건지 약속을 잡는 것이 시간 관리다. 출퇴근 시간 활용을 순전히 나만의 새로운 시간 법칙을 세워 독서로 활용하기로 마음먹었다. 그리고 곧바로 나에게 맞는 가벼운 책으로 읽기 시작했다. 마르크 함싱크의 장편 소설 『충신』, 조안리의 『조안리의 고마운 아침』, 피터 조셉의 『시대정신』 등 매일 출퇴근 4시간이야말로 책을 접하는 가장 소중한 시간이 되었다.

3

견딜 수 없는 아침에서 멈출 수 없는 아침이 되었다

프랜차이즈 요식업을 시작해 실패를 맛봄과 동시에 예쁜 딸이 태어났다. 아마 세상 모든 아빠의 마음이 그러하듯 세상 걱정과 근심으로부터 막아 줄 우리만의 작은 울타리를 쳐주고 싶었다. 하지만 그러지 못한 속내는 늘 그러하듯 세상일에 희석해 위안으로 삼았다. 골판지 배송이라는 화물차를 처음 접할 땐 상당히 난감했다. 자격은 갖추었으나 경험이 문제였다. 물건을 묶는 일명 깔깔이라고 하는 안전 바(BAR)조차 사용할 줄 모르는 샌님에 불과했다. 다들 내 모습을 보며 "일하겠나?"라며 어울리지 않으니 일찍 포기하고 딴 데 가보란 어투로 말하곤 했다. 자존심도 상했지만 일을 배워야 하는 처지다 보니 참을 수밖에 별도리가 없었다. 처음엔 안양에서 일하려 했지만 여의치 않아 안산에서 일했다. 나와 안면이 있는 지인 분은 안양에서 일하고 있어 방법과 요령을 배우지 못한 채 곧바로 투입되어 일했다. 일단 화물차를 도크에 주차 후 박스원단을 싣기 시작했다. 두께는 얇았지만 한 뼘 정도의 두께만 들어도 손에 큰 힘이 들어갈 정도로 무거웠다. 신기했다. 옆에서는 길고 넓은 내 키보다 큰 높이의 원단을 머리에 이고 일하는 데 비해 나는 왠지 초라해 보였다. 두께는 얇고 무게는 많이 나가다 보니 얼마만큼 싣고 나가야 하는지 알지 못했다. 반장님에게 슬쩍 물어보았다. "얼마나 실어야 하죠?" 반장님이 말했다.

"자네 싣고 싶은 만큼 실어. 많이 싣고 가면 돈 더 주니까 알아서 해."

돈을 더 준다는 말에 나는 더 높이 실었다. 한참을 싣고 있을 때 양옆에 차들은 모두 싣고 나갔고 다른 차들이 도크에 주차했다. 나는 이 광경을 수시로 보면서 한참을 실었다. 오전 8시에 싣기 시작했는데 오후 1시가 되어서야 끝이 났다. 영업용 2.5톤 화물차 경험이 없던 나는 묵직하게 가라앉는 차량에 시동을 걸고 도크를 빠져나왔다. 또 다른 문제는 거래처의 위치를 잘 몰라 선배 기사에게 약도를 받아 찾아가야 했다. 이상하리만큼 날씨가 갑자기 어두워져서 바람마저 심상치 않았다. 나는 편도 2차선의 국도를 서서히 달리고 있었다. 이미 내 뒤에 차들이 줄지어 답답하다고 느끼고 있을 무렵 날씨에 대한 불행이 현실로 나타났다.

갑자기 빗방울이 떨어지기 시작했다. 나는 '금방 그칠 거야.'라며 애써 현실을 외면하려 했다. 10분쯤 흘렀을까 비는 더 세게 내렸다. 더는 잠자코 있다간 원단이 비에 젖어 배상할지도 모른다는 생각이 들었다. 하지만 차를 세울 수가 없었다. 차선이 하나밖에 없어 옆에 정차할 수 없었다. 할 수 없이 정차하고 차량에서 비닐을 꺼내 씌우기 시작했다. 차량에 실은 짐이 너무 높아 어쩔 줄 몰랐다. 무서웠다. 내 뒤에 차들은 모두 나를 지켜보고 있었다. 위에서 펼친 비닐은 내려와 묶으려 해도 바람이 불어 마음먹은 대로 움직여 주지 않았다. 간신히 비닐을 씌운 나는 온몸에 땀과 비닐에서 묻은 흙먼지로 몰골이 말이 아니었다. 서서히 운전을 다시 시작했지만 100미터쯤 가고서 다시 멈추었다. 비닐이 펄럭거려 백미러가 전혀 보이지 않았다. 난감했다. 화물차용 덮개를 사용하려 해도 써 보지 않아 어떻게 해야 할지 몰랐다. 여기서 다시 화물차 위로 올라가 무언가를 한다는 건 위험뿐 아니라 교통을 방해하기 때문이라고 판단해 다시 시동을 걸고 천천히 움직였다. 나머지는 신의 뜻에 따르기로 마음먹었다. 우여곡절 끝에 거래처에 도착해 원단을 내리기 시작했고 비는 더욱더 세차게 내리기 시작했다. 원단을 내리는 요령도 모른 채 온 힘을 다해 내리기 시작했지만 한 묶음만 쥐어도 너무 무거웠다.

아침 8시부터 짐을 싣기 시작해 저녁 8시가 되어서야 끝이 났다. 그날 한탕으로 마무리했다. 아침에 눈을 뜨기 싫었다. 이 일은 나와는 맞지 않는다고 생각했다. 이렇게 해서는 돈을 버는 게 아니라 오히려 까먹을 판이었다. 일어나려 해도 온몸의 근육통으로 인해 많은 불편을 느꼈다.

아침이 되어 창문을 열어보니 여전히 비는 내리고 있었다. 아무것도 모르는 아내는 아이들 챙기느라 바삐 움직였다. 나는 화물차 시동을 걸고 한참을 망설였다. 나는 동네 귀퉁이에 주차하고 비 내리는 창문 밖을 하염없이 쳐다보았다. 얼마간의 시간이 흐른 뒤에 동네 목욕탕에 차를 세웠다. 이른 아침이라 사람이 없었다. 뜨거운 물에 몸을 담갔다. 사우나실에 들어가 미친놈처럼 큰소리를 질러댔다. 마구 질러댔다. 2시간가량 목욕탕에 있었다. 얼마 전에 읽었던 책이 떠올랐다. 박진식의『절망은 희망의 다른 이름이다』였다.

『오체불만족』의 저자 오토다케 히로타다보다도 더욱 참담한 절망 속에서 돌이 되어 죽어가던 저자 박진식. '산다는 것' 자체가 잔혹한 생매장의 연속이었던 저자는 '사는 그날까지 최선을 다할 뿐이다.'라며 더는 죽고 사는 문제에 중요성을 두지 않고 자기 삶의 의미를 찾고자 한다. 사실 이 책은 프랜차이즈가맹점을 포기하고 어머니와 또다시 업종 변경을 했을 때 식당에서 틈틈이 읽었다. 책을 읽는 내내 자신이 부끄러워 용기를 내서 일에 열중했던 기억이 있다. 이 책은 여러 차례 이사하면서도 나와 함께 자리를 지켜내고 있다.

나는 목욕탕을 나와 다시 집으로 향했다. 나 자신이 가진 두려움의 공포를 용기로 바꾸지 않는다면 오늘 일도 어제와 다른 바 없을 것 같았다. 남들 한 걸음 내디딜 때 나는 두 걸음 뛰어다녔다. 다음 날 이후 나는 누구보다도 빨랐고 영업사원들이 나를 찾을 만큼 모든 면에서 월등했다.

나는 팔꿈치 문제로 인생에 큰 전환기를 그려야 했다. MRI 분석결과가 충격적이었다. 나는 대안을 말해주길 바랐지만, 소염제 알약 몇 개가 전부였다. 나는 곧바로 운동을 시작해 매진했다. 저녁 8시에 퇴근 후 운동을 하고 집에 도착하면 밤 11시 30분이다. 매일 빠지지 않고 헬스클럽에서 무거운 덤벨을 들었다. 하루에 땀을 두 종류로 흘려야 했다. 하나는 일에 대한 땀방울이고, 또 하나는 운동을 하는 땀방울이었다.

상쾌한 아침을 맞이하는 건 불가능해 보였다. 당시를 회상하면 아침은 고통이었다. 밤에 운동을 격렬하게 하면 더더욱 힘겨웠다. 빠른 팔꿈치 주변 근육을 단련하려 보충제를 따로 챙겨 먹었다. 영양보충 없는 무작위 운동은 오히려 몸을 더 해치기 때문이다. 완전한 주변 근육이 생기기까지는 약 6개월 정도 흐른 뒤라고 판단되었다. 그전까지는 회사에 출근해 일하면서도 통증이 가시질 않았다. 나는 관절염이 이렇게 아픈 병인지 전혀 몰랐다. 어르신들이 왜 그렇게 아파하며 통증을 호소하는지 공감했다. 내가 건강할 때는 남의 고통을 모른다. 6개월이 흐르자 서서히 통증이 사라졌음을 몸이 기억했다. 아무리 운동을 잘하는 사람들도 아침에 일어나는 데 어려움을 호소한다. 퇴근 후 취미 삼아 가벼운 운동을 하신 분들은 부담 없지만 나와 같은 이들은 몸에서 반응한다. 매일 아침 빠듯하게 일어나는 바람에 출근 시간이 성급해졌다. 이런 마음 상태는 하루를 건강하게 보내기 어려웠다. 이 시기가 나의 독서가 주춤할 때였다. 책은 주로 주말에 읽었고 평일에는 거의 읽지 못했다. 7개월이 흐르자 내겐 기적이라고밖에는 생각지 않을 정도로 호전됐다. 팔꿈치 환자라고 느끼지 못할 정도로 일에 매진했고 일과 운동을 병행하는데 전혀 문제가 되지 않았다. 나는 건강을 다시 회복하니 모든 세상을 가진 것만 같았다. 이 기분은 사실 당사자인 나 이외에는 아마 모를 것이다. 아파도 아프다고 이야기하지 못했다. 겉으로 봐서는 사지 멀쩡했고 전혀 아픈 구석을 찾아볼 수 없기 때문이다. 호응은 해주되 공감하지 못했다.

나는 새벽 독서를 시작하기로 마음먹었다. 처음으로 새벽 독서를 시작한 계기는 운동과 병행하기 위함이다. 나는 새벽 5시에 일어나 책을 읽었다. 이지성 작가의『리딩으로 리드하라』를 읽기 시작했다.

'신은 참을 수 있을 만큼의 고통을 준다.'라는 말은 누구나 한 번쯤은 들어 봤을 것이다. 하지만 어느 순간 준비 없는 갑작스러운 고통은 삶을 송두리째 당황스럽게 만든다. 나는 또 한 번의 고비를 넘겼다. 고통 속의 아침을 희망의 아침으로 탈바꿈하여 한없이 기쁘고 행복하다. 팔꿈치는 완전한 치료가 아닌 현재진행형이다. 운동과 시간을 적절히 관리해 나가고 있다. 시간의 소중함에 있어 새벽 독서가 주는 나에 대한 보상은 상상 그 이상이다. 나는 하루하루가 고통 없음에 감사하고 새벽공기가 주는 상큼함에 다시 한 번 감사하다.

나는 2019년 12월 회사에서 아주 작은 사고가 발생했다. 살면서 몇 번의 고비와 고통은 마치 운명인 듯 매번 찾아왔다. 이번엔 달랐다. 장갑을 열어 손가락을 본 순간 '아차' 싶었다. 어제 수리했던 기계가 아침부터 말썽이다. 나는 수리업자와 통화를 했고 센서 이상을 확인해달라고 했다. 센서가 작동되는지 점검을 하던 중 기계의 팔이 내 오른손 검지 손톱 한 마디를 물고 들어갔다. 나는 살짝 긁혔거니 생각하고 장갑을 벗어보았다. 손톱이 보이지 않았고 피가 나지 않았다. 약 3초 정도 흘렀을까. 갑자기 피가 분수처럼 솟구치기 시작했다. 당시 생산팀장을 맡고 있던 터라 직원들 알까 봐 손을 부여잡고 아내가 있는 관리부 사무실로 향했다. 우리 부부는 같은 회사에 근무 중이다. 아내는 승용차에 시동을 걸고 내달리기 시작했다. 뒤에 앉아있던 나는 아내의 눈에 눈물이 비친 걸 보았다.

병원에 도착 후 수술실로 향했고 접합은 불가하다는 말을 들었다. 잘린 게 아니라 기계가 물고 뜯었기 때문에 절단만 한다면 생각보다 짧아진다고 했다. 원장님은 이식해서 조금이나마 길게 살려보자고 해서 수긍했다. 나는 한 달간 입원했고 수술실을 두 번 다녀왔다. 동병상련이라 병실은 화기애애하고 좋았다. 모두가 사연이 있고 대부분 오른손을 다친 환자가 많았다. 나는 아침이면 마음이 답답하기 시작했다. 6명의 환자 중 제일 먼저 아침을 맞이했다. 겉으로는 괜찮다며 내색하지 않았지만 나는 짙은 먹구름을 안고 있었다. 문뜩문뜩 살아갈 날이 걱정되기 시작했다. 굳이 쓸데없는 생각이라고 머리를 저어보지만, 머릿속에는 온갖 잡념들이 날개를 펼쳐 날아다니기 시작했다. 도저히 견딜 수 없어 병원에서 2분 거리의 서점으로 향했다. 내가 주말이면 애용하는 서점이다. 나는 책을 몇 권 사서 읽기 시작했다.

마리 폴레오의 『믿음의 법칙』, 이지성 작가의 『에이트』, 제니스 캐플런의 『감사하면 달라지는 것들』, 애나 번스의 『밀크맨』, 제임스 클리어의 『아주 작은 습관의 힘』, 홍승훈의 『런던의 아침에 태양의 꽃을 장식하다』, 율곡 이이의 『격몽요결』 등 퇴원하는 마지막까지 책을 읽었다. 언제나 변화의 시작은 감사함으로부터 나온다. 나는 우선 내가 이만하길 '천만다행이다.'라고 애써 나를 다독였다. 그렇게 내 맘속 밑바닥의 또 다른 나와 대면해야 했다. 나는 그와 계속해서 싸웠고 결국엔 이겨내려 노력했다. 지금도 노력 중이며 내일을 향한 기쁨에 새벽을 기다린다.

아침형 인간이 아니라는 핑계부터 버려라

한때 일본 의사 사이쇼 히로시의 『인생을 두 배로 사는 아침형 인간』이란 책이 큰 인기를 끌었다. '아침형 인간'이 사회적으로 성공할 확률이 높다는 말에 특히 학부모들이 열광하며 학생들에게 이러한 생활방식을 권했다. 물론 나도 책을 구매해 읽고 무작정 아침형 인간으로 따라 해보았다. 생각보다 간단하리라 여겼던 새벽 깨움은 제대로 일어나 보지도 못한 채 어느새 포기하고 말았다. 나처럼 새벽에 깨어나지 못한 이들은 저녁형 인간으로 성공과는 멀어지는 걸까? 매번 설정해둔 알람 소리를 듣지 못하거나 해제 버튼을 누른 결과에 스스로 자괴감이 들기도 했다.

우리 사회는 "일찍 일어나는 새가 먹이를 잡는다."라는 격언처럼 아침형 인간이 되어야 성공의 기회를 잡을 수 있다는 말이 지배적이었다.

노폐물을 분해하고 세포의 재생을 돕는 성장호르몬은 하루 중 오후 10시~오전 1시 사이에 가장 왕성하다고 이야기한다. 이 시간 동안 우리 몸은 일과 중 쌓인 피로를 풀고 근육을 이완시키며, 다음 날을 위한 에너지를 준비하는 것이다.

“일찍 자고 일찍 일어나라”는 말은 어쩌면 이러한 사실과 연관이 있는 듯하다. 앞서 말했듯 아침 일찍 일어나는 건 쉬운 일이 아니다. 분명 서서히 습관화되어 있지 않는다면 몸에 무리가 갈 수 있어 사회생활뿐 아니라 개인적인 몸 상태에 큰 변화를 가져올 수 있다. 나는 회사에서 직원들의 출근을 자주 목격한다. 어떤 직원들은 30분 전에 도착해 자리를 정리하고 커피 한 잔에 여유를 두고 하루를 계획하는 이가 있다. 이런 직원은 일단 일 하나는 깔끔하게 마무리하는 습성을 보인다. 상관이나 다른 누군가가 자기 일을 침범하는 걸 극도로 싫어할 정도로 예민하게 받아들인다. 또 다른 직원은 출근 시간 1분 전쯤 아슬아슬하게 들어온다. 이런 직원들은 대부분 행동에 일관성이 없고 비계획적이다. 나는 경력이 얼마 되지 않은 시기에 기계코드를 외워야 할 때가 있었다. 집에서도 틈나는 대로 외우지만 좀처럼 외워지지 않아 출근 시간을 40분 전에 도착해 회사 앞 공터에서 소리 내어 외웠다. 매일 같은 방식으로 일주일가량 지속했더니 술술 외워졌다. 소위 아침형 인간이란 걸 해보았다. 집에서 늦게까지 자기계발을 하더라도 아침에 허우적거리며 출근한다면 눈으로만 읽는 성장일 뿐이다.

회사에 다니다 보면 아침 출근 시간에 예기치 않은 일이 벌어지기도 한다. 아이들 문제 때문에 어쩔 수 없이 지각하거나 급한 상황에서는 결근하기도 한다. 문제는 대처요령이다. 공장에서 기계를 다루는 대부분 직원은 이럴 때 카톡 문자를 보낸다. 내가 제일 화가 나는 부분이기도 하다. 어떤 직원은 경력이 10년을 넘어서는 직원마저도 같은 상황이 발생한다. 지극히 정상인들이라면 일단 출근을 한 후 자초지종을 이야기한다. 만약 여의치 않다면 직접 전화를 걸어 상황을 공유해야 한다. 카톡 문자만 남긴다면 자신의 가치를 바닥에 떨어뜨리는 행위다. 이런 행위의 발판은 아침형 인간이 아니라는 핑계로부터 시작된다고 말할 수 있다. 아침형 인간이란 대부분 취침시간이 오후 11시경부터 다음날 오전 5시까지를 말한다. 핵심은 아침에 일찍 일어나 남들보다 하루를 일찍 시작할 수 있어 여유 있고 풍요로운 삶을 살 수 있다는 것이다. 하루의 시작이 여유로워 실수를 최소화할 수 있고 아이디어를 낼 수 있게 된다. 보도에 따르면 아침형 인간은 저녁형 인간보다 수입이 많고 행복감을 느낄 가능성도 10% 더 높은 것으로 나타났다. 두 시간 먼저 일어나는 아주 사소한 변화, 지금 당장 시작할 수 있는 기적은 누구에게나 가능하다. 일찍 일어나기 전에는 한 달에 책 한 권 읽기 어려웠지만, 이제는 10권 이상은 거뜬히 읽어내고 있다. 우리에게 공평하게 주어진 24시간은 어떻게 활용하느냐에 따라 28시간이 될 수 있고 20시간이 될 수 있다.

우리는 성장과 발전을 끊임없이 갈구한다. 그리고 누구에게나 삶을 바꿔 보고 싶은 열망이 있다. 이는 자신의 삶이 정체되어 있다고 느끼거나, 그렇게 되지 않기 위해 무언가를 갈구하고 있는 내면의 욕망 때문이다. 독서는 이런 삶의 방향을 일러주는 길잡이라 할 수 있다. 현재가 불만이라면 미래를 바라봐야 하듯이 새롭게 변화되고 싶다면 의지를 키우는 것이 필요하다. 다시 말해 나를 혁신하는 것은 개인의 이상을 실현하려는 노력이다.

나는 팔꿈치 문제를 운동으로 치유하면서 많은 이들에게 운동에 대한 중요성을 이야기한 바 있다. 운동은 단지 신체를 단련시키는 역할만 하는 것이 아니라 정서적으로 안정감을 줄 뿐 아니라 무의식에 존재하는 또 다른 감정들을 억제하거나 소멸시켜준다.

운동을 하면 땀이 난다. 체온의 상승을 인지한 뇌는 땀을 분비하고, 땀이 증발하면서 체온을 떨어뜨린다. 땀의 99%는 물인데, 이때 수분과 함께 몸에서 불필요한 물질들이 함께 배출된다. 운동과 땀흘리기에 대한 중요성을 같이 일하는 회사 동료들에게 몇 차례 이야기했지만 하나같이 돌아온 답변은 "시간이 없다." 또는 "바빠서"라고 말한다. 실제 운동을 하는 많은 직장인 역시 바쁘다. 운동이 좋은 줄 알면서도 하지 않는 것은 음식을 먹고 양치질을 해야 하는 것처럼 "일과로 인식하지 않는 데 문제가 있다."라고 전문가들은 말한다. 이처럼 문제를 인식하는 것이 무엇보다 중요하다. 의식하지 않으면 노력이라는 감정이 수반되지 않는다. 자신을 성장하고자 하는 욕구를 의식하는 것이 독서로 가는 첫걸음인 것과 같다. 아침형 인간에게 시간 부족은 핑계에 불과하다. 이들은 남들보다 일찍 일어나 자기계발에 노력한다. 이를 통해 각종 취미 생활은 물론 '할 수 있다.'라는 자신감을 심어주기도 하며 주위 사람들에게 부지런하다는 이미지를 심어주기도 한다. 여기에는 반드시 노력이 수반되어야 한다.

생각을 현실로 만드는 힘, 『노력론』을 지은 고다 로한은 "노력은 인내와 일맥상통한다"고 말한다. 하고 싶지 않은 일을 견디고, 괴로운 순간을 버텨내기 때문이다. 의지와 감정이 일치하지 않더라도, 의식이라는 불을 피워 감정이라는 물에 의지가 젖지 않도록 해야 한다는 것이다. 그는 노력에는 정신이 깃들어야 한다고 전하고 있다. 이와 마찬가지로 아침형 인간으로 변하고자 하는 진정한 노력에 힘쓴다면 기존의 굳어진 사고와 틀을 깰 수 있는 또 다른 자신을 만나게 될 것이다.

애초에 나는 전형적인 저녁형 인간형에 속했다. 새벽에 일어나야 하는 할 이유가 없었다. 내가 아침형 인간으로 바뀐 건 순전히 직업적 이유에서다. 신용불량자에다 파산자의 직업은 그리 녹록치 않았기에 입사한 회사들이 대부분 새벽 출근이 많았다. 김밥 가맹점 배송업무를 할 때는 새벽 4시까지 출근해야 했다. 집에서 새벽 3시경에 일어나야 준비하고 출근한다. 자연스럽게 아침형 인간이 되었다. 먹고 살기 위해 새벽에 일어났지만, 후에 습관이 돼서인지 크게 어렵지 않게 아침형 인간으로 바뀔 수 있었다. 그렇다고 해서 새벽에 일어나는 일이 쉬운 건만은 아니다. 습관이 되었다고 하지만 여전히 어렵고 상당한 인내심이 필요하다.

지금은 아침형 인간이기보다 새벽형 인간이 맞을 듯하다. 독서를 위해 삶을 바꾸고 내 안의 성장을 위한 열정이 씨앗이 되어 점점 기상 시간이 빨라졌다. 처음에는 오전 5시에 일어나 한 시간가량 책을 읽다가 지금은 새벽 4시에 일어나고 있다.

이 배경에는 고다 로한의 『노력론』과 웨이슈잉의 『하버드 새벽 4시 반』을 읽고 열정과 노력을 나 자신에 대입함으로써 새로운 성장통을 겪게 되면서부터다. 『노력론』에서는 무엇인가를 새롭게 시도할 때 가장 먼저 할 일은 그 어떤 다짐이나 거창한 계획을 세우는 것이 아니라 옛것을 버리는 일부터 시작해야 한다고 말한다. 내 삶에 끼어든 습관 중 오래된 것은 무조건 적이다. 잡초를 베어버리지 않으면 씨를 뿌릴 희망조차 가질 수 없다. 그러므로 예전의 생활습관을 모조리 다 뜯어고치는 것이야말로 시작이라고 할 수 있다고 말한다. 작년의 나를 버리지 않고는 올해의 나도 없다. 행복과 불행을 나누는 기준은 운명이 아니라 인간의 노력이며 생각이다. 『하버드 새벽 4시 반』에서 하버드는 입학 후 가장 처음으로 듣는 강의가 바로 시간 관리에 관한 내용이다. 하버드 학생들은 공부와 삶에서 효율을 무척이나 중시한다. '효율'이란 가장 짧은 시간에 가장 많은 일을 더욱 잘 해내는 것을 일컫는다. 시간 자체는 아무런 의미도 없지만,

이를 사용하는 우리에게는 큰 의미가 있다. 그리고 그 의미는 시간을 대하는 우리의 자세에 의해 좌우된다. 또한, 시간을 소중히 여기는 사람들처럼 매일 새로운 하루에 감사하고 낙관적으로 변모하라고 말한다.

나는 아침형 인간과 저녁형 인간 어느 쪽이 '좋다 나쁘다'를 말하려는 것이 아니다. 심리학 저널인 〈내 삶의 심리학 mind〉에서 아주대학교 정신건강의학과 조선미 교수는 아침형 인간이 덜 불안해하고, 충동이 적고, 소비에 대해서 잘 절제하며 질서를 잘 지키고 인내심이 강하다고 말했다.

아침형 인간은 수면 시간을 줄여야만 가능하기에 열정과 노력이 수반되지 않고는 며칠 만에 계획이 무산되고 만다. 학습은 생각하는 노동이다. 나폴레온 힐은 패배가 찾아왔을 때 가장 논리적이면서 쉽게 취할 수 있는 조치가 포기라고 말한다. 그리고 그것이 대다수의 사람들이 평범한 사람으로 남는 이유라고 이야기했다. '시간이 없다.', '바빠서'라는 말은 핑계이자 자신의 게으름을 합리화시키려는 변명이다.

5

독서는 시간의 문제가 아니다

사람은 누구나 교육을 통해 학습한다. 유아기에는 부모에게서 배우고 일정 나이가 되면 학교에서 선생님을 통해 공부하고 사회에 필요한 역량을 갖춘다. 기본적으로 대학을 가지 않는다 하더라도 초등학교 6년, 중학교 3년, 고등학교 3년 총 12년을 학교에서 학습하고 습득하며 책을 본다. 그러함에 불구하고 1년에 책 한 권 읽지 않는 사람이 대다수를 이룬다. 이는 분명 독서를 공부라고 여기기 때문이 아닐까 생각한다. 나 역시 독서를 권장하면 공부하라는 느낌을 받아 책을 보지 않았다.

중요한 것은 집이나 내가 아는 어느 곳이든 소설책이나 기타 서적을 보는 이가 없었다는 것도 사실 한몫 차지했다. 독서 습관은 어릴 때부터 책 읽는 환경이 무엇보다 중요하다. 보통 '교수 집안에 교수 나오고 의사 집안에 의사 나오더라.'라는 말이 달리 있는 게 아님을 새삼 느낀다. 어느 지인 분은 아이들만 보면 책 읽으라는 잔소리 아닌 잔소리를 해댄다. 자식의 친구들이 놀러 와도 마찬가지다. 하지만 정작 본인은 1년에 책 한 권 읽지 않는다. 이는 모순이라 생각한다.

군대 가기 전 처음 독서를 하겠다고 마음먹고 책을 읽기 시작하려 하면 왠지 집중하기가 힘들었다. 책상이 깨끗하게 정리정돈 되어 있어야 하고 다시 손에 묻은 먼지를 보고 씻으러 가야 했으며 자세가 거슬리기도 하고, 기타 등등 무언가 자세를 갖추지 않으면 좀처럼 읽기에 집중하지 못했다. 한때 나는 이 문제로 깊이 고민도 해보았다. 심각한 결벽증이나 강박증 아닐까 하고 의심하기도 했다.

책을 본다는 것은 활자를 읽는 것이다. 나는 독서를 공부라고 인식하고 있었다. 잘 정돈된 책상에서 바른 자세로 읽어야 내 마음이 흡족했고 책을 읽었다는 뿌듯함이 생겼다. 하지만 정작 몇 페이지 읽지 못하고 책을 덮었다. 너무 경직된 것이 화근이었다. 이런 이유로 책과 멀어지기 시작했고 어쩌다 구매한 책 한 권은 읽는 데 한 달 이상이 걸리기도 했다. 이러던 나의 책 읽기는 고단한 삶을 변화시키고자 매일 밤 머릿속에 남아 허우적거릴 때 우연히 찾아와 내 손에 닿았다.

나는 대단한 다독가가 아니다. 엄청난 양의 독서를 자랑하는 다독가는 많다. 그들을 보면 정말 입이 벌어질 지경이다. 나는 살기 위해 독서를 선택했다. 누구에게도 속마음을 이야기할 대상이 없어서 책을 읽었다. 남들보다 느리게 읽었다. 반바지와 땀내 나는 러닝셔츠에 잠깐의 휴식시간에 읽었고 고속도로 휴게실 화장실에서 읽었다. 몇 줄 안 되는 글귀에서도 희망을 품었고 마음을 온전히 붙잡았다. 책을 읽기 위해 시간을 따로 내야 하는 건 아니다. 그냥 틈나는 대로 책과 함께하면 그것이 독서다. 무조건 많이 읽으면 좋겠지만 목적과 의미가 없는 다독은 단순한 안구운동에 지나지 않는다.

나는 회사에 다니는 직장인이다. 나 역시 가방을 가지고 다니며 책은 2권 정도 가지고 다닌다. 회사에서 점심시간이 되거나 저녁 시간이 되면 틈나는 대로 읽는다. 물론 바쁠 때는 책 자체를 펼쳐보지도 못한 채 고스란히 집으로 직행한 적도 적지 않다. 그렇다 해도 읽다 만 책 2권은 늘 가지고 다닌다. 독서는 시간의 문제가 아니라 습관 자체다.

독일의 대문호 괴테는 “모든 사람은 성공하려고만 할 뿐, 성장하려고 하지 않는다.”라고 말했다. 자신을 성장시키는 밑거름의 바탕이 책에 있으며 어디서나 읽을 준비가 되어야 하고 느껴야 한다. 이는 곧 우리는 매일 점점 더 나아지고 있다는 증거이다.

나는 막 결혼을 시작한 신혼 때부터 아내에게 못이 박히도록 말해온 것이 있다. 바로 내 집 마련을 하게 되면 서재가 달린 내 전용 방을 갖고 싶다는 어필이었다. 처음에 월세방부터 시작한 우리 신혼은 아이를 낳자마자 고난의 세월을 거치고 일어서며 내일을 알 수 없는 현실에 늘 조바심을 달고 살았다. 무조건 앞만 보며 열심히 살면 복을 받겠지, 라는 자기 위안에 무던히도 외골수답게 일했다. 하지만 사는 건 매한가지였다. 사람이 매 순간 쫓기듯 살아가면 온갖 부정에 무덤덤해진다. 끝내는 나조차도 부정의 화신이 되고 만다. 당시 신용불량자이자 파산자라는 나의 밑바닥 자존감은 내면의 화를 제어하지 못했고 늘 웃음기 없는 얼굴로 일상을 보냈다. 문제는 '화'였다. 영어로는 Anger.

나는 무엇이든 예민해졌다. 금방 화가 머리끝까지 치솟았다가 금세 수그러든다. 어떨 때는 이런 나의 모습을 내가 이해하지 못하기도 했다. 중요한 건 스스로가 문제를 알지 못하는 데 있다. 나는 서점에서 책을 고르던 중 틱낫한의 『화』의 서문을 읽고 바로 구매했다. 그리고 집에서 단숨에 읽었다. 나를 롤 모델로 쓴 책이라고 생각 들 정도로 그 당시 내 모습을 투영하고 있었다. 책을 읽을 때마다 하루에 12번도 화를 내고 가라앉기를 반복하는 나 자신을 바라보았다. 충격이었다.

이 책을 통해 나 자신을 객관적으로 바라보기 시작했다. 먼저 화가 났을 때 말을 삼가고 의식적 호흡을 통해 우리의 여러 가지 부정적인 감정을 보살펴야 한다고 전한다. 이때의 의식 호흡은 지금까지도 매일 자기 전 명상으로 이어지고 있다. 2.5톤 화물차에 넣어두고 틈나는 대로 다시 읽었다. 그래서인지 지금 보아도 책이 지저분하다. 아마 화물차에다 두고 수시로 꺼내 읽은 흔적일 것이다.

나는 지방으로 이사하면서 내 집 마련을 했고 2년 후 같은 아파트 32평형으로 이사를 했다. 이사를 하며 서재에 대한 나의 꿈을 이루었다. 이때부터 본격적인 독서에 매진했다. 때론 아내가 처남댁과 가까운데 바람 쐬러 가자고 할 때도 나는 조심스레 거절하고 책을 읽었다. 아마 아내는 많이 서운했을 것이다. 나는 누구에게도 말하지 않았지만, 나의 서재를 가진 것에 너무나 감사했고 그것을 온전히 내 것으로 만들고 싶었다.

17세기 철학자 파스칼은 "오늘날 모든 불행의 근원은 한가지다. 인간이 홀로 조용히 방에 머무를 수 없다는 사실이다."라고 말했다. 요즘 같은 스마트 연결시대에는 혼자 있는 시간을 가지기가 힘들다. 더군다나 나이 어린 자녀를 둔 아빠는 더더욱 힘들다. 오죽하면 휴가철에 회사를 다시 나오고 싶다는 말을 했을 정도로 스트레스가 이만저만이 아니다. 이런 면에서 나는 비로소 혼자가 될 준비를 하고 있었다. 책을 읽는다는 것은 기본적으로 혼자 하는 행위다. 고독해져야 책을 원하는 만큼 읽을 수 있다.

딸아이가 고등학교에 입학하면서 우리는 한 번 더 이사했다. 우연히 이번에도 평수를 넓혀서 이사했다. 이번에는 내 전용 서재가 따로 존재한다. 예전에는 서재이긴 하나 막내아들이 초등학교를 막 입학해서 같이 사용했다. 이번에는 내 전용공간이다. 나는 퇴근 후 모든 시간을 서재에서 보낸다. 오롯이 내 공간이며 철저히 고독해질 수 있기 때문이다. 퇴근 시간을 기다리게 만든 독서는 환경이 더해지니 더할 나위 없이 마음의 풍요를 느낀다. 이제는 시간이 문제가 아니다. 비록 늦은 나이에 시작한 독서지만 삶이 점점 풍요로워지는 걸 스스로 체험한다. 불과 10년 전에만 해도 주머니에 단돈 천 원이 없어 전전긍긍했지만, 지금은 삶이 평화롭다. 물론 지금도 어렵다. 하지만 질적으로 전혀 다른 어려움이다. 분명 독서는 삶이 성장할 수 있도록 무의식적 에너지를 주입해준다.

'책으로 크는 나라'라는 별명을 가진 스웨덴의 독서율은 세계 1위다. 전 국민 85.7%가 1년에 한 권 이상의 책을 읽는다고 한다. 스웨덴은 공공 도서관이 잘 갖춰져 있다. 어릴 때부터 독서 습관이 몸에 배어 있다는 증거다. 나는 아이들을 데리고 주말이면 서점에 간다. 무조건 책을 사라고 하진 않는다. 직접 시간을 내서 몸을 움직여 생산적으로 책을 만나러 간다는 것만으로도 성공인 셈이다. 사실 인터넷 서점을 이용해 찾아보고 책을 시켜 주면 그만이지만 나는 그렇게 하지 않는다. 직접 가서 책을 만져 보고 느끼기 위해서다. 느끼지 못해도 괜찮다. 매주 가다 보면 어느 때고 눈에 들어올 날이 있을 것이다. 독서는 삶에서 본인이 직접 느껴야 한다. 느낌 그 자체다.

화가 빈센트 반 고흐는 그림에서 많은 사람에게 깊은 인상을 남겼다. 고흐는 스물여섯 살이라는 늦은 나이에 정식으로 그림을 배우기 시작했다. 그런데도 세상에서 가장 비싼 그림들 사이에 어깨를 겨누었다. 이처럼 독서도 마찬가지다. 삶의 방향과 목적을 헤매고 있더라도 삶의 우선순위를 정해야 한다. 독서 역시 시간의 문제가 아니라 느낌의 문제다. 옛 성인들은 평생 한 가지 질문, 바로 "가장 가치 있는 것은 무엇인가?"를 고민했다. 나는 나 자신을 대입해 또다시 질문해본다. 나의 대답은 한결같이 독서라고 답한다. 어려서부터 독서의 습관을 길러 평생을 꾸준히 이어감은 당연히 축복의 대상이다. 지금도 시간은 흐르고 있다. 책을 본보기로 읽고자 하는 의지는 분명 삶의 방향을 제시해줄 것이다.

나는 인터넷 서점도 이용하지만 되도록 아날로그 방식을 좋아한다. 서점에 가면 여러 책을 내 손으로 만져가며 촉감도 느껴볼 수 있다. 또한, 서문을 통해 다양한 장르의 작가들 의식세계를 엿볼 수 있으므로 자주 방문한다. 이왕 나온 김에 책 한 권 들고 가까운 커피숍에서 모처럼의 자유를 느끼기도 한다. 이렇듯 독서를 거창한 준비 자세를 취하고 시간을 따로 내려고 하면 또 다른 스트레스를 받는다. 자발적이지만 시간을 따로 내야 한다는 강박증이 독서의 흐름을 방해한다. 오늘 한 장을 읽어도 상관없다. 아니 한 줄을 읽어도 아무런 문제가 되지 않고 오히려 스스로 그 문장에서 삶에 적용할 뜻을 찾고 마음으로 느낀다면 대성공이다.

6

어떻게 해야 매일 책 읽는 습관을 가질 수 있을까?

'사람이 습관을 만들지만, 나중엔 습관이 사람을 만든다.'란 말이 있다. 그만큼 습관의 중요함을 한 줄 글로 표현했다. 인간의 어떠한 분야에서건 습관이 그 사람의 성격을 대변한다. 회사에서 일 처리 업무 역시 습관이 내재되어 있음을 알 수 있다. 직원 중에는 어떤 일을 알려주거나 조언을 해주면 바로 시정조치를 하며 실수를 최소화시키려고 노력하는가 하면 같은 업무를 3년 가까이 해도 전혀 개선의 여지가 없는 직원도 있다. 그만큼 습관은 어떻게 마음속 깊숙이 안착하였느냐에 따라 행동이 바뀌고 일 처리 능력도 개선된다.

독서도 예외는 아니다. 독서는 읽는 요령도 알아야 하고 읽는 습관도 알아야 한다. 습관의 사전적 뜻은, '오랫동안 되풀이하여 행해져서 그렇게 하는 것이 규칙처럼 되어 있는 일'이다. 습관과 같은 의미로 쓰이는 말이 '버릇'이다. 우리가 흔히 듣는 '세 살 버릇 여든까지 간다.'라는 말은 한 번 형성된 습관은 쉽사리 바뀌지 않으니 좋은 습관을 들이는 것이 중요하다는 뜻을 의미한다. 의식적으로 노력을 기울여야만 할 수 있는 행동은 습관이라고 하지 않는다. 나는 독서를 매일 해야겠다고 결심하고부터는 닥치는 대로 읽었다. 이해되지 않은 부분이 나오면 두어 번 다시 읽고 그냥 넘어갔다. 너무 얽매여 있는 건 또 다른 스트레스로 간주해서 되도록 편하게 읽기 시작했다. 처음엔 책 한 권 읽는 데 2주 또는 한 달가량 걸렸다. 그래도 스스로 책 한 권 읽었다는 뿌듯함이 너무 좋았다. 일하면서 느끼는 성취감과는 상대적으로 달랐다. 나는 독서만큼은 온전한 습관이 되고자 노력했다.

매주 주말이면 서점으로 향했다. 매주 2권의 책을 구매했다. 때론 일주일에 2권을 모두 읽지 못한 적도 많지만 돌아오는 주에 책 2권을 다시 구매한다. 이를 두고 어떤 이는 낭비라고 이야기하는 사람도 있고 제대로 읽지 않으면서 '허세 부린다.'라고 지적하는 이가 있다. 하루에 한 페이지라도 읽으려는 의지만 있다면 책을 쌓아두는 건 문제가 되지 않는다. 나 같이 더딘 사람도 분명 읽게 된다. 내가 원해서 구매한 책이라서 그런지 읽으려 애를 쓰게 된다. 애를 쓰다 보니 억지로라도 시간을 만든다. 무엇보다 나를 위해 책을 구매하는 돈에 대해서는 아깝다는 생각을 머릿속에서 지웠다. 살면서 크고 작은 사고 중에 네 번의 사고가 지금껏 머릿속에서 떠나지 않고 있다. 지금도 그날의 그 느낌을 생생하게 기억한다. 이럴 때마다 내 손에 책이 들어왔고 그 책은 나를 일으켜 세워 준 고마운 친구이자 치료사였으며 정신적 지주였다. 이런 내 모습이 자연스럽게 책 읽는 습관을 만드는 데 큰 도움이 되었다. 삶을 바꿀 방법은 없을지 모르지만, 책을 통해 자신을 바꿀 수는 있다.

매일 책 읽는 습관을 지니는 것은 그다지 어렵지 않지만 많은 사람이 지키고 있지 않다. 특히나 스마트시대를 살아가는 현재는 볼거리가 넘쳐난다. 지상파 방송만 해도 채널이 넘쳐난다. 리모컨만 가지고 있어도 재미나게 하루를 즐길 수 있다. 또한, 내가 관심 있어서 하는 분야의 소식들도 핸드폰을 통해 시시각각 알려준다. 책 읽는 습관을 만들려는 나만의 노력은 다른 데 있지 않았다. 퇴근 후 각종 매체로부터 멀리하는 것이고 내가 가장 좋아하는 분야, 관심 있는 분야를 구매해 읽었다. 나는 소설책을 즐기지 않는다. 내게 시급한 문제는 나 자신을 바꾸고 성장하고자 하는 열망이며 더불어 여유로운 삶의 갈구였다. 신용불량자였으며 파산자로 살아오면서 열심히는 살았지만, 돈을 좇았다. 그 결과 여러 직업에 전전했으며 경험은 많지만, 전문적이라 할 수 없었다. 가장이라는 무게에 어느덧 세월의 흔적만 남았을 뿐 내게는 늘 도전만이 남아 있어 내일이 불안했다. 이럴 때마다 주로 자기계발서나 어려움을 딛고 일어선 성공한 이들의 일대기를 읽었다. 책을 읽는 시간만큼은 강한 동기부여가 생겼고 마음의 위로를 느꼈다. 나는 두 번 다시 경제적 어려움을 겪지 않기 위해 책을 선택했다.

나는 매일 책을 읽기 위해 강박관념을 주입하지 않았다. 책은 나의 좋은 친구라고 생각했고 매일 10분이라도 읽었다. 회사 업무로 인해 피곤하고 지칠 때면 한 페이지라도 읽고 잠을 청했다. 나는 단시간에 많은 책을 읽거나 다독의 능력은 없다. 다만 책에 대한 흐름을 끊지 않으려 노력했다. 반복의 힘이다. 유니버시티 칼리지 런던(UCL;University College London)에서는 습관에 대해서 실험을 진행했다. 그 결과, 개인차가 있지만 새로운 습관을 만드는 데는 평균적으로 약 66일이 걸렸다.

보통 사람은 하루 수백 가지 행동을 습관적으로 행한다. 아침에 일어나 세수하기 전 스마트폰을 확인한다거나 아침 식사를 마치고 이를 닦는다거나, 출근 후 일을 시작하기 전 커피 마신다는 것 자체들이 바로 전형적인 습관적 생활방식이다. 앞서 이야기한 바 있지만 나는 팔꿈치 통증으로 인해 큰 어려움을 겪은 바 있다. 팔꿈치 주변 근육을 단련하는 일은 그리 간단치 않았다. 생각 같아선 집에서 '아령을 가지고 운동하면 되는 것 아니냐?'라고 말할 수 있다. 엄밀히 맞는 말이다. 하지만 꾸준히 습관을 만드는 데 있다. 보기 좋은 팔 근육을 만드는 것이 아니라 팔꿈치 연골 안쪽부위 근육을 자극하는 운동이다. 나는 운동을 습관화하기 위해 다른 것들을 포기했다. 퇴근 후 아내와 아이들과의 저녁 시간을 포기할 수밖에 없었다. 처음에는 운동을 습관화하기 어려웠다. 매일 반복적으로 시간을 내기란 여간 어려운 일이 아니다.

인생은 필연적으로 어느 시점에서 습관을 유지하는 것을 방해한다. 어떤 날엔 회사에서 너무 지쳐 퇴근길에 심한 갈등을 겪을 때도 있었다. 그때마다 나를 붙잡았던 건 '지금 하루를 빠지게 된다면 내일도 마찬가지며 습관이 만들어지지 않는다.'라며 나를 채찍질했다. 나는 곧바로 핸들을 헬스장으로 돌렸고 운동을 마치고 돌아왔다. 이런 생활을 6년째하고 있어 팔꿈치는 수술을 받지 않을 만큼 튼튼해졌다. 이렇듯 주변 근육을 꾸준히 단련시키다 보니 자연스레 운동이 생활화되어 삶의 일부가 되었다.

독서도 이와 마찬가지라고 생각한다. 책을 읽는다는 건 두 가지를 같이 하는 일이다. 하나는 활자를 눈으로 읽는 능력을 말하며 또 하나는 눈을 통해 읽어 들인 문자를 두뇌를 통해 사색하게 만드는 능력을 말한다. 즉 독서 근육을 만드는 것이다. 운동하면 해당 부위에 근육이 생기고 매일 훈련을 반복하면 일반 사람보다 훨씬 멋있는 몸을 가지게 된다. 독서 근육도 본인의 꾸준한 노력에 단련되는 것이다. 독서 근육을 갖기 위해서는 일정량 이상의 책을 많이 읽어야 한다. 전문가들이 말하길 대략 200권 정도의 책을 꾸준히 읽어나가면 우리의 뇌가 독서에 필요한 독서 근육이 만들어진다고 한다.

나는 매일 독서 습관을 들이기 위해 취하는 행동 중 하나가 화장실이다. 화장실에 읽기 쉬운 내용의 책을 비치하면 편하게 읽을 뿐 아니라 잡념에서 해방해준다. 아침에 눈을 뜨면 제일 먼저 가는 곳이 화장실이고 보통 5분에서 10분 정도 앉아 있다. 이때 선반에 넣어둔 책을 꺼내 어제 읽었던 다음 페이지를 보면 멍해진 머리가 맑아진다. 잠에서 막 깨어난 상태로 책을 읽는다는 건 처음엔 상당히 어려웠다. 하지만 매일 이러한 시간을 애용하면 아침을 여는데 상당한 도움을 얻는다. 그뿐만 아니라 매일 일어나자마자 책이 손에 잡혔다는 것만으로도 상쾌해진다. 매일 5분의 시간으로 하루의 동기부여를 만끽할 수 있다는 건 크나큰 행운이다.

나는 제임스 클리어의 『아주 작은 습관의 힘』이란 책을 읽었다. 그 책에서는 아주 사소한 습관이 사람을 최고로 변화시키는 원동력이 된다고 한다. 어떤 습관에 통달하기 위해서는 반복이 가장 중요하다고 하며, '그저 반복하라. 그러면 된다.'고 전한다.

어떤 행동을 반복할수록, 뇌는 그 행동을 하는 데 더 효율적인 구조로 변화한다. 새로운 것을 받아들여 배울 때 가장 어려운 것은 '느낌'이다. 이는 감각에 전달되는 각 신호들에 대해 스스로가 알아차리는 반응이다. 자주 반복하며 의식적인 틀에 기준을 두고 노력하다 보면 어느새 어려움은 사라진다. 독서 습관을 갑자기 하게 되면, 일단 책상에 앉는 일부터가 서툴고 어색하다. 이런 작은 일에서부터 시작해야 한다는 것을 알고 있어도 책을 본다는 것을 거창하게 생각할 때가 있다. 변화한다고 생각하는 순간 빨리 많은 일을 하려고 한다. 여기에 함정이 있다. 첫날은 꿋꿋이 앉아 성공적으로 실행했을지 모르지만, 며칠 지나지 못해 내일로 미루기 시작한다. 이러한 상황이 연속으로 삼일 이상 지속하고 나면 습관이 되지 못하고 포기하고 만다.

제임스 클리어의 『아주 작은 습관의 힘』에서 '2분 규칙'을 말하고 있다. 나는 이 방법을 이미 오래전에 사용하고 있었다. 예를 들면 '매일 밤 침대에 들기 전 책을 읽어야지.'라는 생각과 말을 '한 페이지를 읽어야지.'로 바꾼다. 이 말은 지금도 실행하고 매일 글을 읽는 원동력이 되고 있다. 내가 아이들에게 말없이 독서를 권유하는 방법으로 거실에 던져두거나 매주 2권의 책을 사서 서재에 쌓아두는 행위는 바로 실행의 습관을 만드는 이유에서다. 운동하려거든 체육관에 등록하는 것도 중요하지만 매일 그 방향으로 핸들을 틀어 무조건 가야 한다.

영국 역사상 가장 위대한 총리로 지금도 많은 사람의 존경을 받고 있는 윈스턴 처칠은 어렸을 때는 난독증이 있었다. 말도 더듬었으며, 학창시절에는 꼴찌 학생이었다. 다만 그는 독서를 아주 좋아했는데, 책을 읽을 수 없다면 만지기라도 하라고 말할 정도였다.

바쁜 직장인들은 저녁 시간도 일정치 않은 경우가 허다하다. 나 역시

기계를 만지지만, 퇴근 시간에 고장 나는 경우가 허다하다. 이런 경우처럼 늦은 퇴근이 잦다 보면 독서를 해야 하는 시간마저 사치일 때도 있다. 이럴 때 나는 침대에 들어가기 전 한 페이지 읽기를 잊지 않는다. 실제 한 페이지 읽기는 대단한 일이 아니다. 의식을 가지고 오늘 해야 할 일에 목록을 보며 잊지 않기만 하면 된다. 정말 터무니없을 만큼 사소한 습관을 지키려 노력해보라. 분명 달라진 본인의 습관을 스스로가 느끼게 될 것이다.

출퇴근 시간은 최고의 독서 시간이다

내가 경기도 광명에 위치한 주유소에서 일할 때의 일이다. 말단 주유원에서 광명지점의 총 관리를 맡은 나는 새벽 6시에 오픈하고 자정에 영업을 마쳤다. 당시 인천 주안역 근처에서 부모님 댁에 얹혀살았다. 아이 둘은 어머니께서 돌봐주었다. 아침 8시까지 출근하려면 주안역에서 첫차를 타야 했다. 보통 1시간 30분에서 2시간 가까이 걸렸다. 하루에 4시간을 출퇴근하는 시간에 쓰였다. 내부세차 서비스를 하는 주유소여서 매출이 다른 주유소보다도 높았다. 내부세차 인원과 주유하는 직원들이 교대근무를 하는 관계로 많을 때는 30명 가까이 직원을 보충하기도 했다. 퇴근 시간에는 대부분 서서 전철을 타야 했기에 피곤했다. 처음엔 출근 시간에 잠을 청했다. 퇴근 시간엔 음악을 들으며 집으로 향했다. 어느 날 문득 하루 중 출퇴근 4시간을 허비하고 있다는 생각이 들기 시작했다.

나는 정신을 가다듬고 생산적인 일을 하기로 마음먹었다. 주유원 시절에도 틈틈이 교대근무를 할 때면 버스를 타고 가는 시간에 책을 읽곤 했다. 그런데 책임자가 되고부터는 좀처럼 시간이 나지 않았고 주말에는 직원들이 빠지는 경우가 발생해 출근해야 했다. 그런데 이는 핑계라는 생각이 들기 시작했다. 나는 하루 4시간을 활용하지 못하는 무지함에 자신을 책망했다.

나는 광명에 있는 서점에서 책을 구매했다. 세계 최고의 판매왕 조 지라드의 『최고의 하루』라는 책이다. 조 지라드(Joe Girard)는 35살까지 인생의 낙오자였다. 고등학교 중퇴에 변변한 기술도 자본도 없던 그는 구두닦이, 접시닦이, 난로 수리공, 건설현장 인부 등 40여 개의 직업을 전전하며 온갖 고생과 실패를 경험했다. 그리고 어렵게 시작한 사업에서마저 실패한 그는 자동차 세일즈에 도전하면서 새로운 인생의 전기를 마련하게 된다. 조 지라드는 15년간 한 번에 한 대씩 1만 3,001대의 차를 팔아 12년 연속 세계 기네스북에 오르는 전무후무한 기록을 세웠으며, 〈포브스〉지에서 '세기의 슈퍼 세일즈맨'으로 선정되었다. 마침 내가 일하는 서비스업과 관련 있겠다 싶어 고른 책이다. 나는 이 책을 출퇴근 시간에 두 번 읽었다. 출퇴근 시간을 활용해 책 한 권을 읽으니 독서의 묘미가 주는 성취감이 더욱더 좋았다. 출퇴근 시간에 읽을 책은 어려운 내용보다는 쉽고 간결하며 읽기 편한 책을 읽으면 졸리지 않고 오히려 한 편의 드라마나 영화를 본 듯한 착각을 일으키게 한다. 그리고 기억나는 책은 김정

운 교수가 펴낸 『노는 만큼 성공한다』라는 책이다. 우리나라의 죽도록 일만 하는 일 중독자들이 봐야 할 책이다. 나는 제목에 이끌려 구매해 읽었다. 이 책 역시 출퇴근 시간에 시간 가는 줄 모르고 읽었던 기억이 있다.

일본의 독서율은 87%로 하루에 1시간 이상 거르지 않고 활자와 접하고 있다는 매체를 접했다. 일본의 지하철 출퇴근 시간을 보면 거의 책을 읽고 있다. 이 말은 언제 어디서고 읽을 준비를 위해 책을 가지고 다닌다는 말이다. 우리는 어떠한가. 나는 근래에 서울에 볼일이 있어 지하철을 타고 갔다. IT 강국답게 대부분 사람이 스마트폰만 들여다보고 있었다. 대부분 귀에 이어폰을 끼고 음악이나 유튜브를 즐겨 보고 있었다. 이들의 행동이 나쁘다는 것이 아니다. 하지만 바빠서 책을 읽지 못한다는 말은 모두가 핑계 아닐까 하는 생각이 머리를 스쳐 지나갔다. 사실은 책 읽을 시간을 내기가 어려운 게 아니라 책을 들고 다녀야 하는 불편함에 대한 이기심 때문이 아닐까.

얼마 전에 내가 믿었던 직원이 그만두었다. 그는 내가 회사에 발령받아 오기 전부터 기계 부서에 자리를 잡고 있었다. 그는 3년 가까이 회사를 다니면서, 전문적으로 배우지 않았지만, 성실성을 인정받았다. 문제는 지나치게 성실만 하다는 데 있었다. 업무를 해나감에 있어 선두주자였지만 후배들보다 많이 부족했다. 따라서 질타도 들어야 했지만, 이제는 두고 볼 수 없어 근무시간에 기계 가공을 멈추고 개인 교습을 해주었다. 이는 순전히 배려심에 나온 내 결정에서 진행했다. 선임인 그 직원의 안쓰러움과 배움을 갈망했던 내 지난날이 교차해 도와주고 싶었다. 열심히 적게 하고 하루를 온전히 이해시키고 알려주었다. 나머지는 스스로 얻어내야 했다. 그런데 이 친구는 매번 모르쇠로 일관했다. 나는 또다시 시간을 내어 반복시켜주었다. 이번에도 모든 내용을 기록하고 메모하게 했다. 하지만 일의 해결방법에서 이미 메모한 내용을 적은 노트조차도 어디 두었는지 모를 정도로 성의가 없었다. 나는 이 친구를 보면서 시간 활용에 대해 깊이 생각해보았다. 나 역시 한참 기계를 배우려 할 때는 노트에 메모해두었다가 그 부분에 해당하는 책을 구매해 공부했고 다시 질문하기를 반복했다. 그리고 출근 시간 1시간 전에 출발해 도착 후 공장 문이 열리기 직전까지 책을 펼쳐 외우고 복습하기를 반복했다.

내가 대단하다고 자랑하는 것이 아니다. 적어도 내가 아는 기술자들은 이보다 더한 방법으로 공부하고 익혀나갔다. 내가 아시는 분은 기계 가공 전에 자신의 노트를 펼쳐 확인 후 작업하는 습관을 20년의 세월이 흐른 지금도 빠뜨리지 않고 있다. 내가 알려준 이 직원도 조그마한 관심으로 출근 시간을 알차게 활용했더라면 좋은 결과를 보았을 것이다. 대부분 직원은 출근 시간에 맞춰 이동한다. 너무나 빠듯한 아침을 맞는다. 이 또한 '잘못이다.'라고 이야기하고자 함이 아니다.

아놀드 베네트가 지은 『아침의 차 한 잔이 인생을 결정한다』에서 저자는 "출근 준비로 허둥대지 말고 아침의 30분이 인생을 바꾼다"고 한다. 그 30분이 어떤 기적을 일으키는 것은 아니지만, 기적이 일어날 수 있는 토대는 될 수 있다고 말한다. 그는 출퇴근 시간의 완전한 두뇌의 깨어 있음을 강조한다. 그리고 지하철에서의 출퇴근 시간 활용에 대해 깊은 성찰을 강조하고 있다. 출퇴근 시간의 생산적 활동을 하라는 강한 메시지다.

나는 지금 회사에서도 가방을 가지고 다닌다. 책이 2권 들어 있다. 어떤 날에는 무척이나 바빠 점심시간에도 책을 보지 못할 때도 많다. 하지만 다음 날도 여전히 가방에 넣어 출근한다. 이제 출퇴근 시간은 기다려지는 내 시간, 내 독서 습관을 이어나가는 귀중한 시간이다. 출근 시간 전 나는 이미 새벽 4시에 일어나 하루를 시작한다. 내가 보고 싶은 책을 보는 가장 행복한 사색의 시간이다. 출퇴근 시간을 활용한 독서는 일주일에 책 한 권은 거뜬히 읽을 수 있는 독서 근육을 단련할 수 있다. 이처럼 시간을 따로 내서 읽으려 하지 말고 생활 속에서 알게 모르게 버려지거나 무의미하게 보내지는 시간을 활용한다면 가치 있는 독서 습관을 기르기에 충분하다.

지방으로 이사해 처음 출근할 때의 일이 생각난다. 그다지 막힘없이 출근하니 내 시간을 내기 좋았고 무엇보다 교통체증에 대한 스트레스를 받지 않아 아침이 즐거웠다. 서울에서 출퇴근은 지옥이라고 할 만큼 스트레스를 받는다. 사람들과 부딪히고 맞닿는 게 싫다면 편한 자가 차량으로 이동하면 된다. 하지만 가다 서기를 반복하는 도로 사정과 시간을 계산하면 오히려 아침부터 찾아드는 스트레스로 인해 업무에 지장을 미치기까지 한다. 지방에서 15분 거리가 서울에선 1시간 거리라고 보면 이해하기 쉬울 것이다.

내가 골판지 배송 일을 할 무렵 서울에 직장을 둔 지인 한 분은 경기도 수원에 집을 두고 있었다. 부부가 서울에 직장을 두고 있어 차량으로 출퇴근을 함께 한다. 이분들은 새벽 5시에 시동을 걸고 집을 나선다고 한다. 대략 1시간 거리를 달려 회사 근처 주차장에 세워두고 편의점 도시락으로 아침을 해결한다고 했다. 약 1시간 30분 정도의 남는 시간에 처음엔 차에서 잠을 청했지만 피곤한 건 마찬가지라고 했다. 이젠 잠자는 걸 뒤로 미루고 좋아하는 게임을 스마트폰으로 열어 자기만의 시간을 보냈다. 이도 잠시 뭔가 공허하다는 생각에 미치자 독서를 해보는 것이 어떨까 하는 생각에 이르러 곧바로 책 2권을 구매했다. 처음 구매한 책은 소설책을 구매해 시간 가는 줄 모르고 읽었다고 하더니 이제는 출근 시간이 즐거워졌고 기다려진다고 했다. 아울러 책을 읽기 전보다 자신의 표정이 밝아져 아침 업무가 수월해졌다고 했다. 골판지 배송업무에 정신없이 일에 매달리던 나로서는 이해하지 못했고 그저 배부른 소리 한다고 생각했다. 시간이 지나고서 직장생활을 하는 내 모습에서 그들의 말이 무슨 뜻인지를 몸소 느꼈다.

직장생활의 업무처리 방식도 이와 같다고 생각한다. 나는 기계 가공 분야에 일하고 있다. 기계 가공에서도 시간이 생명이다. 평상시 자투리 시간을 내 것으로 여기며 공구에 관심을 둔다면 좀 더 이른 시간에 준비 과정을 마친다. 같은 경력을 가지고 있어도 서로 다른 가치관과 시간 활용으로 서로 다른 결과를 보여주는 경우가 종종 일어난다. 자투리 시간을 어떻게 준비하느냐에 따라 일의 방식과 시간을 대폭 줄일 수 있다. 다른 분야도 마찬가지겠지만 유독 기계 가공에서만큼은 '시간이 돈이다.'라는 말이 피부에 와 닿을 만큼 실감나는 곳도 없다. 세계 최고의 부자이자 수많은 사람들에게 존경을 받는 빌 게이츠는 자타 공인 독서광이다. 그는 평일에도 퇴근 후 1시간씩은 책을 읽는다. 주말에는 3~4시간 정도 독서에 할애한다고 한다.

독서는 책으로 하는 뇌 운동이다

독서를 한다는 건 문자를 눈으로 인식해 그 뜻을 머리에 각인시킨 후 생각을 하는 행위다. 생각을 상상으로 발전시킨다. 개나 고양이들과 같은 동물들은 이러한 행위를 하지 않고 순전히 소리의 진동으로 위험 요소를 인지한다.

우리는 하루를 시작하며 많은 문자를 접한다. 사무업무를 위주로 일을 한다면 더 많은 문자를 보며 눈과 머리에 각인되어 필요에 따라 우선순위를 체크해가는 긴장감 속에 살아간다. 이렇듯 문자는 인간생활에 밀접하다. 나는 문자를 읽는 효과를 일과 운동으로 비유한다. 똑같은 힘을 쓰는 노동과 운동은 근육에 긴장을 주는 건 같지만 발달에는 커다란 차이가 있다. 노동을 많이 하는 사람이 멋진 근육질 몸매를 뽐내진 않는다.

대신 운동으로 흘리는 땀은 발달하고자 하는 근육에 의식을 집중하기 때문에 멋진 몸이 만들어진다. 문자를 읽는 방식도 마찬가지다. 일에 의한 문자 방식과 스스로 만족을 위해 독서하며 읽는 문자를 접하는 방식에는 크게 다르다고 생각한다.

세계 각지에는 나라마다 다양한 문자가 만들어졌다. 문자가 만들어지면서 인간은 비로소 거리나 장소에 관계없이 더욱 명확하게 의사를 표시하거나 전달할 수 있게 되었다. 또한, 책을 만들어 읽고 쓰며 후대에 까지 오래도록 남겨 전달할 수 있게 되었다. 인간의 뇌는 생리학적으로 거의 세 살 이전에 90% 이상 완성된다고 한다.

뇌에는 수많은 신경세포, 즉 뉴런이 있는데 기억이 이 뉴런과 시냅스에 저장된다. 시냅스는 신경세포에서 뻗어나와 서로 이어주는 가지를 말한다. 연구 결과마다 다르지만 뉴런은 수백억 개 이상, 시냅스는 100조 개가 있는 것으로 전해진다.

현대사회에서는 예전과는 다르게 책을 통해 정보를 얻지 않아도 된다. 각종 화면의 영상만으로도 습득할 수 있는 화면 읽기가 보편화 되었다. 미국 신경심리학자 매리언 울프 『책 읽는 뇌』에서 자기 경험을 바탕으로 디지털시대에 책 읽는 뇌가 어떻게 변했는지를 기술한 실험 결과를 발표했다. 그는 젊은 시절 자신이 사랑했던 헤르만 헤세의 『유리알 유희』를 예전처럼 읽을 수 없었다. 문장은 어렵게 꼬여 있었고 전개는 너무 느리게 느껴졌다. 이는 독서보다는 디지털 정보에 익숙해진 자연적 현상이라고 봐야 할 것이다.

우리가 장시간에 걸쳐 TV를 시청하거나 게임을 하고 뒤돌아서면 산만해진 자신을 발견한다. 무언가를 얻는다는 지적 성취감보다는 생각의 허무함이 밀려든다. 인간은 원래 산만한 뇌를 가졌다가 문자를 사용하며 학습하는 뇌로 진화했다. 따라서 책을 읽으면 저자의 의도에 따라 생각과 상상의 이미지를 그려나간다. 지식의 습득으로 메모리 하며 나라는 존재와 상상의 날개를 펼치기도 한다. 이는 뉴런과 시냅스를 더욱 자극해 뇌를 활성화한다.

운동하게 되면 뇌로 가는 혈류량이 증가해 뇌세포에 산소와 영양분 공급이 풍부해져 뇌를 활성화하는 데 큰 도움이 된다. 이는 불변의 법칙과도 같은 우리에게 익숙한 해답이다. 이와 마찬가지로 책으로 하는 뇌 운동은 독서다. 옥스퍼드대학교 신경학 명예교수인 존 스테인은 "독서는 대뇌의 운동."이라고 말했다. 실제로 독서 중인 뇌의 각 영역은 활성화된다. 독서는 폭넓은 지식 습득뿐만 아니라 두뇌를 활성화하는 데 최적이라 해도 과언이 아니다.

이승헌 선생의『뇌파 진동』에서는 '뇌는 기억을 통해 인간을 지배한다'

고 이야기한다. 모든 판단은 기억된 정보에 따라 이루어지기 때문이다. 따라서 잘못된 정보를 많이 저장하고 있는 사람은 건강한 판단을 내릴 수 없으며, 건강한 인생을 살아갈 수 없다, 결국 뇌에 기억된 정보의 질이 당신의 정체성과 운명을 결정하는 셈이다.

〈BBC〉의 "뇌발달: 인간의 두뇌를 바꿀 수 있을까?"에 의하면 미국의 저널리스트이자 『플라스틱 브레인(The Plastic Brain)』이라는 책을 쓴 샤론 베글리는 "우리가 경험하는 것들을 다르게 생각하는 등 심리적 개입이 일어나면, 실제로 뇌의 구조와 기능에도 영향이 생길 수 있다."라고 말했다. 트리니티 칼리지의 신경 유전학자인 케빈 미첼은 생물학적으로 가지고 태어난 것이 두뇌가 개발되는 방식과 복잡하게 얽히며 인간의 성격이나 특징이 만들어진다. 인간의 삶을 창조하는 무수한 선택들은 어떤 면에서는 유전자에 의한 것일 수도 있다. 하지만 그게 다는 아니다. 대부분은 습관에 따라 선택이 이루어지기도 한다. 케빈 박사는 "순간순간 우리의 행동을 통제하는 습관들은 경험에 대한 반응이 쌓여서 나온 것."이라고 말했다.

나는 최근 매체를 통해 '게임을 하다가 비참하게 죽은 사람들'이란 제목의 기사를 읽었다. 참으로 안타까운 일이 아닐 수 없다. 이런 열정으로 독서를 했다면 어땠겠냐는 물음을 해보기도 한다. 2005년에 발생한 이모 씨의 게임중독 사망 사건. 그는 PC방에서 50시간 동안 스타크래프트를 즐기던 도중 극도의 피로와 탈수로 인한 심장 마비가 발생하여 사망하게 되었다. 2015년 3월 상하이의 한 PC방에서 휴식 없이 19시간 동안 게임을 하던 도중 갑자기 심한 기침을 하면서 쓰러져 사망했다. 정확한 사인은 알려지지 않았지만, 경찰은 너무 오랫동안 게임을 한 것이 원인일 것이라고 발표했다. 모두 자기가 원해서 몰입했지만 사망했다. 반면 '독서를 너무 몰입한 나머지 사망에 이르렀다.'라는 기사는 본 적이 없다. 다산 정약용은 강진으로 유배를 가서 감옥생활과 같은 날들을 보내면서도 독서에 매진했다. 복사뼈에 구멍이 세 번이나 날 정도였다.

이처럼 서로 몰입을 했다는 것은 같으나 결과는 완전히 다르게 나타났다. 세계보건기구(WHO)는 2022년부터는 '게임중독'을 알코올 중독처럼 질병으로 분류하기로 했다. 그럼 어째서 상황이 더 악화한 독서의 모습보다 안정적이라 할 수 있는 PC방에서 사망 사건이 발생한 걸까.

독서는 지식을 습득하는 생각과 상상으로 오히려 성취감과 긍정의 마음가짐인 데 반해 PC방은 자신이 원하는 일을 하지만 게임의 승패에 따른 극도의 스트레스를 받는다. 더군다나 좁은 공간에서 장시간 발생하는 혈액순환이 안 되어 혈전이 만들어진다. 이것이 혈관을 타고 돌다 폐혈관 등을 막아 다시는 일어나지 못하게 된다.

독서는 저자와 생각을 같이하고 저자의 뜻에 상상을 겸한다. 이를 통해 저자와 하나가 되어 뇌를 좋은 정보의 질로 바꾸게 해준다. 따라서 위에서 언급했듯 독서 습관은 운명까지도 거론될 만큼 가치가 충분하다.

서식스대학교(University of Sussex)의 인지신경심리학과 데이비드 루이스(David Lewis) 박사는 스트레스 해소법에 대해 연구했다. 산책, 음악 감상, 비디오 게임 등 각종 방법 중 가장 효과적인 것은 독서였다. 책을 6분 정도 읽으면 스트레스가 68% 감소하고, 심박수도 낮아진다고 한다. 이어 스트레스 감소율은 음악 감상 61%, 커피 54%, 산책 42%, 비디오 게임 21%로 나타났다. 나이가 들어감에 자신의 건강 중 가장 염려되는 부위가 머리 즉 두뇌다. 바로 지적(知的) 능력의 상실이다. 기억이 현저히 떨어지거나 치매 증상을 겪는다는 건 생각만 해도 끔찍한 일이다. 알츠하이머는 본인뿐 아니라 가족 모두에게도 생각조차 하기 힘든 불행을 가져오기도 한다. '세월이 흐르면 누구나 걸리게 되는 걸까?'라는 의문이 생긴다.

위스콘신대학교 알츠하이머 연구소(ADRC)는 치매에 대해서 연구했는데, 다양한 직업군에 종사하는 사람들의 뇌 사진을 판독한 결과 치매와 관련 있는 백색 물질(WMHs: White Matter Hyperintensities)이 특정 직업군에 집중적으로 나타났다고 한다. 이 연구에 따르면 공장 노동자, 기계공, 일용직 노동자들은 치매가 발병할 위험이 가장 큰 직업인데, 그 이유는 단순하고 반복적인 일을 하기 때문이라고 한다. 이에 반해 의사,

변호사, 교사는 다른 직업군에 비해 치매에 걸릴 위험이 낮다. 사람과 만나고 대화하고 부딪히고 일하면서 두뇌 사용이 활발하기 때문이다. 그러나 이렇게 분석할 수도 있을 것이다. '책을 접하기 쉬운 직업일수록 치매 발병 소지는 적다.'

다니엘 G. 에이멘의 『뇌는 늙지 않는다』에서 뇌를 젊게 유지하려면, 정신운동과 평생 학습 전략이 필요하며 그러기 위해서는 관심 있는 책을 하루 30분씩 열심히 읽으며 매일 일기를 쓰라고 한다. 특히 독서할 때 손가락이나 펜을 사용해 단어들을 따라가며 읽으라고 가르친다. 오른손잡이라면 왼손을 사용해 단어를 따라가면 뇌가 전체적으로 더 많이 활성화된다. 신체를 사용하는 이런 단순한 행동이 읽는 속도와 집중력을 25%나 증가시킨다. 뇌가 집중된 상태로 긍정적이고 차분하게 반응하도록 훈련한다. 이를 '정신운동'이라고 부른다.

『책을 읽으면 왜 뇌가 좋아질까? 또 성격도 좋아질까?』에는 한 연구가 나온다. 뇌신경학자인 제이슨 골드먼을 필두로 한 연구팀이 '독서와 뇌피질 두께'의 상관성에 대해 진행한 연구다. 독서를 많이 한 사람은 좌반구에 더 두꺼운 피질을 갖고 있었는데, 피질의 두께는 신경세포 사이의 복잡한 연결량을 반영한다는 것이다. 이는 독서를 통해 뇌를 더 활발하게 사용했음을 알려준다.

뇌는 생각, 느낌, 행동, 인간관계 등 우리가 하는 모든 일에 관여한다. 체중의 2%에 불과하지만, 몸이 소비하는 칼로리의 20~30%를 사용한다. 우리 몸의 산소와 혈류 중 20%를 소비하는 곳이기도 하다. 나이가 들면 뇌는 퇴화한다고 믿었던 우리의 상식은 과학적으로 무너졌다. 뇌는 개인의 경험과 학습에 따라 달라진다. 젊고 활기 넘칠 것 같은 두뇌도 매일 반복되는 행동이 어떠냐에 따라 상황이 달라질 수 있다. 긍정을 유지하고 매일 책을 읽으며 규칙적 운동과 함께 건강한 음식을 섭취한다면 우리의 뇌는 분명 젊음을 유지한다. 책을 읽는 것은 뇌의 잠재능력을 활성화하는 밑거름이자 가장 효과적인 방법이다.

읽는 만큼 돌아온다

신용불량자가 되고 파산이 진행 중일 때 나는 돈 버는 데만 집중했다. 다른 이들처럼 직장생활을 하지 않았다. 밤을 새워가며 화물차를 운전해 골판지 배송 일을 했다. 뒤이어 영업용 대형화물차를 몰았다. 집안 형편이 어려워질 때 아이들이 태어나 넉넉하진 않았지만, 열심히 키웠다. 오후에 출근해 꼬박 밤을 새우고 들어오는 관계로 아빠로서 크게 신경을 쓰지 못한 부분은 지금 생각해도 미안할 따름이다. 대체로 나의 직업들은 애석하게도 아이들과 함께 놀아줄 시간적 여유가 많지 않았고, 아이들이 자고 있을 무렵에 출퇴근이 이루어졌다. 모처럼 만의 일요일 하루 쉬는 날이면 온종일 잠을 자거나 정신이 몽롱해져 기껏 의무적으로 놀이터에 같이 가주는 것이 최선이었다. 아내는 이해했지만, 아이들은 나중에 아빠를 뭐라고 생각할까 하는 생각을 해보지 않은 것은 아니다. 잘살아 보자는 일념으로 열심히 일하다 보면 '아이들도 커가면서 알게 되겠지.'라고 자신을 위안 삼았다.

지방으로 이사를 오면서 첫째 딸아이가 초등학교 3학년, 둘째 사내가 7살이었다. 초등학교에 다니는 딸아이는 학교생활에 잘 적응했고 만족해했다. 애초 지방행을 결심했을 때도 딸아이가 사춘기에 접어들기 전이라 한결 수월하게 접근할 수 있었다. 첫째 딸아이가 초등학교 5학년 무렵부터 사춘기에 접어들기 시작했고 중학교에 입학 후 2학년이 되면서 '중2병'을 피부로 실감 나게 느꼈다. 딸아이는 내 얼굴만 봐도 짜증을 부렸다. 처음엔 화를 참지 못해 아내의 만류에도 불구하고 큰 소리로 혼을 내고 회초리도 들었다. 그럴수록 아이는 오히려 당당했다. 퇴근 후 집에 가는 길이 불편하게 느껴질 때도 있었다. 우연인지 다행인지 그때 당시 나는 팔꿈치 문제로 운동을 한참 열심히 다니고 있을 무렵이었다. 평상시 집에 들어오는 시간이 밤 11시가 돼서야 도착했다. 불행 중 다행이었다. 이 글을 읽고 있는 사춘기에 접어들어 의견충돌로 힘들어하는 아빠가 있다면 당장 헬스클럽에 가입해 밤늦도록 운동에 매진해보라고 말하고 싶다. 몸도 좋아지고 가족 간 마찰도 줄어들어 일거양득의 효과를 낸다.

중학교 2학년생이라 회초리를 들어도 때리지는 못한다. 시늉만 내고 만다. 하지만 그것도 자주 들다 보면 훈육이 아니라 서로 간 감정만 상하게 된다. 혹시 아이 성격에 문제가 될까 봐 티를 내진 않았지만 내심 걱정이 되었다. 나는 주말에 서점에 들러 고재학 작가의『부모라면 유대인처럼』이라는 책을 구매해 읽기 시작했다. 유대인들과 한국의 교육열은 서로 둘째가라면 서러울 정도로 막상막하다. 자식 교육에 목숨을 건다고 해도 과언이 아니다. 하지만 결과는 완전 반대다. 한국은 '지식암기'가 주를 이루지만 유대인들은 '질문과 토론'이 주를 이룬다. 책을 읽으며 유대인들의 교육은 거창하고 대단한 것이 아닌 어찌 보면 평범하고 다 아는 얘기다. 다만 얼마만큼 실천하느냐를 가늠해본다면 분명 유대인들의 교육열은 새삼 대단하다고 느껴진다. 나는 이 책을 통해 우리 가정의 교육을 다시 바라보았다. 적어도 나는 몇 가지를 실천하려 노력하는지, 아빠로서 경제적 주체이니 내 말을 따라야 한다는 가부장적 논리를 무의식적으로 강요하지는 않았는지를 깊이 생각했다.

우리 부부는 아이들을 최대한 존중하려 노력했고 나는 인내심으로 지켜보기를 실천했다. 유대인들의 가정교육에 부부가 서로 존중하기, 가족이 함께 식사하기, 매일 베갯머리 독서 15분, 거르지 않는 아침밥 등의 규칙들은 우리 집에서도 철저히 매일 지키고 있어 많은 공감을 갖는다. 아내와 내가 지금껏 철저히 지키는 것 중의 하나가 어떤 일이 있어도 아침밥 함께 식사하기다. 다만 베갯머리 독서 15분은 못하고 있다. 내가 할 수 있는 건 독서하는 아빠의 모습 보여주기와 함께 서점가기 정도다. 지금은 딸아이가 고등학교 3학년이다. 사춘기도 잘 넘겨 고맙고 대견하다. 얼마 전 저녁 식사를 준비하는데 딸아이가 불쑥 "엄마 아빠가 내 부모라서 너무 좋다."라는 말을 했다. 저녁 준비를 하던 나와 아내는 미소로 답해주며 "우리 딸이 아빠 딸이어서 너무 좋다."라고 말해주었다. 그날 저녁 대학준비로 고심하는 고3 학생인 딸이 이런 말을 스스럼없이 해주는 것에 깊은 감동하여 온종일 웃음이 나왔다.

남자가 목소리가 크면 좋다는 반응을 한다. 하지만 집에서나 직장에서는 사람들과 대화를 나눌 때는 결코 좋은 현상은 아니다. 나는 공군 부사관 후보생 154기수로 입대했다. 지금은 부사관이란 호칭으로 바뀌었다. 항공사 취업을 목표로 항공 정비기능 자격을 취득 후 공군에 입대해 경력을 쌓으려 지원 입대했다. 내가 받은 특기는 기체정비 특기다. 한마디로 일선 정비를 위한 곳이다. 비행기 시동 점검을 하기 도 한다. 이때 '이글루'라는 비행기를 넣는 집에서 시동을 걸면 매우 시끄럽다. 때론 피곤하면 시끄러운 비행기 엔진 소음에서도 졸음이 쏟아져 깜빡 잠이 들기도 했다. 이러는 과정에서 서로 대화를 하려면 소리를 질러야 했다. 이러는 사이 나는 습관이 되어 살짝 흥분하기라도 하면 배에서 힘을 주어 소리가 나온다. 이런 대화를 나누다 보면 소리가 커진다. 아내는 집에서조차 이야기할 때 배에 힘을 주는 듯한 소리를 고치라며 매번 핀잔을 주기도 한다. 왜냐하면, 시끄럽게 느껴진다는 것이다. 남들과 대화할 때도 톤 자체를 낮출 것을 여러 번 지적했다. 문제는 한동안 이를 듣고도 무시했다. 나는 심각성을 스스로 전혀 느끼지 못했다. 문제는 아이들한테서 나왔다. 딸이 중학교를 막 입학했을 때의 일이다. 부르면 잘 오던 딸이 아빠가 부르면 마치 '화가 잔뜩 나 있는 사람이 부르는 것 같다.'라며 약간의 짜증 섞인 말투로 이야기를 했다. 곧이어 아내도 한마디 거들었다. '당신은 마치 군대에서 아이들 부리듯 말한다.'라고 했다. 나는 살짝 짜증이 나기도 했고 동시에 '나한테 문제가 있구나.'라는 생각이 들기 시작했다. 나는 마침 서점에 책을 고르던 중 코너에서 이시형 박사의 『아빠, 그렇게 키워선 안 됩니다』와 김범준 작가의 『내 아이를 바꾸는 아빠의 말』이 눈에 확 들어왔다. 아마 아내와 딸이 한 말이 가슴에 응어리로 남아있었던 모양이다. 나는 사고자 하는 책을 내려놓고 2권 모두 구매했다. 도대체 이들과 나의 차이는 무엇이 다른 걸까? 생각하며 '말은 그렇게 해도 마음이 중요한 거 아냐.'라고 자기 합리화에 확신했다. 모두 다 아빠가 너희들을 사랑해서 그런 거라고.

이시형 박사님의 책에서는 내가 그동안 알고 있어도 간과하고 있던 '아이들은 분위기로 자란다.'와 '뿌린 대로 거둔다.'라는 표현에 내 마음이 멈췄다. 알고는 있지만 정작 나의 분위기, 집안 분위기에 전혀 신경 쓰지 않았다.

김범준 작가가 전하는 아빠의 말 중 '아이의 사회성은 아빠가 만든다.'라는 부분을 읽어 내려갈 때는 또 다른 공감이 느껴졌다. 나 역시 아이들을 키우면서 늘 걱정인 것이 '우리 아이가 어떻게 사회에 적응할 수 있을까?', '친구들과 사이좋게 지내지 못하는 것은 아닐까?'였다. 자존감이 높은 아이가 사회성도 좋다고 전했다. 그러기 위해서 '공감 말'을 사용해 아이의 불안함과 스트레스를 이겨낼 수 있도록 도와주는 힐링의 말을 사용하라고 전달한다. 나는 2권의 책을 읽고 곰곰이 자신을 채점하기 시작했다.

나는 무심결에 나온 상투적인 말과 흔한 아빠 말로 인해 대꾸하는 아이들의 무미건조한 의미전달일 뿐이었다. 말에는 분명 강한 힘이 내재되어있다. 나는 이 책 2권으로 현재까지 잊지 않고 행하는 버릇이 있다. 바로 아이를 깨울 때다. 예전에는 이름을 부르며 무작정 깨웠다. 그래도 일어나지 않으면 면박을 줘서라도 일어나게 했다. 하지만 아이 성격에 도움이 되지 않는 걸 깨닫고 깨어남을 지루하게 생각하는 아이 귀에다가 '오늘도 짜증 내지 말고 오늘은 좋은 날'이라고 세 번 나누어 말해준다. 곧이어 아이는 고개를 끄떡이고 날갯짓에 가까운 기지개를 켠 다음 일어난다. 내 말투에도 작은 변화가 생겨나 의식적으로 노력하려 애쓴 결과 중학교 2학년인 지금도 곧장 일어난다. 지금도 아빠와 함께 샤워하고 침대에 나란히 누워 꿈꾸는 것을 좋아함에 오히려 고마운 생각이 든다.

사람은 누구나 삶의 중심 즉 각자의 축을 그려 넣고 살아간다. 어디에도 흔들리려 하지 않고 어떤 폭풍우와 비바람 속에서도 버티는 힘의 기준선이라고 해야 할까. 나뿐만이 아닌 대한민국 모든 아빠의 삶이리라. 내가 문학적 감성의 책보다 자기계발 책을 읽는 이유가 여기에 있다. 나는 불안한 미래를 허공에 대고 이야기할 수 없어 책을 선택했다. 내가 읽은 책은 모두 힘든 고난과 현실을 이겨내고 당당히 성공에 이른 인물들의 인간극장이었다. 나는 운이 따라주어 기계를 배운지 5년 만에 차장을 달고 스카우트 제의를 받았다. 42세에 기계 가공을 다루기 시작해 '어떻게 하면 남들보다 빨리 배울 수 있을까?'를 고민했다. 누군가 나의 어깨를 툭 하고 밀어주기만 한다면 목숨을 걸겠다고 마음속으로 되뇌며 일했다. 대표적인 책으로는 이나모리 가즈오의『왜 일하는가』, 김승호 선생의『돈보다 운을 벌어라』, 자넷 로우의『신화가 된 여자 오프라 윈프리』, 랴오즈의『랴오즈』, 이지성 작가의『18시간 몰입의 법칙』,『꿈꾸는 다락방』등이 있다. 그중에서도 김규환 명장님의『어머니 저는 해냈어요』는 나를 잡아주는 핵심 책이었고 힘들 때마다 펼쳐본 책이다. 이런 책들의 강한 힘이 아니었다면 지금의 나로 남아 있지 않았을 것이다. 처음 차장이라는 직함을 달고 생산을 맡았을 때는 김규환 명장님의 말씀처럼 '목숨 걸고 하면 안 되는 것이 없다.'라는 신념으로 뛰어들었다.

기계에 대해 제대로 파악이 되지 않은 상태에서 갑자기 터진 대량 불량의 후폭풍과 외국 기계의 원인 모를 고장은 나를 멘붕으로 만들기도 했다. 한시도 긴장을 늦출 수 없는 위치에서 몇 날 며칠을 밤을 새우기도 하면서 책 속의 명장님을 떠올리기도 했다. 그리고 많은 작가의 외침들을 느꼈고 집에 돌아가면 피곤함에 지쳐도 다시 펼쳐 읽었다. 성공한 이들은 그럴 수밖에 없는 자질을 타고났다. 열심히 사는 게 아니라 치열하게 살다 못해 전쟁 같은 삶을 살았다. 내가 힘들다고 외치는 건 번데기 앞에서 주름잡는 격이다. 나는 책을 읽고 그들이 느끼는 방법대로 기계를 고치는데 한몫했다. 기계를 고치는 업자가 와도 함께 참여해 원인 분석을 했고 다음에 일어날 부분의 분석을 했다. 때론 그들이 고쳐내지 못한 부분을 일러주기도 하면서 원인을 좁혀나갔고 고칠 때까지 포기하지 않았다.

책은 내게 은인이다. 여러 직원에게도 책 읽기를 추천하는 이유가 '책은 읽은 만큼 돌려준다.'라는 것이다. 많이 읽고 생활에 적용하려 부단히 노력한다면 도깨비방망이로 요술을 부리듯 삶의 변화는 분명해진다. 자기가 생각하는 가치를 위해 읽는 책이라면 노력한 만큼 돌아온다. 나는 누구보다도 현장 직원들이 다독했으면 하는 바람이 크다. 나 자신이 일선에서 온갖 먼지와 땀으로 얼룩져 일했기 때문이기도 하지만 하루살이처럼 아무 생각 없이 내일을 사는 이들을 너무도 많이 봐왔기 때문이다. 현장에 근무하고 있다면 으레 평이 좋지 않은 이유 중 하나는 바로 이런 모습을 보여주기 때문일 것이다. 이들이 독서를 통해 자신을 되돌아보는 기회를 얻고 자신을 객관적으로 바라볼 수 있다면 내일은 오늘보다 깊은 의미가 있으리라 생각한다. 사회에 대한 편견에 맞서고 부술 방법은 스스로가 수준을 높이는 수밖에 없다. 자기가 생각하는 가치를 위해 노력한 만큼 돌아온다.

3장

새로운 삶의 문을 여는 독서를 위한 팁

꿈과 관련된 책을 읽어라

꿈이란 단어는 학창 시절에 자주 질문을 받아본 기억 외에는 거의 사용하지 않았다. 고등학교를 졸업하고 재수를 원하는 부모님의 기대에 못 미쳐 대학은 포기했다. 곧바로 군에 지원 입대했다. 공군 부사관으로 직업군인의 길을 걸으려 했다. 꿈이라는 단어가 머릿속에 사라진 지 오래다. 지극히 평범한 일상이 내 삶의 전부였다. 무엇이 되고자 하는 바람도 없었고 너무나 가난하지도 부자도 아니었다.

군 제대 후 무조건 돈을 많이 벌고 싶었다. '어떻게 돈을 벌 것인가.'를 생각지 않고 머릿속에 돈만 그렸다. 그래서 시작한 것이 프랜차이즈 요식업이었다. 돈도 자기를 사랑하는 사람에게 온다는 말이 있다. 이 말이 요즘에 나오는 '해빙(having)'의 다른 말인 것 같다고 생각해본다.

나는 돈에 대한 구체적인 개념 없이 무작정 많이 벌고 싶은 여느 사람과 같았다. 결과는 참담했다. 요리라고는 냄비에 라면 끓이는 게 전부인 내가 요식업으로 부자가 되리라는 것부터가 잘못이었다. 첫 단추가 잘못 달아졌으니 다음번에서도 계속 어긋날 수밖에 없었다. 신용불량자를 거쳐 파산에 이르니 점점 앞이 보이지 않았지만 어떻게든 경제적 안정을 찾으려 발버둥 쳤다. 장사를 정리하고 여러 군데 취업에 실패하며 자존감은 한없이 내동댕이쳐졌다. 아내와 이제 갓 태어난 딸아이를 보고 있으면 한없이 행복하지만 그럴수록 불안감과 죄책감 그리고 무능함에 진저리를 쳐야 했다. 우연히 아내와 딸아이를 데리고 시장을 보며 서점 코너에서 당시 인기였던 『나의 꿈 10억 만들기』라는 책이 눈에 들어왔다. '10억 누구나 모을 수 있다.'라고 적혀 있어 상당히 인상적이었고 무엇보다 궁금증이 일었다. 자자는 45세가 인생의 변곡점이라면 45세가 될 때까지 45세 이후의 생을 위한 준비의 자금으로 '10억이 필요하다.'라고 말하며 실제 10억 부자들을 만나며 들은 이야기와 경험으로 '10억은 누구나 만들 수 있다.'라고 말한다. 책을 읽으며 돈에 대한 나의 사고방식이 돈을 벌어들이지 못하게 하는 원초적 문제임을 알기 시작했다. 돈에 대한 개념이 막연했던 내게 명확한 인식을 심어주었다. 책에서 저자는 "'행동하지 않는 지식은 거지의 편이다.' 이것이 수십 억대 자산가들의 공통된 철학이다."라고 말하며 주저하지 말고 실천하라고 이른다. 나는 이 책을 세 번 정도 완독했고 상당한 동기부여를 가졌다. 책은, 독서는 다른 열 마디 말보다 강한 전달력의 매력이 있다. 본인이 처해 있는 현실과 공감대가 형성되는 책을 읽으면 저자의 말에 공감대가 형성되고 시들거리는 꽃에 단비를 내려 준다. 흔히 사람들이 걱정하는 일 중 40%는 영원히 발생하지 않는 것들이다. 나머지 30%의 걱정은 이미 과거에 내린 결정에 관한 것들이며, 나머지 12%의 걱정은 다른 사람들로 인해 생긴 열등감과 비판으로 이루어져 있다. 나머지 10%는 건강에 관한 걱정이다. 결국, 오직 8%만이 합리적인 걱정이라고 할 수 있다. 대게 실패는 쓸데없는 걱정에 사로잡힌 사람들이다. 나 역시 쓸데없는 걱정과 돈에 대한 잘못된 생각으로 비생산적 사고에 젖어 있었다.

"근심을 잊지 못하는 습성에서 벗어나라. 또 어떠한 손실을 회복하려고 애쓰지 마라. 도박꾼이 많은 돈을 찾으려다가 더 크게 손실을 보듯이 점점 회복하기 어려운 구덩이에 빠지게 된다. 하나의 손실을 하나로서 끝내는 것이 가장 현명한 일이다. 만일 당신의 가슴에서 어떤 근심이나 분함이나 원한이나 애석한 마음이 떠나지 않는다면 그때는 고요히 가슴에 손을 얹고 스스로 물어보라. 과연 그 일이 얼마만 한 가치를 가진 일인가? 오래 마음속에 썩힐 만한 가치 있는 일인가? 또 근심하고 원망함으로써 좋은 상태가 올 것인가? 당신은 당신의 생활을 평화롭고 유익하게 전개하고 싶지는 않은가? 그렇다면 그 근심과 분하다는 감정에서 속히 벗어나라. 왜냐하면, 당신의 귀중한 오늘과 내일을 그것으로 해서 더럽히지 말아야 하기 때문이다."

– 앤드류 카네기 (미국의 기업인)

꿈이 없이 당장 오늘, 내일이 걱정이었던, 단지 먹고 사는 게 순조롭지 못한 현실에 책 한 권은 나를 '억' 소리 나게 해주었다. '나도 그들처럼 10억 만들어 보자.'라는 긍정의 희망이 생겨났다. 인생은 목표와 희망이 없다면 방황한다. 나는 방황할 수 없다. 모든 상황이 좋지 않지만, 사랑하는 아내와 이제 막 세상에 태어난 딸아이가 있기 때문이다. 그날 이후 내가 원하는 걸 상상하고 기록했다. 나는 숲이 멋있게 우거진 32평 아파트에 사는 모습을 상상했다. 생각만 해도 가슴이 뿌듯했다. 취업을 위해 전화만 걸지 않고 직접 찾아가기 시작했다. 일단 움직였다. 직접 찾아가 부족하지만 나를 어필했다. 며칠 후 채용 전화가 왔다. 책은 꿈이 없던 나를 희망과 두근거리는 열정을 만들어주었다.

서울에서만 42년을 살다가 지방에 내려와 정착했다. 문제는 일자리였다. 지방에 내려왔지만 모든 걸 새로 시작해야 했고 더 나은 삶을 살아야 했다. 나이가 말해주듯 너무 늦은 감이 있었지만, 입에 맞고 적성에 맞는 걸 찾는 건 시간 낭비였다. 일단 이 지역사회의 가장 보편화한 분야가 뭔지를 파악했다. 이 지역은 항공 산업 발달의 메카라 할 수 있는 기계 분야로 특화되었다. 크게는 기계 가공과 조립 분야로 나뉘어 있어 지역 경제가 활성화되었다. 군에서의 정비 경험을 바탕으로 기계 가공 분야로 눈을 돌렸다.

나는 가공생산부로 입사해 새로운 분야에 도전하게 되었다. 기계공학을 공부한 곳도, 공업계 고등학교를 졸업한 것도 아니었고 거기에다 적지 않은 나이에 이해하며 일하기에는 조금 벅차기도 했다. 처음엔 정밀측정을 하는 측정기조차 알아듣지 못할 뿐 아니라 사용조차 할 수 없어 일명 버튼만 누르는 '버튼맨'으로 일했다. 외국인들이 많은 회사에 일할 때는 오히려 그들이 내게 알려주었다. 그래서 이 분야를 차근차근 공부하기로 마음먹었다. 주 · 야간 교대근무는 그다지 힘들지 않았다. 오히려 내 여건에 충족했다. 당시 막내아들이 미취학 어린이인 데다 첫째 딸은 초등학교 3학년이었다. 아내도 살림에 보탬이 되고자 회사에 입사했다. 나는 기계 가공에 많은 관심을 가졌다. 우선 주말이면 서점에 가서 읽을 책을 구매하며 가공 서적을 함께 구매했다. 『CNC 프로그램 가공』이란 책을 구매했다. 하지만 기초 자체가 없었던 터라 펼쳐 봐도 전혀 이해하지 못했다. 혹시나 주간근무 경력자에게 물어보기도 했지만, 기계가 잠시라도 멈춰 있는 것에 상당한 눈치를 주는 관계로 제대로 묻지도 알아들을 수도 없었다. 하기야 대표님이 수시로 돌아보며 기계가 멈춰서는 '빨간색' 램프를 제일 먼저 조사하기 때문일 것이다. 혹여나 기계가 멈춰 있어 오래도록 빨간불이 초록색으로 변하지 않아 가공이 지연되기라도 하면 불호령이 떨어지기도 했다. 당시 야간작업에는 외국인 근로자들과 함께 일했지만 내가 유일한 한국 사람이었다. 기계에 오작동이 나거나 해결방법이 없으면 모두가 나에게 물었다. 그럴 때마다 어찌해야 할지 몰랐다. 처음엔 해당 관리자에게 전화도 했지만, 딱히 방법을 알려주지 않았다. 그리고 회사에 방문하지 않았다. 처음엔 도무지 이해하지 못했다.

나는 서울에서 30명 이상의 직원을 둔 주유소 지점을 운영하면서 퇴근 후나 주말에도 크고 작은 문제로 인해 수시로 회사에 직행했다. 자정까지 일하는 야간 근무시간에 고급 외제 승용차 혼유 사건이라든지 혹은 고객과 잦은 시시비로 직원들이 해결할 수 없는 문제들로 인해 휴대전화는 분신처럼 여기고 다녔다. 책임자는 제일 먼저 출근해 제일 늦게 퇴근하는 습관을 지녀야 한다는 아버지의 가르침이 귀에 못이 박이도록 들었던 나였다. 나는 서점에서 구매한 책으로 야간에 일하며 독학했다. 프로그램 코드를 비교하고 설명서를 뒤지기 시작했다. 책을 한 권 더 구매해서로 비교하며 보았다. 오히려 하나하나 터득해가는 야간 근무가 재미있었다. 기계에 문제가 있으면 관리자에게 전화하기보다 해당 기계 A/S 업체 대표께 전화해서 물었다. 기계 에러가 발생해 외국인 근로자들이 나를 찾으면 문제를 해결해주었다.

사람은 어떠한 상황에서도 적응한다고 한다. 꿈이란 하고자 하는 마음이 시작이다. '평안 감사도 자기 싫으면 그만이다.'란 말이 있다. 지금 젊은이들이 나와 비슷했던 경우를 많이 봐온다. 하지만 그들의 대부분은 일에 대해 관심있는 분야가 없다. 단지 시간당 급여를 얼마나 책정해 주느냐에 관심이 쏠려 있다. 처음 일을 대하는 태도에 관심을 쏟지 않으면 그 일을 10년 동안 한다 해도 발전이 없다. 하고자 하는 일에 남이 가르쳐주는 일의 요령 외에도 스스로 책을 통해 이론적으로 맞는지 확인할 필요가 있다. 가공을 이제 시작하는 이들에게 꼭 전하는 말이 있다. 반드시 본인이 관심 있는 분야의 책을 구매해 읽으라고 전한다. 그런 다음 경험자의 기술 노하우를 익힌다면 더욱 빠르게 발전하는 자신을 보게 될 것이다.

지방으로 이사를 온 후 이삿짐 정리를 마치고 읽은 책이 론다 번의 『더 시크릿』이다. 평소 끌어당김의 법칙에 관해 관심이 있어 손에 들었다. 의식의 변화 없이는 사람이 변할 수 없음을 알기에 나 자신도 변화시키고 싶어 관심이 많았다. 특히 부와 풍요에 관한 관심은 나뿐만 아닌 누구라도 관심의 대상이 된다. 나는 이론이 아닌 실천에 무게를 두고 관심을 가졌다. 솔직한 내 마음의 목표는 부자가 되는 것이며 경제적으로 자유로워지는 것이다. 그동안 부와 풍요에 따른 많은 부자의 책을 읽었다. 그들의 책을 읽으며 공통점을 찾으려 했다. 사실 맨 처음에 관심을 가졌던 시기는 골판지 배송 일을 했던 때 나폴레온 힐의 『놓치고 싶지 않은 나의 꿈 나의 인생』이란 책을 읽고부터 내 마음이 요동치기 시작했다.

최근에 이런 내 생각을 확실하게 굳힌 만남이 있었다. 바로 한책협(한국책쓰기1인창업코칭협회)의 김태광 대표다. 그는 24년간 250권의 저서 출간, 9년간 1,000여 명의 작가를 배출한 인물이다. 그는 또 〈네빌 고다드 TV〉 유튜브 채널을 운영하고 있다. 그 자신도 네빌 고다드라는 인물을 알고부터 고단한 삶에서 빠져나와 풍요로운 삶으로 방향전환 되었다고 전하고 있다. 그분은 특히나 의식 변화를 강조했다. 우선으로 의식이 변화하지 않는다면 아무것도 이룰 수 없다고 단호히 말했다. 그길로 네빌 고다드의 『믿음으로 걸어라』, 『상상의 힘』, 『네빌 고다드의 부활』, 『네빌 고다드 5일간의 강의』를 읽었다. 내가 읽기에는 상당히 난해한 책이다. 하지만 유튜브 채널과 함께 매일 잊지 않고 읽었다. 네빌 고다드는 '소망이 성취된 느낌을 사실로 받아들이고 유지할 수 있다면, 그 느낌에 어울릴 만한 상태가 반드시 현실로 나타날 것이다.'라고 전하고 있다. 명상에서 말하는 원하는 바가 이뤄졌음을 생생하게 심상화하는 것이다.

아침이면 다른 책을 읽고서도 반드시 한 페이지라도 읽고 출근한다. 그리고 한 권은 출근 시 가방에 꼭 넣어 다닌다. 나는 이런 심상화를 거쳐 신용불량자이자 파산으로 어려움을 이겨내 지금에 이르렀다. 그렇다고 많은 부와 풍요로운 삶을 살진 않지만 내 집과 서재를 꿈꾸던 아파트에 살며, 나만의 서재에서 마음 놓고 책을 읽는다. 글로 쓰려니 다소 민망하지만 내 집이라는 말만 나와도 가슴이 설렌다. 때로는 서울의 그 많은 아파트를 보며 내 가족 편히 쉴 내 집이 없음에 답답해했고 같은 또래들과 한참이나 뒤처져 있다는 열등감에 사로잡혔다. 내가 할 수 있는 건 상상이었다. 집에 대한 상상만큼은 집착에 가까울 만큼 떠올렸다. 이것이 심상화라는 걸 당시엔 몰랐다. 지금은 또 다른 내 꿈을 향한 상상을 계속 이어나가며 책을 읽는다.

꿈은 실현하고 싶은 희망이나 이상을 말하고 희망은 앞일에 대하여 어떤 기대를 하는 바람을 의미한다. 마틴 루터 킹은 '꿈이 없는 삶은 이미 죽은 삶이다.'라고 말했다.

〈아시아경제〉 ""꿈이 없어요" 하고 싶은 게 없는 2030"이라는 기사에서는 20대 취업준비생 A씨의 인터뷰가 나온다.

"대학교에 다니면서도 딱히 꿈꾸는 직업이 없었다. 돈을 벌 수만 있다면 어떤 일이든 상관없는 것 같다. 다만 안정성은 있어야 한다고 보기 때문에 공무원 준비를 하고 있다."

기사에서 곽금주 서울대학교 심리학과 교수는 "대부분 대학에 가서 비로소 자신의 미래를 고민하게 된다. 하지만 이 과정에서 청년들은 자신이 무엇을 좋아하는지, 어떤 일을 하고 싶은지에 대한 성찰이 부족하다. 무엇을 하고 싶고, 해야 하는지에 대한 확신이 없는 개인적 요인과 함께 최근 취업난, 경기 어려움 등 사회적 요인이 더해져 청년들의 무기력감이 커지는 것이다."라고 설명한다.

애초 목표 없는 적당한 안일함에 삶을 내맡겼기 때문 아닐까 생각한다. 꿈을 꾸고 이루기 위해 부단히 노력한다는 건 다른 누군가가 아닌 주체적인 삶을 산다는 걸 의미한다.

2

독서목표를 세워라

인생을 성공적이고 풍요로운 삶을 살기 위해선 꿈과 목표를 가져야 한다는 말을 무수히 듣는다. 꿈과 목표는 언뜻 같은 말 같이 쓰이지만 분명 다르다. 꿈은 내가 이루고 싶은 것, 바라는 것, 하고 싶은 것이다. 목표는 '언제까지'라는 기한이 정해지는 꿈이다. 기한이 정해지지 않으면 꿈 자체는 무기한 연장선에 놓여 결국엔 어제와 같은 오늘을 살게 된다. 삶을 바꾸고 의미 있는 인생을 찾고자 독서를 선택하며 공존하려 한다면 이 또한 목표를 세워야 한다. 조선 제22대 국왕으로서 세종대왕 이후 가장 위대한 임금으로 칭송받는 인물이기도 한 정조는 독서 계획을 세워 실천하면서 일과 독서를 구분했다.

"독서하는 사람은 매일매일 과정을 세워놓는 것이 가장 중요하다. 하루 동안 읽는 양은 비록 많지 않더라도 공부가 쌓여서 의미가 푹 배어들면 일시적으로 많은 책을 읽고 곧바로 중단한 채 잊어버리는 사람과는 그 효과가 천지 차이일 것이다."

– 정조, 『일득록』

『1만 권 독서법』의 저자 인나미 아쓰시는 일주일에 6권, 월 25권, 연 300권을 목표로 다독 생활을 독려했다. 즉 일주일에 여섯 권이란 하루 한 권을 기준으로 삼았다. 실제 저자는 연 700권 정도의 책을 읽는다고 한다. 이렇듯 독서는 분명 습관이 바로 서지 않으면 무색해진다. 독서 습관은 책을 읽는, 읽으려는, 읽고자 하는 누구에게도 예외 없이 가져야 하는 행동 양식이다. 나는 처음에 독서목표란 말을 거부했다. 책은 마음이 움직여 스스럼없이 읽고 느끼며 삶에 적용함으로써 얻는 기쁨이자 성장인 만큼 목표를 정해놓으면 부자연스러울 거로 생각했다. 책을 읽는다는 것은 생각을 긍정으로 바라보는 시야를 얻는 것인데 반해 목표가 정해지면 책 읽는 권수에 집착해 딱딱하고 부담스러워질까 일찌감치 내 마음속에서 선수 친 것이다. 이는 얼마 지나지 않아 잘못된 생각임을 알고 계획을 수정했다. 나는 독서목표를 세우기 전 일주일에 1권, 한 달에 4권, 1년에 50권을 예상하고 읽었다. 그리 어려운 일이 아니었다. 일주일에 1권은 매일 독서에 적합하지 않다고 여기기 시작해 일주일에 2권, 1년에 100권을 목표로 삼았다. 앞서 목표를 종이에 적고 읽고자 하는 책을 선정해두는 일련의 행위를 함으로써 막연한 읽기의 따분함이 사라졌다.

독서목표를 실천하려는 첫 번째 행동으로는 새벽잠을 줄이기 시작했다. 오전 6시에 일어나던 습관을 오전 5시로 변경했고 이번에도 익숙해지자 오전 4시에 일어나기 시작했다. 순전히 책을 보기 위해 새벽잠을 설치며 기상하는 나를 보며 스스로도 놀랐다. 독서목표를 이루려 한 권 한 권 차분히 읽어 내려가며 서재에 쌓여가는 권수를 보는 것 또한 희열을 느꼈다. 나는 지독히 현실주의자다. 두 눈으로 보기 전에는 어떠한 것도 믿지 않던 내가 내면의 자아에 반기를 들기 시작했다.

학창시절에 책 한 권 읽지 않던 내가 나이 마흔이 넘어 독서를 통해 긍정의 자아를 발견하기 시작했다. 믿기 어려울 만큼 책은 나를 되돌아보게 했으며 읽을수록 차분하게 가라앉는 신비한 묘약 같았다. 나는 조금 더 나은 읽기를 습관화하기 위해 독서목표를 정했고 이를 실천했다. 책을 몇 권 더 읽는다고 내 삶이 갑자기 도를 깨우친 스님처럼 되는 것도 아니고 갑작스레 돈방석에 앉아 부자가 되는 것 또한 아니다. 하지만 적어도 삶을 살아가는 의미와 목적을 알게 해주며 살아가는데 필요한 유연성을 길러준다. 이는 더 나아가 내 생각과 사상을 긍정으로 바꾸며 삶 자체를 올바르게 바라보는 시야와 안목을 만들어준다.

무엇을 하건 목표를 정한다는 건 의식을 집중해 실행하겠다는 강한 의지의 표현이다. 나는 팔꿈치에 문제가 생겨 헬스클럽을 다니기 시작해 정상적으로 움직일 수 있게 되었다. 매일 똑같은 시간에 방문하는 헬스클럽에는 각자의 목표대로 운동한다. 대개 나이가 젊은 친구들은 올여름을 대비해 몸짱을 만들려고 피나는 노력을 한다. 또 다른 여성은 다이어트가 목표다. 스스로 목표를 설정하면 곧바로 실행으로 이어진다. 하지만 처음부터 근육이 붙고, 몸짱이 되고, 날씬한 몸매가 되는 건 아니다. 처음 3개월이 곤욕이다. 첫 달은 목표가 만들어져 스스로 설레는 마음에 출석이 좋다. 두 번째 달에는 서서히 보이지 않는 회원들이 눈에 보인다. 스스로 지친 것이다. 운동을 전문으로 하는 분들이 조언을 준다. 매일 나와서 운동하지 말고 일주일에 한두 번 등록 후 운동을 집중적으로 하고 나머지 날들은 푹 쉬라고 한다. 맞는 말이다. 여기에 함정이 있다. 운동을 오래 하시는 분들도 매일 운동을 한다. 한 번 빠지게 되면 몸이 다시 그 습성을 배우게 되며 그동안 공들여 만들어놓은 몸을 원래상태로 되돌리기 쉽다. 나는 매일 정해진 시간에 도착했다.

아무리 내가 좋아서 하는 일이라 할지라도 매일 꾸준히 해낸다는 건 여간 힘든 일이 아닐 수 없다. 운동을 꾸준히 하는 소위 말하는 진짜 몸짱들은 모범생들이다. 그들은 부득이한 경우 빠지게 되더라도 이틀 이상 빠지지 않도록 각별히 주의를 기울인다. 이틀이라는 숫자는 긴장이 풀어진다는 뜻을 내포하고 있다. 내가 아는 지인 분은 절대 이틀 이상 빠지지 않는다. 대체로 3개월 동안 빠지지 않고 다니신 분들은 '꾸준히 운동할 수 있는 의지가 충분하다.'라고 판단된다. 나는 독서도 이와 비슷하다고 생각한다. 독서라는 것이 완전히 습관화되려면 3개월 동안은 매일 같은 시간을 활용해 책상에 앉는 엉덩이 버릇을 키워야 한다. 처음부터 독서목표를 크게 세워 읽다 보면 금세 지쳐 떨어지고 만다. 가볍게 읽을 수 있는 책을 선정해 부단히 읽어야 하고 앉아 있으려 노력해야 한다.

독서 근육을 키워나가야 한다. 이 근육은 하루아침에 만들 수 없는 근육이다. 일부 회사 동료 중에는 일찍 회사에 도착해 차 안에서 게임이나 유튜브를 시청한다. 독서 이야기를 하면 '시간이 없고 바빠서 읽을 시간이 없다.'라며 입버릇처럼 이야기한다. 나 역시 출근하는 차 안에서 유튜브를 시청한다. 귀에는 블루투스 이어폰을 끼고 15분 분량의 명사들의 강연을 들으며 운전한다. 듣고 있으면 오늘에 대한 감사와 긍정의 하루를 시작할 수 있어 적극적으로 활용하고 있다. 이전에도 말했듯이 나는 현실 비판적인 면이 강하게 남아있어 이를 바꾸려 부단히 의식적이어야 했다. 스스로 의식적이지 않으면 그동안의 고정관념으로 굳어버린 내면의 자아에 잠식당해 기존 삶의 방식에서 헤어나오지 못한다.

꿈과 목표 없는 삶은 방황하게 된다. 지금의 많은 젊은 친구들이 대단한 스펙을 쌓고도 방황하며 힘든 삶을 사는 데는 '어디로 가야하며, 내가 무얼 해야 하는지'를 모른 채 주위에서 권장하는 삶에 자신을 맡기기 때문이다. 독서 또한 시간이 남아 취미로 책 읽는 것과 소크라테스의 '너 자신을 알라.'처럼 자신을 객관적으로 바라보는 시각의 책 읽기는 180도 다르다.

독서목표를 세워야 하는 것도 이와 비슷하다. 단순히 많이 읽을 생각으로만 책을 대하는 것보다 이다음 책은 무얼 읽지, 이번에는 어떤 작가의 글을 읽을까라는 생각만으로도 책에 관한 관심의 난도가 상승한다. 그리고 일 단위, 주 단위, 연 단위로 목표를 정하면 시간을 분석하게 된다. 하루 중 자투리 시간으로 쓸 수 있는 시간이 얼마나 되는지 계산한다. 독서목표를 세우게 되니 가방에 책 2권 또는 3권을 휴대하는 버릇이 생겨났다. 혹시 자투리 시간이 나면 분위기에 맞는 책을 읽기 위함이다.

독서목표를 세우는 습관이 형성되면 시간 관리에 초점이 맞춰진다. 목표를 달성하기 위해서라도 틈이 생기는 시간을 활용하려 애쓰게 된다. 서양 속담에 '시간의 가치만 알아도 행운이 달려온다.'라고 했다. 책이 좋아서 무작정 읽는 습관이 독서목표를 세우기 시작하면서 좀 더 체계적인 독서를 갈구하기 시작했다. 대개는 퇴근 후 독서를 하던 책 읽기를 수시로 자투리 시간을 이용해 읽게 되었다. 약속을 잡은 커피숍에서 먼저 도착해 책을 펼쳐 들면 오히려 따로 시간을 내서 읽는 것보다 집중도와 몰입이 지속한다. 때마침 책 한 권의 마무리를 외부에서 경험한다면 뿌듯함은 배가 되어 돌아온다. 독서목표를 세워 자신의 시간 관리까지도 병행하는 습관을 기른다면 보다 나은 인생 목표에 한층 더 가까이 다가가는 밑거름이 될 것이다.

하버드대학 교수 제임스 앨런은 저서 『생각하는 사람』에서 사람들은 깨어있는 시간 중 90%를 아무것도 하지 않고 보낸다고 말했다. 뭔가를 하는 것처럼 보이지만 실제로 사람들은 목표를 이루는 데 도움이 되는 일을 하는 것은 아니라는 것이다. 웨이슈잉의『하버드 새벽 4시반』에서는 이 연구 결과를 언급하면서 "안타까운 점은 많은 사람이 세상을 떠날 때까지 그런 식으로 하루하루를 보낸다는 사실이다."라고 이야기한다.

이 책을 읽고서 나를 객관적 관점에서 깊이 생각해보았다. 성실함과 독특한 멘탈 습관을 무기로 열심히 살아가고 있다. 그렇지만 생계를 위해서일 뿐, 아무런 의미도 없다는 객관적 사실을 알게 되었다. 독서목표를 쓰기 시작한 이유가 여기에 묻어난다. 먹고 사는 문제는 중요하다. 하지만 먹고 사는 것을 뛰어넘어 삶의 의미와 가치를 삶의 토대로 삼아야만 자신의 발전과 성장을 이룬다. 어느 날 문득 '생계만을 위해 일하다 죽을 순 없지 않은가?'란 질문이 쉼 없이 머리에 맴돌았다. 나는 이미 네 번의 큰 사고가 발생했어도 '운이 좋았다.'라는 표현으로 아무렇지 않게 넘겼다. 마지막이면 좋겠거니 생각하는 네 번째 사고는 오른손 검지 한 마디를 잃었다. 수술 후 나를 위로한 건 바로 옆자리, 나와 같은 처지의 병상 동료였으며 책뿐이었다. 열심히 살아낸 삶의 의미를 일보다는 독서를 통해 찾고자 하는 이유가 책이 주는 마음의 치유 때문이다. 이미 독서목표를 세워 책을 읽었던 터라 이번 사고 핵심 키워드는 '감사'와 '평온'으로 정했다. 여러 번 사고의 위험이 운명처럼 함께 했어도 멘탈이 강하다는 말을 듣던 나에게도 이번엔 충격이 컸다. 하필이면 오른손이 다치는 바람에 더욱 좋지 않은 생각이 머릿속에서 맴돌았다.

제임스 앨런 교수의 말처럼 생계만을 위한 삶보다는 자신의 삶에서 어떤 의미와 성찰을 추구하기 위한 조그만 노력이 필요하다. 나는 독서만이 그 노력의 결과라고 생각한다. 이는 한 개인의 생각이나 논리가 아닌 이미 한 시대를 풍미하며 깊이 있게 살다간 옛 성인들의 독서 사랑에서 알 수 있다. 동서양을 막론하고 그들의 공통점은 대단한 독서광들이었다는 사실이다. 인간에게 시간은 누구에게나 공평하게 주어지지만, 쓰임새는 한정되어 있다. 우리는 한정된 시간 안에 깊이 있게 살다간 성인들의 글을 내 것으로 담기 위한 적은 노력을 게을리 하지 말아야 한다. '계획 없는 목표는 한낱 꿈에 불과하다.'라고 생텍쥐페리가 말한 것처럼 독서도 목표를 갖지 않으면 그저 눈으로만 읽고 금세 망각하고 마는 실수를 범하게 된다.

내 수준에 맞는 책을 읽어라

독서 논술, 내가 학교 다닐 때만 해도 이런 과목이나 시험은 존재하지 않았다. 오로지 사지선다형 답안이거나 단답형 주관식 답안이 전부였다. 논술을 위해 책을 읽어야 하는 공부는 존재하지 않았다. 그래서인지 우리 세대나 이전 세대들이 책을 멀리하는 경향이 있지 않나 생각해본다. 지금은 초등학교 입학하기 전부터 독서 논술을 대비하기 위해 어린 나이에 책 읽기를 배운다. 또한, 어린 나이에 책 읽기를 습관화시키면 성인이 되어도 독서를 꾸준히 이어나간다. 여기서 주의할 점은 아이의 수준에 맞지 않는 책을 억지로 읽힌다면 과연 올바른 방법일까? 아이는 소리 내어 읽지만, 과연 이해할 수 있을까?

전문가들은 이러한 독서를 '가짜 독서'라고 말한다. 오히려 수준에 맞지 않는 책 읽기 습관은 오히려 독서를 힘들고 어렵다고 인식시키기 쉽다. 어른이 되어 책을 읽어야 할 필요성을 느껴 독서를 시작하는 이들에게도 나에게 맞는 책을 고르기는 쉬워 보이지만 상당히 어려운 숙제다. 우선 내가 어떤 장르를 좋아하는지부터 파악해야 한다. 인문고전, 소설, 경제, 자기계발, 사회과학 등 자기가 원하는 방향을 잡고 선택의 폭을 좁혀나가야 한다. 나는 고등학교를 졸업하지 전까지는 독서를 하지 않았다. 졸업 후 소설을 보기 시작했지만 1년에 5권도 채 읽지 않았다. 인생을 살며 독서의 필요성을 알게 된 때가 요식업의 폭망과 함께 아이가 태어나고 무엇이든 닥치는 대로 일할 때였다. 무슨 일을 하는 것이 중요함이 아니라 어떻게 일하느냐가 중요한 것임을 깨닫고 비로소 자기계발을 해야 하는 이유를 알았다. 이때부터 지금까지 나는 자기계발이나 성공한 위인의 자서전을 읽는다. 지금은 한층 더 나아가 의식 변화의 중요성을 알고 그에 관한 책을 읽고 있다. 이렇듯 본인의 관심사가 무엇인지 파악하고 접근함이 무엇보다 중요하다. 그리고 책의 제목을 보고 책을 선택하게 된다. 나는 책의 제목만을 보고 구매했다가 1/3 정도 읽고 더는 읽지 않은 책들도 있다. 굳이 핑계를 대자면 너무 어려운 내용으로 집필되어 흥미가 사라지니 자연히 하품만 나왔다. 그래도 상관없다. 책은 한 페이지 한 줄에서도 배워 가는 법이다. 이제는 각 소제목을 읽어보고 앞장에 서문과 느낌이 있는 소제목의 2~3페이지 정도는 읽어보고 구매한다. 운 좋게 서점이 집과 가까이 있어 퇴근길에도 자주 방문한다. 일단 읽고 싶은 책을 고르면 서점 의자에 앉아 서문과 함께 5페이지까지 읽어본다.

5페이지까지 읽어나가며 막히지 않고 읽히면 주저하지 않고 구매한다.

베스트셀러는 굉장한 인기를 얻는 책으로 특정 기간, 예를 들어 1개월 혹은 1년 동안에 높은 판매를 나타낸 책이다. 마치 이런 책을 읽지 않으면 시대에 뒤떨어진다는 생각과 함께 다른 이들과의 대인관계에 열등의식이 생길까 두려운 불안감 때문에 선택하는 예도 많다. 이밖에도 우리는 다양한 이유로 추천 도서와 베스트셀러에 집착한다. 그중에는 의외로 나와 맞지 않는 책들도 많았다. 베스트셀러라고 구매했는데 나와 맞지 않는 내용에 금세 지쳐 중간에 포기한 책도 있다. 나의 수준이 얼마인지는 객관적인 잣대로 평가하기는 어렵지만, 본인이 읽기에 난해하지 않고 이해할 수 있다면 최고의 책이라 할 수 있다. 그렇지만 너무 쉬운 책만 읽은 것도 흥미를 잃는 주요 원인이란 걸 잊지 말아야 한다.

책은 개인의 목적과 수준을 고려해서 선택해야 한다. 아무리 자신의 목적에 맞는 책이라도 자신의 수준을 고려하지 않은 책 선택은 독서를 어렵게 만든다. 어렵고 난해하면 흥미와 의욕이 사라진다. 흥미가 사라지면 책을 펼치고 얼마 지나지 않아 눈꺼풀이 무거워진다. 이런 모습이 3일 이상 지속하면 '독서는 지금 힘들어, 다음에 읽어야겠어.'라며 책 읽기를 미루게 된다. 미루기 시작하면 이내 독서를 포기하고 만다. 독서는 보편적이면서도 지극히 개인적이다. 따라서 개인마다 취향이 다르므로 본인만이 책의 정도를 파악할 수 있다. 책이 술술 읽혀 '한 권을 읽었다.'라는 성취감이 쌓여 자연스레 독서 습관이 형성된다. 수준에 맞는 책을 선택해 읽어야만 흥미와 궁금증을 유발해 독서가 지속된다.

여름철을 준비하는 봄부터 헬스클럽에는 처음 보는 낯선 얼굴들이 많이 보인다. 이맘때면 20대 대학생이나 직장인들이 몸만들기 프로젝트가 시작된다. 회사 업무가 끝나는 저녁 8시 30분에 15분 거리의 헬스장에 도착한다. 갑자기 운동하는 사람들이 많아져 '무슨 운동을 해야 하나?' 순간 고민하게 된다. 운동하면서 자연스레 처음 보는 얼굴들이 있어 운동하는 모습을 보게 된다. 어떤 이는 개인 지도를 받기도 하지만 어떤 이는 혼자 열심히 무게를 들어 올린다. 하지만 어딘가 모르게 부자연스럽다. 분명 덤벨을 가지고 열심히 들어 올리지만 온몸으로 들어 올리고 있다는 걸 알았다. 가만 보니 운동을 처음 하는 초보자인 것 같았다.

처음에는 가벼운 무게로 연습을 오래도록 해야 한다. 그리고 호흡도 상당히 중요해서 리듬에 맞춰 운동해야 몸에 무리가 가지 않는다. 나는 팔꿈치 관절의 연골이 거의 없다시피 해 잘못 운동을 하거나 무리하면 잠을 잘 때 통증을 느낀다. 그래서 운동하는 젊은 친구들을 보면 처음엔 전문가에게 정확한 자세를 배우고 시작하길 당부한다. 돈이 들더라도 말이다. 자기 수준에 맞지 않는 무게로 안정되지 않은 자세로 무리를 하면 지금 당장은 이렇다 할 문제는 나오지 않는다. 하지만 서서히 습관으로 누적되기 시작하면 오히려 몸을 망친다. 한마디로 건강하고 멋있는 몸짱을 만들려다 평생 약으로 생활해야 하는 경우가 발생한다. 초보자는 초보자에게 맞는 운동법으로 연습해야 한다.

독서도 마찬가지라 생각한다. 어느 날 갑자기 '책 좀 읽어볼까?'하고 평소 관심분야에 아무 책이나 읽으려 한다면 큰 낭패를 본다. 아마 십중팔구 책을 펴고 10분도 되지 않아 졸음이 쏟아질 것이다. 나는 독서 습관을 기르기 위해 두꺼운 책은 구매하지 않았다. 처음엔 200페이지 분량의 책이나 글자가 빽빽하지 않은 책을 위주로 읽었다. 2002년은 월드컵 경기가 있던 해이기도 하지만 가장 힘든 시기이면서 동시에 가장 기쁜 해이기도 했다. 첫째 딸이 세상에 처음으로 울음을 터트린 해이기도 하다. 이 무렵 읽었던 책이 고도원의『못생긴 나무가 산을 지킨다』였다. 다시 책의 첫 페이지를 펼쳐보니 이런 글귀가 적혀 있다. '저자는 사람에게는 자기 인생을 바꿔놓은 운명의 만남이 있기 마련이라고 했다. 나는 한 권의 이 책이 내 생각과 관념을 바꾸는 계기가 되었다.'라고 쓰인 나의 글을 읽으니 감회가 남달랐다. 이 책은 289페이지로 어록을 뽑아 쓴 글이어서 읽기가 편하고 마치 시를 읽는 것과 같아 지루하지 않았다. 쉽게 읽히고 금세 한 권 읽었다는 성취감과 어록의 뜻깊은 글들로 여러 번 읽기를 반복했던 책이다.

운동은 또 다른 고통의 인내를 반영한다. 마지막 한 개를 쥐어짜내야만 비로소 근육의 효과를 맛볼 수 있다. 그러기 위해선 상당한 집중력을 요한다. 흐트러짐 없는 꾸준한 집중력을 얼마나 발휘하느냐가 그 사람의 수준을 평가한다. 독서 역시 잠시 잠깐 다른 생각을 하다 보면 금방 읽은 부분이 듬성듬성 생각나고 앞뒤 내용을 이해하지 못한다. 나는 운동을 시작한 지 6년 동안 어쩔 수 없는 상황 아니고서는 하루 이상 빠지지 않고 다녔다. 팔꿈치 관절 때문에 시작했지만, 하루를 빠뜨리고 이틀이 되면 좀처럼 발이 떨어지지 않는다. 자동차 시동을 걸자마자 갈등하는 마음과 씨름을 한다. 이내 차를 돌려 체육관으로 향하고 운동을 마친 후 나와의 싸움에서 지지 않았다는 안도감에 집으로 향한다. 독서도 마찬가지다. 술 약속 때문에 거하게 한잔할 땐 어쩔 수 없이 독서를 못 하기도 하지만, 이틀 연속 지속하다 보면 다음 날도 책과 멀어지기 시작한다.

몸짱의 근육도 하루아침에 만들어지지 않듯이 독서 근육도 어쩌다 읽고 덮어둔다고 늘지 않는다. 매일 10분이라도 읽어야 한다. 그러기 위해선 책을 고르는 안목을 키워야 한다. 본인에게 맞는 책을 골라 차분히 책상에 앉아 읽어야 한다. 팔의 근육은 덤벨의 무게로 집중력을 다해 계속되는 반복의 힘으로 커지게 된다. 독서 근육도 이와 같다. 엉덩이의 무게로 집중을 다 해 읽기를 반복하다 보면 독서 습관, 근력이 함께 생겨난다. 내 수준에 맞는 책을 선정해 읽기를 멈추지 않아야 한다.

성공한 사람들의 공통점이라면 모두가 '인문고전 독서로 깊은 사색을 한다.'라고 인식하기 시작하며 무턱대고 공자의 『논어』를 구매해 읽은 적이 있다. 사실 『논어』는 읽는다기보다 공부한다는 표현을 써야 함이 맞을 것 같다. 이지성 작가의 『생각하는 인문학』을 읽고 자기계발과 사회생활 전반에 도움이 되지 않을까 하는 마음에 구매하게 되었다. 사실 책에서도 '지난 평생 읽고 사색해온 한 권의 인문고전이 있는가. 잠시 자신의 삶을 돌아보라. 어쩌면 삶에 그토록 문제가 많은 것은 당신에게 지혜가 없기 때문은 아닐까.'라는 작가의 말이 내 머리에서 계속 맴돌아 마음을 요동치고 있었다. 내가 구매한 『논어』책은 해설서다. 710페이지 정도의 작지 않은 두께의 책이며 한 페이지에 반은 주석란의 해설이었다. 나는 첫 페이지부터 난해했으며 한문의 뜻을 알아가야만 했기에 흥미와 뜻이 제대로 전달되지 않았다. 일단 빠르게 내용을 정리하기로 마음먹고 소설처럼 빠르게 한번 읽어내기로 했다. 하지만 이마저도 쉬운 일이 아니었다.

퇴근 후 독서는 동기부여와 성장을 하는 데 목적이 있다. 『논어』는 분명 공자의 삶에서 지혜를 얻는 최고의 인문고전이지만 나에게는 읽음 자체가 고통의 연속이었다. 퇴근 후 읽기와 새벽 시간을 활용해 다시 읽기를 반복해 겨우 한 달 만에 내용만 빠르게 읽어 내려가는 정도로 끝이 났다. 다시 정독으로 읽어 내려 했지만, 책장 속으로 밀어냈다. 이왕 시작한 독서니 끝장을 보자는 내 의지는 이렇게 끝이 났다. 창피하지만 읽는 내내 하품과 졸음이 쏟아져 여간 곤욕이 아니었다. 내 수준에 맞지 않은 책이었다. 이후 서점에서 시라카와 시즈카의 『공자전』을 구매해 읽었다. 『논어』를 단지 해설서로 빠르게 읽기만 한 채 많은 아쉬움을 남겼지만, 공자란 인물에 대해 현재와 연결 지어 알아보고자 읽었다.

알다시피 『논어』는 공자가 쓴 책이 아니다. 정확히 누가 언제 이 책을 만들었는지는 아직 정설이 없다. 공자가 죽은 뒤 그의 제자들이 스승의 말씀과 행적을 그린 책이다.

누구에게는 좋은 책일지 모르지만, 또 다른 누군가에겐 그저 그런 책일 수 있다. 얼마 전 책이라고는 전혀 읽지 않던 친구와 서점에 들렀다. 책을 보던 중 그 친구가 '책 한 권 추천해주라.'는 말에 선뜻 말하지 못하고 머뭇거린 일이 있었다. 책은 본인한테 맞는 느낌을 찾아 꾸준히 읽어야 한다. 그렇지 않으면 천덕꾸러기로 전락해 책에 먼지만 쌓이게 되거나 라면 받침대가 되기 쉽다. 읽기 어려운 책은 자신에게 맞지 않는다고 생각하고 잠시 한쪽으로 밀쳐내 보관해 둔다. 점차 독서 근육이 커지는 자신을 보며 어느 날 그 책을 다시 손에 들면 쉽게 읽히는 경우가 생기게 된다. 나는 『논어』를 다시 읽고 있다.

작심삼일도 열 번이면 한 달이다

작심삼일이라는 말이 떠올리면 제일 먼저 뇌리에 떠오르는 이미지가 하나 있다. 바로 담배다. 난 불과 얼마 전까지만 해도 대단한 애연가였다. 회식이나 술자리가 이어지면 흡연량은 배가되었다. 사실 애연가 중 금연의 실패 경험은 누구나 가지고 있다. 그리고 다른 건 몰라도 담배 인심은 왜 그리도 좋은지 남모르는 사람과도 금세 말을 트이게 해주는 매개체라 할 수 있다. 결혼하고 아이가 태어나면 끊겠다고 다짐하기도 했고 아이가 돌잔치 하는 날에 또다시 끊겠다고 미루기도 여러 번. 매번 아내에게 신용 없는 사람이 되어도 절대 끊지 못했다. 하지만 노력을 전혀 하지 않았던 건 아니다. 어떤 때는 새로 구매하고 한 개비만 피운 담뱃갑을 다신 피지 않겠다고 다짐한 후 한 손으로 구겨놓고 버렸다. 10분도 채 되지 않아 다시 주워들고 파손되지 않은 담배를 피울 만큼 의지박약의

골초 애연가였다.

금연 작심삼일. 내 기억으로는 사흘까지 가지도 않았다. 하루 지나면 동료에게 빌려서라도 피웠다. 그러고 보니 담배는 기쁠 때나 슬프고 괴로울 때도 늘 나와 함께했다. 몸에 해로운 걸 알면서도 마치 영혼의 단짝쯤으로 생각했다. 없으면 불안했고 미리 준비해놔야 안심이 되었다.

결혼하기 전 일이다. 강원도 강릉 비행장에 군 복무를 하고 있을 때였다. 당시 직업군인으로 군부대 밖에서 출퇴근하던 시기였다. 새벽에 잠에서 깨어 담배를 찾았으나 없는 걸 확인하고는 자동차 시동을 걸었다. 담배를 구매하려 시내를 가기 위함이다. 당시에 편의점이 그리 많지 않을 때였다. 시내를 뒤져도 문이 열려있는 곳이 없자 이번엔 강릉 경포대 쪽으로 향했다. 그곳에서도 찾을 수 없자 속초로 향했다. 지금 생각해도 대단한 발상이다. 하지만 당시엔 왜 이리도 절실했던지 알 수가 없다. 아마 이런 마음은 애연가들만이 느끼는 공감대일 것이다. 결국, 속초 바닷가 근처에서 담배를 구매해 돌아온 기억이 있다. 장장 2시간이나 걸려서 구매했다. 담배를 끊게 된 결정적인 요인은 첫째 딸아이가 초등학교 5학년에 다닐 무렵이다. 일요일 아침 장을 보기 위해 아이들과 함께 차를 타고 집을 나섰다. 아내가 운전대를 잡고 나는 옆자리에 아이들은 뒷자리에 타고 있었다. 아이들이 편의점에서 각자 한 가지씩 먹고 싶은 음식을 사기로 했다. 나는 이때다 싶어 차에서 내려 담배 한 개비를 물었다.

잠시 후 담배를 끄고 차에 타자 아내가 냄새난다며 한마디 한다. 이어 첫째 딸이 정색하며 말한다.

"아빠하고는 같이 차에 타기 싫어요."

"시궁창 냄새나니까 다음부터는 차 따로 타고 와요."

"같이 차타기 싫어요."

나는 그 말에 너무나 큰 충격을 받았다. 아내마저도 나를 째려보며 동조한다는 눈빛으로 말하고 있었다. 순간 망치로 머리를 한 대 맞은 것 같은 충격의 느낌이었다. 순간 어떤 말로도 변명거리를 찾지 못하고 있다가 모두 보는 자리에서 반 갑 정도 남아있던 담배를 한 손으로 구겨서 자동차 문을 열고 바로 옆 쓰레기통에 쑤셔 넣었다. 그리고 외쳤다.

"알았어. 알았다고. 다시는 담배 피우지 않을게."

이렇게 말하고 자동차에 올라탄 나는 아무 말 없이 차창만 바라보고 있었다. 나는 살면서 무서운 것이 없다. 골판지 배송을 하며 매일 새벽에 공동묘지를 넘어 다녀서 그런지 웬만해서는 무서움이 없다. 그런 내가 딸아이만큼은 무섭다. 아니 무섭다기보다 눈치를 본다. 딸아이의 말 한마디에 반격을 못 한다. 지금도 마찬가지다. 결과는 7년째 단 한 개비도 피우지 않았고 피울 생각도 없다. 금연에 성공했다. '담배는 끊는 것이 아니라 참는 것이다.'라고 누군가 말했다. 그 말에 신빙성은 있다. 새해가 밝아오면 으레 독서 계획을 그럴듯하게 짜거나 1년에 100권을 말한다. 독서를 하지 않던 이도 한 번쯤은 목표를 세우기도 한다. 하지만 작심삼일인 경우가 다반사다. 시간이 없어서, 각종 약속 때문에 또는 다음 날부터 시작하자 등 각종 이유를 달며 미룬다. 그런데 생각의 관점을 달리해 작심삼일, 사흘에 한 번씩 새로 다짐하면 된다. 처음 독서, 책 읽기를 시작하는 사람은 사실 책상에 앉는 준비 시간이 긴 경우가 많다. 처음부터 책 한 권 읽기가 생각보다 힘겹고 지친다면 잠시 쉬었다가 다시 읽는다. 중요한 것은 매일 책상에 앉는 행위다. 포기만 하지 말고 잠시 쉬었다 간다는 생각으로 다시 시작한다. 매일 반복이 힘이다.

작심삼일(作心三日)이란 단단히 먹은 마음이 사흘을 가지 못한다는 뜻으로, 결심이 굳지 못함을 이르는 말이다. 작심삼일도 열 번이면 한 달이다. 스무 번이면 두 달이고, 서른 번이면 석 달이다. 독서를 취미로 삼든 자기계발의 성장을 위하든 우선 책상에 앉는 버릇이 우선 되어야 한다. 습관으로 자리 잡히기 전까지는 의식적 행동을 고수해야만 한다. 독서가 작심삼일이 되지 않게 하는 좋은 방법으로 우선시 되는 것은 흥미 있어서 하는 분야를 읽기 시작함이다.

처음으로 내 집 마련이라는 아파트를 구매해 지방으로 이사를 했다. 아파트 입구 하단에는 운동할 수 있는 운동 구역이 잘 마련되어 있었다.

나는 매일 아침 새벽 네 시에 일어나 조깅하기로 마음먹었다. 마침 추운 겨울날이었다. 첫날은 잘 일어나 겨울 외투로 꽁꽁 싸매고 조깅하기를 완수했다. 둘째 날도 가뿐히 일어나 조깅을 마무리했다. 문제는 삼 일째 결국 일어나지 못했다. 피로 누적이다. 너무 무리해서 단번에 이루려고 했던 참사다. 다음 날에 추슬러 일어나려 했지만, 몸은 쉬는 쪽을 택했다. 결국, 조깅의 계획은 작심삼일을 끝으로 머릿속에서 지워지고 말았다. 뇌과학으로 본다면 당연한 일이다. 최소한의 에너지를 쓰려고 하는 우리 뇌는 갑작스러운 변화를 극도로 싫어하기 때문이다. 삼 일도 지나지 않아 온갖 유혹에 마음을 빼앗기거나 너무 높은 목표치에 스스로 질려 풀이 꺾인 채 시도조차 하지 않게 된다. 누구나 한 번쯤 경험을 통해 자그마한 좌절을 느꼈을 것이다. 결심만 다져 마음만 먹을 뿐 실천에 옮기지 않아 패배의식과 자괴감으로 활기를 잃어버리고 만다. 이를 최소화하려면 우선 자신의 시간을 메모해두는 방법을 취해본다.

『마흔, 혼자 공부를 시작했다』의 저자 와다 히데키는 '헛된 시간 리스트'를 작성해 자신의 기준을 정하라고 강조했다. 하루 동안 자신이 무슨 일을 하는지 명확하고 일목요연하게 정리하는 것이다. 이 리스트를 통해 자신이 어떻게 시간을 보내고 있는지, 정확히 말하면 얼마나 의미 없는 시간을 낭비하고 있는지 알 수 있다고 했다.

나는 이 방법을 나에게 그대로 적용해보았다. 독서목표를 설정하고 실행하는데 따로 시간을 내야 한다는 강박관념이 지배적이었다. 하루하루 돌발 상황의 연속에서 매일 지속적으로 무언가를 한다는 것 자체가 위대한 일이다. 우선 목표를 나에게 맞는 계획을 짜고 시간 리스트를 작성해 보았다. 일단 가장 많은 시간을 보내는 일터에서 시간 분배를 메모했다. 총 근무시간 12시간 중 내가 쓸 수 있는 시간을 계산하니 총 95분의 시간을 낼 수 있었다. 다음 날부터 책 2권을 가방에 가지고 다니며 95분을 쓰기 시작해 따로 시간을 내지 않아도 3일이나 4일이 지나면 책 한 권을 읽었다. 이 방법 또한 3일이 지나고 나면 결심이 흐트러지는 경우가 있다. 그러면 과감히 A4용지에 결심을 다시 다져본다.

작심삼일의 실패는 단순히 실행하지 못함으로 끝나지 않고 자기 함정에 빠져 다음으로 미루는 습관을 만든다. 작심삼일을 오히려 관점의 결론을 바꾸어 활용해보는 것이 어떤가 싶다. 본인이 극도로 의지가 약하다고 느낀다면 애초 3일에 한 번씩 의지를 다져봄이 좋은 방법이다. 그리고 1년을 계획하거나 한 달을 계획하는 거창함에서 일단 한발 물러나 '3일만 해보자.' 구체적이고 실현 가능한 계획으로 실행한다. 이렇게 열 번이면 한 달이다. 조그마한 관심만 있다면 누구나 실행할 수 있다.

운동을 하면서 1년 중 헬스장이 가장 붐비는 시기는 바로 새해 첫날이다. 이 시기에 새로운 다짐을 하며 삶을 계획한다. 미국 스크랜턴대학에서 발표한 한 통계에 따르면, 사람들 중 45%가 새해가 되면 '새해 다짐

목록'을 만들지만, 그중에 그 목록을 이루어내는 사람은 약 8% 정도뿐이라고 한다.

독서를 준비하며 완벽한 조건을 갖추어야 읽기를 시작하려 하는지 따져볼 필요가 있다. 반듯한 책상에 깔끔해 정돈되어 있어야 하며 TV 소리가 거슬린다고 느껴진다면 일단 마음을 추스르고 무조건 읽어보라. 완벽한 준비가 되어야만 무얼 하는 건 깔끔한 성격 때문일 수도 있지만, 마음 저편에 읽고 싶지 않은 핑계 거리를 찾고자 함이 밑바탕에 깔려있다. 이럴 경우는 그냥 읽어야 한다. 편안한 자세로 읽기에 집중하다 보면 어느새 사그라진다.

운동할 때도 마찬가지 경우를 본다. 운동을 막 시작하는 분들이 레깅스가 준비되지 않거나 헬스 장비가 갖춰지지 않으면 핑계를 찾기 시작한다. 운동을 오래 하시는 분들은 땀을 비 오듯 흘려가며 장비를 하나하나 준비해간다. 실제로 내 주위에도 완벽하게 모든 장비를 갖추고 시작하는 분들은 아직 보지 못했다. 필요에 따라 하나씩 구매하거나 바꿔나가는 걸 많이 봐왔다. 작심삼일로 끝나지 않으려면 일단 생각만 하는 주저함에서 벗어나 행동해야 한다. 독서의 작은 습관을 지니고자 졸음과도 싸워야 한다. 설사 고개가 꾸벅 떨어져 졸고 있다 해도 행동했음에 의미가 있다. 될 때까지 작심삼일 하라는 말이 있다. 나는 이 말을 상당히 좋아한다.

'나는 왜 이렇게 나약할까?'

'왜 뭐든 작심삼일일까?'

이런 생각을 끝으로 후퇴한다면 말 그대로 작심삼일이지만 보다 높은 자존감을 무기삼아 포기하지 않고 반대로 삼 일에 한 번씩 실행하다 보면 새로운 버릇이 몸에 스며든다. 작심삼일도 열 번이면 한 달이다. 한 달이 평생 습관을 좌우한다. 하루 한 줄이라도 읽으려 무조건 펼쳐라.

매일 분량을 정해두고 읽어라

'독서는 습관이다.'라는 말은 누구나 인정하지만, 실천적인 면에서는 머뭇거리게 만드는 말이다. 석학들의 연구를 통해서도 알 수 있듯 생후 18개월 무렵부터 아이의 언어 능력이 폭발한다. 이 시기에 아이가 듣고 기억한 단어들과 문장들은 나중에 인지능력과 사고에 큰 영향을 미친다. 요즘 새내기 엄마들이 이 시기에 어학을 중점적으로 가르치는 이유이기도 하다. 현대는 책이 아니어도 글을 읽어야 한다. 스마트폰에 메시지를 확인하고 각종 이메일을 작성함에 글을 읽고 싶지 않아도 우리에게 읽힌다.

나는 화물차 운전과 골판지 배송을 하면서 책을 읽었다. 밤과 낮이 뒤바뀌었지만 틈나는 대로 읽었다. 모든 화물차 영업을 하시는 분들은 공감하겠지만, 여름철에는 치솟는 기름 값 걱정에 어지간하면 차량 에어컨을 켜지 않는다. 그나마 당시 내 애마는 에어컨마저 고장으로 작동 불능이었다. 대형영업용 화물차를 운전할 때도 집에 가지 못해 고속도로 휴게실에 주차한 후 읽었다. 일감이 없어 초조하고 불안한 마음을 달래기 위함이다. 그때를 생각하며 스스로 칭찬할 수 있었던 건 꾸준히 책을 몇 페이지라도 읽었다는 뿌듯함이다. 무언가를 꾸준히 해낸다는 건 말처럼 쉬워 보이지만 여러 가지 삶의 변수로 하지 않게 되거나 없애버리기도 한다. 특히나 독서 습관을 단순한 취미로 여기며 목적 없이 읽는다면 어느 날 바삐 움직이다 보면 살며시 잊힌다. 나 역시 시간과 분량을 정해두지 않은 적이 있다. 회사 생활이 바쁘다는 핑계로 기계가 고장이 발생해 작동을 멈추거나, 가공품의 원인을 파악하기 위해 늦게까지 근무하다 보면 나도 모르게 잊어버리게 된다. 어쩔 땐 책 한 권을 한 달째 붙잡고 있는 예도 있었다. 이럴 때면 슬그머니 자괴감이 들기도 한다. 나의 단점은 하루 분량의 독서목표를 정해두지 않고 막연히 책을 보았다. 손에 잡히면 읽고 피곤하면 미루게 되는 흔하게 말하는 취미의 독서를 하고 있었다. 시들어가는 나의 정체기를 부수기 위해 유근용 작가의 『일독 일행 독서법』, 김병완 작가의 『초의식 독서법』, 『1시간에 1권 퀀텀 독서법』, 권영식 작가의 『품위 있는 삶을 만드는 다산의 독서전략』을 읽기 시작했다. 나는 평상시 일주일에 한 권을 읽었다. 나는 독서목표와 함께 하루 분량을 정해 읽기 시작했다. 분량을 정해두고 목표를 설정해두면 머리에 각인되어 행동으로 이어진다. 독서목표를 세우기 전에는 막연히 목차 1장을 마음에 두고 읽었다. 1장에는 보통 5개에서 9개의 또 다른 소제목이 붙는다. 보통 한 개의 장은 20페이지 정도 분량이다. 20분 또는 30분 정도의 시간이 소요된다. 팔꿈치와 관련해 한참 운동에 매진했을 때는 30분조차 내기 힘들어 주말에 몰아서 읽었다.

독서목표를 세우고 분량을 정해 읽기 시작한 후에는 3일이면 한 권을 읽었다. 하루 한 권 독서나 유명 작가의 말처럼 한 시간에 한 권 독서는 아직 나에게는 무리다. 회사 생활의 12시간 업무에도 충실해야 함에 나에게 맞는 독서를 하고 있다. 무엇보다 중요한 것은 독서의 습관이다. 책을 읽는 습관은 어쩌다 몰아서 실행한다고 독서 근육이 늘지 않는다. 운동선수처럼 매일 끊임없이 연습하며 자신만의 독서 습관을 길러야 한다. 그러기 위해선 실천 가능한 시간과 분량을 정해두고 의식적으로 행동해야 한다.

깊이 있는 독서는 삶을 바꾸고 생각과 의식을 전환한다. 학창시절 취미를 물어보는 선생님이나 지인들에게 딱히 없다고 말하는 게 자존심 상해 '독서'라고 이야기하곤 했다. 내가 본격적으로 독서를 한 나이는 마흔이 넘어서다. 파산으로 신용불량자이자, 두 아이의 아빠이자 가장으로 살아가는 동안 서점에서 책을 구매해 읽는 것조차 사치라고 생각했다. 그리고 솔직히 책을 살만한 여유도 없었다. 우리가 흔한 말로 "돈이 인생의 전부는 아니잖아."라고 이야기하지만 하나같이 모두가 "그렇지, 인생의 전부는 아니야, 단 99%를 차지하고 있지."라고 이야기한다. 살면서 '왜 나만 힘들게 사는 걸까?', '왜 나는 뒤로 넘어져도 코가 깨지는 걸까?'라고 자책하기도 했다. 프랜차이즈가 망하고 아이가 태어났을 때, 직업을 구하지 못해 불안과 초조함으로 담배만 연신 피워댔다. 때론 해서는 안 될 생각을 하곤 했다. 우여곡절 끝에 골판지 배송업무를 시작할 때조차도 꿈과 희망은 내 머릿속에서 지워졌고 어떻게든 하루를 버티고 다치지 않기를 빌었다. 골판지 배송일은 빠르게 일의 속도를 내려면 머리에 이고 뛰어다녀야 해서 항상 목뼈가 눌려 목이 돌아가지 않을 때가 많았다. 머리와 몸이 같이 움직이다 보면 마치 로봇을 연상하게 하지만 통증은 상당하다. 그런 상태로 연이어 일을 나갔고 벽제 공동묘지 부근의 공장을 매번 넘어 다녔다.

나에게 책은 어제와 같은 오늘을 사는 삶의 고통에서 가슴 속 뜨거운 용암을 뿜어내게 해주었다. 그렇다고 다독을 한 건 아니다. 읽었던 책을 반복하며 종이에 낙서하듯 써내려 갔다. 나폴레온 힐의 『놓치고 싶지 않은 나의 꿈 나의 인생』의 책은 세 번째 읽을 때는 처음부터 읽는 것보다 내가 좋아하는 말들을 적어둔 노트를 읽었다. 화물차에서 틈나는 대로 썼다. 아니 썼다기보다 낙서라는 말이 어울리겠다. 이때 생긴 습관이 지금도 읽으며 나를 자극한 문장이 나오면 우선 적고 본다. 기억을 더듬어 보면 매일 일정한 시간에 읽고 쓰기를 반복했다. 물론 화물차를 운전하는 관계로 약간의 시차가 있다 하더라도 비슷한 시간대에 손에 책을 들었고, 낙서를 했다. 삶을 바꾸고 싶었던 간절함 때문이었을까. 단언컨대 누구에게도 "예"라고 말할 수 있다. 열심히 땀 흘려 돈을 모아 그곳을 벗어나고 싶었다. 매일 사계절 내내 새벽에 몸을 혹사하며 돈을 벌고 싶지 않았다. 그곳에서 일하시는 분들을 비약하는 것이 아니라는 점을 먼저 이해해 주기 바란다. 이는 지극히 개인적인 생각일 뿐이다.

독서의 중요성에 매일 꾸준히 해야 함을 보여주는 대표적인 위인들이 있다.

"하루라도 글(책)을 읽지 않으면 입속에 가시가 돋는다.(一日不讀書口中生荊棘)"

안중근 의사의 옥중 유묵 중 하나다. 매번 읽을 때마다 진정한 독서에 대해 깊이 생각해보는 말이기도 하다.

이렇듯 위대한 독서를 한 위인들은 하나같이 매일 독서를 해야 하는 분명한 의식을 하고 있었다.

우리나라 초등학교에 들어가서 독서왕이 되려면 1년 동안 300~350권 정도는 무난히 읽어야 한다. 이를 위하여 학교에서나 가정에서도 처음엔 반 강제성을 띠기도 하지만 그로 인해 매일 일정분량 습관이 형성된다.

일단 어릴 적부터 독서 습관이 몸에 익으면 성인이 되어서도 독서를 평생 습관으로 이어간다. 독서는 어느 날 갑자기 하룻밤 사이에 많은 책을 읽지 못한다. 이는 꾸준히 시작해야 하며 조금씩이라도 스스로 일정량을 정해두고 읽는 법을 습관화시켜야 한다.

『조선 지식인의 독서 노트』에는 연천 홍석주 선생의 이야기가 나온다. 선생은 젊은 시절 매일같이 일정한 분량을 정해놓고 책을 읽었다고 한다. 매일 한두 페이지 정도였지만, 그 시간이 쌓여 수십 권의 책을 읽을 수 있었다는 것이다.

"한 권의 책을 모두 읽을 만한 여유를 기다렸다가 책을 펼쳐 든다면 평생토록 독서할 수 있는 날을 찾지 못할 것이다. 비록 매우 바쁘더라도 한 글자를 읽을 틈이 나면 반드시 한 글자라도 읽어야 한다."

– 한정주, 『조선 지식인의 독서 노트』

나의 독서방식을 바꿔준 이 글은 매번 읽기를 반복한다. 시간이 없어 책을 읽지 못한다는 핑계를 무색하게 만드는 말이다. 하루 중에는 분명 틈나는 시간이 누구에게나 있다. 따로 독서 시간을 정해두고 읽는 것도 좋지만 틈나는 대로 책이 손에 쥐어진다면 더욱 많은 독서를 한다. 나는 일주일에 한 권 읽기를 3일에 한 권 읽기로 좁히기 위해 시간의 틈을 벤치마킹했다. 쉬는 시간 10분에 커피 한 잔과 5페이지를 읽었다. 점심시간에 식후 40분을 활용했으며 저녁 시간 30분 중 15분을 활용했다. 놀랍게도 3일에 한 권을 읽어냈다. 물론 정독으로 읽었다. 퇴근 후에는 다른 책으로 독서 시간을 만들었다. 잠을 자기 직전에 읽는 책이 따로 있다. 화장실에도 나만이 볼 수 있는 책이 있다. 한 페이지만이라도 읽었다. 스스로 '왜 진작 이런 방법으로 독서할 생각을 하지 않았을까'를 생각했다. 이 방법은 누구에게나 추천하고픈 독서법이다. 서점에 가면 여러 가지 거창한 독서법들이 많이 나와 있다. 어쩔 땐 책을 읽는 데 형식과 틀에 억지로 맞추고 의미를 부여하려 하는 것처럼 보였다. 독서의 필요성이 마음에서 우러나오면 의도적으로 시간을 의식하게 된다. 본격적인 독서를 하지 않았을 때 느끼지 못했던 의식 및 지적성장이 나날이 발전함을 스스로 느끼기 때문이다.

사자성어 중 수불석권(手不釋卷)이란 말이 있다. 손에서 책을 놓지 아니한다는 뜻이다. 즉 배우기를 좋아하는 사람은 항상 손에서 책을 놓지 않는다는 말이다. 스타벅스 창업자인 하워드 슐츠는 매일 새벽 5시에 일어나서 반드시 책을 읽는다고 한다. 나는 매일 분량을 정해 책을 읽다가 지금은 분량보다는 시간을 정해두고 읽는다. 분량을 정해두고 목표에 도달이 가까워지면 읽기를 중단하려 하는 나를 발견하고서 아예 시간을 정해두니 읽는 양이 훨씬 많아졌다.

남들에게 보이려고 독서 하지 마라

남들에게 보이려는, 남을 의식하지 않는 사람은 아마 없을 것이다. 나의 옷차림이나 외모, 머리 스타일, 신발, 가지고 다니는 가방 등 모든 일상이 다른 이들의 시선을 의식하는 행위 자체다. 다만 적절함의 정도가 문제의 핵심이다. 지나치게 타인을 의식하지 않는다면 회사나 모임에서 이기적이며 무례한 사람이란 지탄의 대상이 될 수 있다. 또한, 타인의 시선을 지나치게 의식하면 자신의 색깔이 없고 보편적이다 못해 남의 말과 행동 양식에 마음의 고통을 받기 쉽다. 타인을 의식하는 것은 누구에게나 가지는 자신을 의식하는 자의식(自意識)이 있기 때문이다.

여기서 자의식(自意識)이란 '자기 자신이 처한 위치나 자신의 행동, 성격 따위에 대하여 깨닫는 일을 말한다.' 자의식을 '자아의식' 또는 '자기의식'이라 말한다. 삶을 살면서 우리는 '남들이 나를 어떻게 생각할까'를 줄기차게 생각하며 걱정한다. 남의 시선에 초점을 맞추다 보면 일이 어떻게 해결되느냐에 관계없이 정신 건강에 해롭기 마련이다. 서울에서 직장생활을 하던 무렵 지하철은 시간을 아끼는 최고의 교통수단이다. 나는 지하철에서 짬을 내 책을 읽을 때 책표지를 남들이 볼까 의식하며 읽었던 기억이 있다. 그래서인지 베스트셀러만 골라 가지고 다녔다. 남의 시선을 지나치게 의식해 글자를 읽어도 집중이 되지 않았다. 사실 옆 사람이 내 책을 힐긋 쳐다보긴 했지만 말이다. 당시 우리나라 지하철 문화는 책 읽기와는 거리가 있었다. 부모님께서 김포에 계셔서 지하철을 이용하지만, 책을 읽는 사람은 거의 찾아보기 힘들다. 그래서 더욱 남의 시선을 의식했는지도 모른다. 이웃 나라 일본의 지하철 문화는 자연스레 눈앞에 책 한 권씩을 들고 다닌다. 좌석에 앉은 사람들은 물론, 서 있는 사람들도 손에 책을 들고 읽는 모습은 전혀 낯설지가 않다. 나는 3년 전에 가족들과 일본 여행을 다녀온 적이 있었다. 그곳에서 놀라웠던 장면은 편의점에 여러 종류의 책들이 판매되고 있었고 정장 차림의 샐러리맨으로 보이는 직장인이 소설책이나 만화책을 읽고 있는 모습이었다. 사뭇 독서강국이라는 말이 실감 났었다.

지금은 회사 내에서 쉬는 시간이면 자연스레 책을 꺼내든다. 더는 남의 눈치를 보지 않을뿐더러 남을 의식해 책을 선정하지도 않는다. 이렇게 변할 수 있었던 것도 독서를 통해 나를 바라보았기 때문이다. 직장에서 기계와 가공품으로 씨름을 해야 하는 나는 다혈질적인 면이 지나치게 많았다. 같은 회사 관리부에 근무하는 직장 동료이자 아내가 항상 입버릇처럼 잔소리를 해대는 이유이기도 하다. 나는 베스트셀러를 위주로 읽었던 독서를 나에 기준에 맞는 독서 습관으로 바꾸고 나서 내면의 변화가 서서히 움직이는 걸 느꼈다. 그렇다고 베스트셀러가 나쁘다고 전하는 건 아니다. 베스트셀러 위주의 책만 골라보는 독서는 본인이 아직 어떤 책을 읽어야 할지 모르며 그저 손쉽게 남들을 따라가고픈 의존 의식이 지배적이라 할 수 있겠다.

나는 독서를 통해 매일 조금씩 성장해간다. 남을 의식하는 버릇을 인식하고 나를 객관적으로 먼발치에서 바라보았다. 마치 죄의식을 느낄 만큼이나 타인의 소리에 귀를 쫑긋 세우고 다녔다. 그들의 언어와 행동을 의식해 상상의 관객을 만들어 시나리오를 짜내기도 했다. 나를 위한, 나만을 위한 독서를 통해 자존감을 높여나갔다. 나를 사랑하지 않고는 남을 사랑할 수 없다는 간단한 진리를 깨닫기 시작한 후 타인의 시선에서 당당히 벗어날 수 있었다. 타인의 기준이 되는 독서는 결국 나를 성장시키지 못한다. 의식이 깨어있지 않은 독서는 사색 없이 글자만을 읽는 것에 지나지 않는다. 어떤 이는 책의 내용보다는 책의 양에 치우쳐 독서하는 이가 있다. 자신의 독서목표를 크게 세우다 보니 집중적 독서보다는 목표의 근사치를 위한 숫자에 초점을 맞춘다. 말 그대로 그냥 읽는다. 물론 그냥 많이 읽는다는 것에 부정하려는 건 아니다. 사람마다 독서 취향이 다르므로 보편적 방법으로 검증되고 경험 자료를 통한 독서를 추구한다. 한때 독서 속도를 높이려 유튜브의 속독을 찾아 열심히 시청한 적이 있다. 독서 권수를 높이려 했다. 무언가 뒤처져 있다는 느낌에 이왕 같은 시간에 2권, 3권 읽는다면 시간도 절약되고 서재에 책이 쌓여가는 상상에 엔돌핀이 솟구쳤다. 나는 유명한 독서법의 저자가 쓴 책을 여러 번 읽으며 방법을 따라 시도해보기도 했다. 우뇌를 발달시키기 위해 책을 90도로 틀어 읽기도 했다. 때론 180도 거꾸로 읽기 연습을 했다. 유튜브를 보며 안구운동 속독법을 연습하기도 했지만 배움에 한계가 있다는 걸 인식했다. 독서는 각자 '자기만의 특별한 독서방식을 가지고 있다.'라고 생각한다. 이는 꾸준히 읽는 습관을 시작으로 오롯이 본인 스스로 찾아야 한다. 나는 10권을 속독으로 읽었다. 하루에 2권을 읽었다. 하지만 내용을 알 수 없을 뿐 아니라 깊이가 없어 생각조차 거부했다. 초기 단계라고 할지 모르지만, 나에게는 맞지 않는 방식이라 생각했다. 남들처럼 엄청난 양의 독서를 해보겠다는 생각은 온데간데없이 사라졌다.

대한출판문화협회가 발간하는 《2019 한국출판연감》에 따르면 2018년 도서 발행 종수는 63,476종, 발행 부수는 총 101,737,114부, 출판사 수는 68,443개, 평균 가격은 16,347원으로 나타났다. 이렇게 많은 책의 정보를 모조리 머리에 담을 수는 없다. 나에게 맞는 책을 구매해 읽고 생활에 적용해 한층 성장할 수 있다면 완벽한 독서방식이라 생각한다. 속독을 빨리해내는 이들을 보면 한편으론 사실일까에 대해 의심도 하지만 내심

부럽기도 했다. 나에게 맞지 않는 신발은 오히려 불편하기도 하지만 나중에는 물집이 생겨 곪아 터지고 만다.

독서 역시 꾸준히 자기만의 독서 근육을 키워나가야 한다. 갑자기 남들 방식으로 따라 하다 보면 자신만의 습관 방식마저 흔들려 원래의 자기 페이스를 유지하는데 상당한 시간이 걸린다. 잠깐이나마 권수에 집착해 방식을 바꿨던 나는 나만의 독서방식으로 돌아오면서 무언가 채워지는 성취감과 행복감을 느끼기 시작했다. 책을 매일 읽는다고 갑자기 삶이 나아진다거나 어떤 혜택이 주어지는 건 아니다. 다만 책을 통해 내가 몰랐던 삶과 감정들을 주인공을 통해 간접적으로나마 경험하며 공감하게 된다. 이런 과정을 통해 지친 삶속에서 위안을 삼는 친구가 되어줄 뿐 아니라 가슴 뛰는 동기부여를 만들어 희망의 다짐을 만들어 준다. 매일 이런 경험을 통한 작은 습관이 모여 삶을 긍정으로 바라보게 한다. 이를 통한 긍정 에너지는 주변 사람들에게도 영향을 미친다. 남을 의식하며 읽는 책은 스스로 허세 부리는 겉치레 껍데기와 같다. 책은 주위에 아랑곳하지 않고 시간을 쪼개서라도 읽어야 한다. 조금은 뻔뻔해질 필요가 있다.

우리는 하루에 눈을 뜨기 시작하면서 수많은 광고를 마주한다. 아침에 출근준비를 하려 부산스럽게 움직이다가 무심결에 켠 TV 첫 화면은 여지없이 광고가 눈에 들어온다. 때론 짜증이 날 만큼 많기도 하고 길게 느껴진다. 현대를 살아가면서 각종 홍보마케팅과 광고는 사회적 구조의 일부분이 되었다. 지금은 유튜브 1인 사업이 활발해지면서 광고 수입이 주는 경제적 효과를 보는 이들도 상당하다. 지금에서야 생각해 보니 나의 초창기 독서는 광고 마케팅 위주의 책들을 읽었다. 출판사의 홍보마케팅 광고는 그 책을 읽게 만드는 매력에 빠져들어 결국엔 구매한다. 하지만 광고 치고 막상 읽어보면 그저 그런 내용의 책도 없지 않았다. 퇴근 후 서점에 가면 베스트셀러 코너에 읽어야 할 인기 있는 책들이 많다. 한때는 베스트셀러는 무조건 읽어야 한다는 관념이 지배적이었다. 왜 그런 생각을 가졌는지는 정확히 모른다. '아마 남들도 다 읽지 않을까.', '인기 있다는 건 웬만한 사람들은 모두 읽었다는 얘기다.'라고 느껴 마치 나도 읽지 않으면 시대에 뒤처진다고 여겼기 때문인지도 모른다. 시간이 지날수록 나에게 이렇다 할 기준이 없는 맹목적인 독서를 흉내 내고 있다는 걸 알게 되었다.

내 삶의 밑거름이 되는 의식 독서를 일깨운 한 분이 계신다. 한책협의 김태광 대표님의 가르침으로 의식을 열어줄 독서 방법을 배우기 시작했다. 네빌 고다드의 『상상의 힘』과 웨인 다이어의 『확신의 힘』, 『허공의 놀라운 비밀』과 같은 책은 매일 아침과 잠자기 전 한 페이지라도 읽게 만드는 놀라운 힘을 가졌다. 읽고 난 후에도 책장에 넣어두지 않고 항시 내 책상에 놓아두고 다시 읽는다. 그분의 가르침으로 아침과 저녁에 의식 변화에 관한 책을 읽으며 삶의 변화가 조금씩 나아지고 있음을 확신하게 되었다. 광고에 현혹되거나 다른 이들과 동등해지려 책을 선택하지 않고 의식의 변화를 주는 독서를 한다.

세계적인 물리학자 알베르트 아인슈타인은 "상상력은 지식보다 중요하다."라는 유명한 말을 남겼다. 과학적 지식보다 과학적 상상력이 끝없는 창조를 낳는 밑거름이기 때문이다. 이는 의식의 올바른 변화 없이는 창조적 상상력을 발휘할 수 없음을 말하는 것과 같다.

아인슈타인은 "어제와 똑같이 살면서 다른 미래를 기대하는 것은 정신병 초기증세이다."라고 말했다. 나는 이 말을 상당히 좋아한다. 이 말속에는 모든 걸 내포하고 있다 해도 과언이 아니다. 동서양을 막론하고 자기계발에 있어 단골로 나오는 멘트이기도 하지만 우리는 아무렇지 않게 흘려듣고 지나치고 만다. 어제와 같지 않은 내일을 산다는 건 타인에게 지배당하지 않으며 자신의 의식세계를 보다 나은 미래로 확장해나간다는 뜻이다. 어제를 반성하고 결과에 긍정으로 수긍하면서 내일을 도모한다. 이를 위해서 무조건적 읽기도 중요하지만, 의식 독서를 기반으로 읽게 되면, 삶 전반에 걸쳐 자기 목표에 대한 확신이 바로 선다. 확신이 바로 서지 않으면 나의 에고는 수없이 많은 유혹에 담금질을 해대기 때문이다. 『에고라는 적』의 저자 라이언 홀리데이는 "에고에 당하느냐, 에고를 통제하느냐에 따라 인생은 다른 방향으로 흘러간다."라고 전했다. 에고를 컨트롤하는 힘은 확신이자 믿음이다.

처음부터 끝까지 다 읽으려고 하지 마라

처음 책을 읽기 시작한 것은 당시 한참 인기였던 이우혁 작가의 『퇴마록』 시리즈였다. 당시 군에 입대하기 전이지만 그 흔한 무협지조차 읽기 싫어했던 내가 우연한 기회에 동네 서점에 들러 책 한 권 구매하면서 처음으로 내 책을 소유하며 읽게 되었다. 딱히 읽고 싶어서가 아니라 베스트셀러 한 권쯤은 읽어줘야 남들 대화에 무리 없이 다가가지 않을까 해서 구매했다. 나는 첫 페이지에서부터 꼼꼼히 읽어 내려갔다. 당연히 진도는 느렸다. 책갈피로 읽지 않은 부분에 꽂아두기도 했고 책을 접는 행위는 절대 이해하지 못했다. 나는 어려서부터 특별한 교육을 받았다. 아버지께선 건설회사에 다니는 관계로 지방에 일이 많아 석 달에 한 번씩 집에 오시곤 했다. 중학교에 입학한 나와 네 살 아래의 여동생은 매번 아빠라는 존재가 낯설게 느껴졌다. 거기다가 저녁 무렵이 되면 매번 전 과

목 노트를 모조리 가져오게 하시곤 필체를 보셨다. 혹시나 성의 없어 보이는 필체가 발견되면 호되게 혼이 났다. 때론 초등학교에 다니는 여동생은 너무 긴장한 나머지 울음을 터트리기도 했다. 이어 책을 가져오게 한 뒤에 책이 더럽혀지거나 흠집이 있으면 혼이 나기도 했다. 후에 아버지께선 배움에 대한 그리움에, 자식들만큼은 책을 대하는 태도를 가르침으로 공부에 매진하라는 의미였다고 했다.

지금은 아이 둘의 엄마이기도 한 내 여동생은 지금도 아버지와 식사를 하며 농담 삼아 그때 이야기를 회상하며 아버지와 나를 웃게 한다. 어쨌거나 아버지께서 오시는 날은 우리 둘 다 초긴장 상태로 지냈다. 그래서인지 책에 줄을 그어 읽는다거나 메모해두는 것에 몹시 민감했다. 처음 장부터 마지막 장까지 책 한 권 읽는 데 보통 일주일에서 보름가량 걸렸다. 한 자 한 자 꼼꼼히 읽으려 노력했다. 이상한 건 책 펴고 15분이 지나고부터 졸음이 쏟아져 눈이 감겨왔다. 하루를 건너뛰면 내용 파악이 되지 않았고 주인공을 뺀 나머지 인물들에 대해 아리송해지기도 했다. 특히나 외국계 소설은 더더욱 심했다. 그래서 읽었던 부분을 다시 찾아 읽기도 했으니 당연히 책 한 권 읽기가 쉽지만은 않았다.

나는 모든 사람이 독서를 나처럼 하는 줄 알았다. 많이 읽으면 한 달에 네 권 정도 읽겠다 싶었는데 이는 나만의 대단한 착각이었다. 하루나 이틀에 한 권 읽는 사람이 상당하다는 걸 매스컴을 통해 알았다. 이 소식을 접했을 때는 도대체 이해가 가질 않았다. 나같이 읽기가 다소 서툴다하더라도 어떻게 하루 한 권 아니 이틀 한 권 독서가 가능하지? 라는 의문이 계속해서 생겨났다. 특히나 지식을 얻는다는 개념보다는 내 지갑에서 돈을 지급한 책으로 인식해서인지 처음부터 읽지 않으면 손해 보는 것 같았다. 돈이 아깝다는 생각을 지워버릴 수 없었다.

어떤 이는 일단 닥치는 대로 읽으라는 말을 한다. 사실 나는 이 말도 나에게 썩 내키지 않게 다가왔다. 책은 분명 눈으로 읽고 뇌로 전달됨은 누구나 아는 사실이다. 헌데 무작정 눈으로만 읽고 뇌로 거치기 전에 끝낸다면 과연 무엇이 남을 까? 나는 비록 책 한 권 읽는 데 일주일이 걸린다 해도 긴 여운이 남아야 한다고 본다. 단지 무조건적인 다독은 '맛도 모른 채 배부르게 입속에다 집어넣는 음식과 같다.'라고 생각했다.

나는 삶의 변화를 목적으로 실용서나 자기계발서 위주로 독서를 한다. 이들의 독서 방법으로는 대충 독서를 권장한다. 소설이나 역사서는 분명 완독을 해야 한다. 하지만 실용서나 자기계발을 목적으로 하는 책에서는 중요한 부분, 읽고자 하는 부분을 내 것으로 만들면 그것으로 충분하다. 보통 책 읽기를 포기하는 건 실패에 대한 두려움 때문이다. 처음부터 끝까지 읽어야 한다는 고정관념을 버리면 책 읽기에서 실패란 없다. 일단 실패하지 않는다면 책 읽기는 한결 수월해진다. 하지만 고정관념을 의식적으로 고치려 노력하지 않는다면 원래대로 돌아가 책 읽기를 지겹다거나 답답하다고 느껴지곤 한다. 우선 매일 10분씩이라도 자신에게 투자해 읽는 습관이 무엇보다 중요하며 이를 통해 자신만의 읽기를 찾아내야 한다. 책 한 권을 너무 지루하게 끌고 가다 보면 오히려 책에 대한 부담감이 커져 서점방문이 더디게 된다. 책은 한 줄에서도 긴 여운을 남길 수 있다.

"당신은 책이라는 것을 좋아하지 않을지도 모른다. 그런 당신은 분명히 생활 가운데 부질없는 야심과 쾌락의 추구에만 열중하고 있을 것이다, 그러나 세상은 당신이 생각하는 것보다 훨씬 광범위하며 그 세계는 책에 의해 움직이고 있다."

– 볼테르 (프랑스의 철학자)

이 말은 나로 하여금 책을 읽게 만드는 무언의 힘이 있다. 독서에도 근육이 있다. 처음부터 두꺼운 책을 선택하면 뇌에서 거부감이 생겨난다. 탄탄한 독서 근육이 생기지 않은 상태에서 이런 종류의 책을 처음부터 샅샅이 읽으려 한다면 금세 지치고 만다. 화물차 운전을 하면서 읽은 책들은 앞서 말했듯이 가장 힘든 시기에 만난 인연이라 정독으로 읽었다. 또한, 단숨에 읽혔다. 그리고 옆에 두고 틈나는 대로 다시 읽었다. 당시 처해있는 상황이 책에서 전달하는 부분과 절묘하게 맞았다. 마치 사지선다형의 답안지를 보는 듯했다. 그 답을 체크해가며 여기까지 오게 된 고마운 친구이자 안내자였다.

독서법에 관한 여러 책도 읽었다. 속독하면 더 많은 책을 읽는 데 도움을 준다고 해서 기본적인 안구운동도 했다. 책 한 권을 빠르게 읽고 지나가는 방법으로 연습도 해보았지만 내게는 맞지 않았다. 그동안 나만의 내공으로 다져진 방식은 글자만 쉼 없이 읽어내려 가는 걸 거부했다. 읽고 난 다음의 잔상이 없어서인지 무언가 공허함만이 남아 책만 늘어갔다. 독서는 자연스레 습득하는 아무나 가지는 능력이 아니라 자신의 노력을 통해 얻어지는 능력이다.

『다산의 독서전략』에서 다산은 기록을 중요시했기에 '발췌'를 하는 초서의 중요성을 강조했다. 유배지에서 학연과 학유 두 아들에게 쓴 편지에 그러한 생각이 담겨 있다. 한 권의 책을 읽더라도 학문에 보탬이 될 것들은 모아야 하며, 이렇게 하면 100권의 책도 열흘 공부로 충분하다고 이야기한다.

독서란 지극히 개인적 행위다. 취미로 소설책 등을 읽는가 하면 나처럼 자기계발서를 주로 읽는 형태가 있다. 이렇듯 독서에는 읽는 목적이 있어야 한다. 온전히 나를 바꾸고 삶에 적용할 목적으로 하는 독서는 처음부터 읽지 않아도 되는, 내 주제에 맞는 부분부터 읽어도 무관하다. 책은 나에게 이로울 때만 찬사를 쏟아낸다. 읽고 난 뒤에 책 한 권 읽어냈다는 단순한 뿌듯함이 아닌 감동과 지혜를 얻었다는, 채움과 풍요를 간직한 느낌이 크게 다가오기 때문일 것이다. 필요한 부분만을 발췌해 읽은 후 메모하는 습관까지 생활화한다면 당장은 아니더라도 차츰 독서 근육으로 단련된 자신의 모습을 보게 될 것으로 본다.

사람은 태어남과 동시에 죽을 때까지 끊임없이 배운다. 이러한 배움의 근간에는 문자의 기록이 있다. 이 기록을 통한 독서로 인간은 배우며 성장한다. 책을 읽는 데에는 분명 요령이 필요하다. 이러한 요령에는 몇 가지 나만의 법칙을 고수 한다.

첫째. 읽고자 하는 책의 주제가 그려지면 책의 표지부터 천천히 훑어본다. 둘째. 그런 다음 저자 이력을 살핀 후 목차를 펼쳐본다. 목차의 소제목을 꼼꼼히 읽어내려 가며 전반적인 내용을 파악한다. 셋째. 서문을 읽어 저자의 의도를 파악해본다. 넷째. 다시 목차를 펼쳐 내가 읽어야 할 부분에 체크를 한다. 나는 줄을 긋고 페이지 숫자에 동그라미를 표시한다. 표시하는 이유는 읽은 부분과 읽지 않은 부분을 구분하기 위해서다. 다섯째. 필요한 부분을 읽었으면 깊이 있는 문장을 메모해 바인더에 기록 보관한다. 아직 읽지 않은 소제목은 다음에 다시 펼쳐 읽도록 한다. 지금은 중요하지 않다고 생각해 넘기지만 다음에 읽기 위함이다.

인간은 망각의 동물이라 하지 않았던가. 아무리 좋은 내용이라 하더라도 책을 덮고 얼마 지나지 않아 머릿속에 기억은 어디론가 흔적도 없이 사라지고 만다. 좋은 말이 있어도 적지 않으면 그 말은 망각으로 사라지고, 더는 좋은 말은 떠오르지 않는다. 그래서 나는 책에 따로 라벨표식을 색깔별로 해두고 노트에 메모하며 읽는다. 나의 책 읽는 습관 중 하나는 포스트잇과 볼펜 그리고 노트를 준비해 읽는다. 집이 아닌 다른 장소에서 읽을 경우는 기억해야 할 좋은 문구에 줄을 긋고 책을 과감히 접는다. 그리고 집에 도착 후 따로 적어둔다.

초서는 처음엔 귀찮기도 하고 책 읽는 속도가 생각보다 더디다고 생각할 수 있지만 좋은 글을 따로 정리해 머리에 새길 수 있어 좋을 뿐 아니라 한 권의 책을 요약함으로 언제고 쉽게 찾아볼 수 있다는 큰 장점이 있다. 좋은 책은 한 번으로 끝내지 않고 여러 번 읽기도 한다. 이럴 때일수록 초서는 빠르게 여러 번 독파하는 데 도움이 된다.

"내가 어릴 적부터 즐겨한 독서법은 초서였다. 내가 직접 필사해서 책을 이룬 것만 해도 수십 권에 달한다. 그 과정에서 얻은 효과가 매우 크다. 그냥 읽는 것과는 차원이 다르다."

– 정조, 『일득록』

앞에서 이야기한 다산 정약용 역시 마찬가지다. 그가 살아생전 엄청난 양의 책을 저술한 비밀이 바로 여기에 있다.

지금은 정보 부족의 문제보다는 넘쳐나는 정보의 물결 속에서 적시 적소에 필요한 지식을 어떻게 빨리 활용하고 응용하느냐에 집중한다. 사회뿐 아니라 개인의 정보 활용 능력에 따라 시간을 짜임새 있게 단축할 수 있다. 어쩌면 우리는 심오한 문제의 해결방안을 단순하면서도 가장 짧은 단어로 요약정리하며 풀어나가는 방법을 터득하기 위해 골머리를 쥐어짠다. 독서의 습관은 개인마다 다르다. 독서법 또한 여러 종류로 방법이 나열되어 있다. 삶을 바꾸고 자신의 태도와 행동방식을 파악하고자 한다면 한 권의 책을 읽고 정리 후 초서로 발췌한 부분을 수시로 점검해야 한다. 그러기 위해선 여러 번 읽어야 하고 수시로 읽어내야 한다. 필요하지 않은 부분은 건너뛰고 내가 필요로 하는 부분만 집중해야 하며 반복적으로 읽어야 의식 속에 각인시킬 수 있다.

8

저자가 책 속에서 추천하는 책을 읽어라

2017년 국민 독서실태 조사에 따르면, 1년 동안 책을 1권 이상 읽는 사람은 성인 59.9%였다. 대학생들의 경우 책 읽기를 좋아하는 비율은 10명 중 4명꼴이었다. 우리는 책 한 권 읽을 마음의 여유도 없이 살아가는 건 아닌가 생각해본다.

지금은 4차 산업혁명 시대를 논한다. 컴퓨터를 활용한 정보통신의 발달과 함께 자동화된 생산체제를 의미하는 3차 산업에 이어 또 다른 분야와 연결된 인공지능시대를 말한다. 이세돌 9단과 알파고의 바둑대결로 인해 인공지능(AI)이란 말이 더욱 이슈화되었다. 이에 걸맞게 이지성 작가는 인공지능에 대체되지 않는 나를 만드는 법 『에이트』라는 책을 출간했다. 당시 손가락 사고로 인해 병원에서 수술 후 입원치료 중이었다. 이 책은 앞으로 성큼 다가올 인공지능시대를 맞아 그동안 인간들의 전유물이나 마찬가지인 여러 일이 사라질 것이라고 전하며 이에 대체 되지 않는 8가지 방법을 논리적이며 심도 있게 전하고 있다.

1997년에 한국을 방문한 빌 게이츠는 "인류의 미래 문명은 인공지능이 될 것이다."라고 말한 적이 있다. 그는 자신이 다시 학생 시절로 돌아간다면 인공지능을 공부할 것이라고도 덧붙였다.

이 일화가 실려 있는 책 『에이트』에서는 스티브 잡스와 인문학을 이야기하며 『생각하는 인문학』의 사색공부법을 자주 이야기했다. 5천 년 역사를 만든 동서양 천재들의 사색공부법을 내세우며 2015년 3월, 『생각하는 인문학』을 선보였다. 사실 나는 이 책을 이미 읽었다. 하지만 『에이트』를 거침없이 단번에 읽어 내리며 『생각하는 인문학』을 다시 펼쳐 들었다.

처음엔 인문학 하면 고리타분하다는 느낌이 들기 시작하지만, 이는 큰 착각이다. 우리가 알고 있는 천재들의 삶 속 철학, 사색 그리고 인문고전을 삶에 희석시킬 수 있는 실전 가이드다. 나는 6장 실천 편에 '위대해지려고 각오한 사람만이 위인이 될 수 있다, 입지하라.'의 내용 중에서 율곡의 『격몽요결』에 대한 내용이 있었다. 요는 율곡이 '성인이 되겠다는 뜻을 세우고, 여기서 조금도 물러서지 않아야 한다.', '성인처럼 생각하고 성인처럼 몸가짐을 가져라.'의 입지론을 세웠다. 나는 김원중 교수의 『격몽요결』을 바로 구매해 읽기 시작했다. 나의 삶 속에서 진정 '뜻을 세우고 실행하는가.'를 깊이 생각하게 한 옛 성인의 말씀을 읽기 위함이다.

『격몽요결』은 율곡 이이가 지은 책이다. '격몽(擊蒙)'은 '어리석음을 깨우치다.', '요결(要訣)'은 '중요한 비결'이란 뜻이다. 정조는 강릉 오죽헌에 있었던 친필본을 읽고 서문을 지으며 율곡 이이를 '존중하고 사모하는 분'이라고 썼다.

아홉 번이나 장원급제해 '구도장원(九度壯元)'으로 불릴 만큼 율곡 이이는 조선을 넘어서 한반도 역사상 최고의 천재라 해도 과언이 아니다. 또한, 조선 시대 왕에게 가장 많은 상소를 올린 이도 율곡 이이다. 그는 책을 대하는 자세에서도 견고한 마음과 극진함을 다음과 같이 강조했다.

"사람들이 독서하는 데 있어서 입으로만 읽고 마음으로 체험하지 아니하며 몸으로 행하지 아니하면, 글은 다만 글자에 지나지 않으며 나는 나대로 라는 격이니 실제로 유익한 것은 없다."

– 율곡 이이

나는 『격몽요결』을 세 번 반복해서 읽었다. 사회생활에 필요한 마음가짐뿐 아니라 부모와 자식, 부부간에 지켜야 할 예를 통해, 살아가는 데 필요한 모든 생활 목록의 지침서라 여겼다.

"여유가 생긴 뒤에 남을 구제하려 한다면 결코 남을 구제할 날이 없을 것이며 여유가 생긴 뒤에 책을 읽으려 한다면 결코 책을 읽을 기회가 없을 것이다."

– 다산 정약용

살면서 인생의 산 중턱을 넘어갈 때마다 한 권의 책은 내 마음의 자그마한 울림을 주었다. 그 울림은 버틸 수 있는 강한 힘의 에너지를 증폭시켜주었다. 한 권의 책이 주는 흥미는 다독에 관한 관심으로 이어졌다.

'어떻게 하면 다독을 할 수 있을까?'
'분명 방법이 있을 거야.'
'일단 관련 도서를 읽어보자.'

그래서 서점에서 독서법을 찾던 중 김병완 작가의 『1시간에 1권 퀀텀독서법』을 구매해 읽기 시작했다. 저자의 독특한 이력도 눈에 들어왔다.

대기업인 삼성전자에서 나름 잘나가는 연구원으로 직장생활을 하던 저자는 돌연 직장을 그만두고 3년 동안 도서관에 칩거하다시피 책만 읽었다. 3년 60권 출간도 하면서 '신들린 작가'라는 호칭까지 얻었다.

'1시간에 1권을 읽는데 어떻게 사색을 할 수 있지?'

솔직히 책 한 권을 너무 길게 끌고 가면 아무리 흥미 있다 해도 읽는 데 질리기 마련이다. 되도록 빨리 읽는 방법이 더욱 생산적이고 효과적이다. 천재들의 독서법은 마치 포토그래픽메모리 능력이라 하여 마치 사진을 찍는 것과 같은 방법으로 읽기를 행한다는 내용을 다른 책에서 본 기억이 있다. 글자를 읽음에 좌뇌보다는 순전히 우뇌를 사용하라는 말을 한 번쯤은 들어본 적이 있을 것이다. 좌뇌는 논리와 이성적 사고, 우뇌는 이미지와 음악을 비롯한 창조적 · 예술적인 부분을 담당하고 있다고 한다. 따라서 우뇌를 단련시키는 훈련이 필요하다. 흥미롭게 읽던 중 천재들의 독서법에 대한 서술내용에 다산의 독서법 즉 초서에 관한 내용이 있었다. 율곡 이이의 『격몽요결』을 읽은 터라 서점에서 찾아보니 권영식 작가의 『품위 있는 삶을 만드는 다산의 독서전략』의 제목이 눈에 확 띄었다. 문화체육관광부 우수 교양 도서라고 적혀있어 의무적 독서의 힘이 발동했다.

이 책을 읽으며 우리가 상상할 수 없는 악조건 속에서도 굳건히 책에 몰입해 500권이 넘는 저술을 남겼다는 사실만으로도 초인적 삶과 인내심에 그저 감탄할 수밖에 없다. 책의 내용 일부를 보면 오래도록 한자리에 앉아 저술과 독서를 하느라 복사뼈가 세 번이나 내려앉았다는 부분에서는 예전에도 마치 신화처럼 알고는 있었지만 다시금 안타까운 마음을 넘어 그저 존경하는 마음으로 이어진다. 그는 아버지로써 가족을 돌볼 수 없는 안타까움과 자신 때문에 집안과 아들의 앞날을 막아버렸다는 자괴감에 시달렸을 것이다. 그가 할 수 있었던 건 오로지 독서와 공부를 통하는 건만이 앞날을 기약할 수 있다는 확신을 가졌던 게 아닌가라는 생각해본다. 또한 그의 독서법으로 초서를 나에게 접목시키며 책을 읽던 중 나에게 중요하다고 판단되는 구절은 옮겨 적는 습관을 가졌다. 이 책을 읽으며 독서에 대한 나의 마음가짐과 자세 그리고 사색을 다시금 거울에 비추어본다.

그의 강한 의지가 남달랐던 각오가 나타난 책의 일부로 적어본다. 강진에 귀양 와서 거처한 방의 이름을 '네 가지 마땅히 해야 할 방'이라는 뜻의 '사의재(四宜齋)'라 이름 붙이고 외롭고 옹색한 상황에서 근본으로 돌아가 오롯이 학자의 길을 걷겠다는 각오를 다졌다. 『품위 있는 삶을 만드는 다산의 독서 전략』에는 다음과 같이 나온다.

"첫째. 생각은 마땅히 맑아야 한다. 맑지 못하면 곧바로 맑게 해야 한다. 둘째. 외모는 마땅히 엄숙해야 한다. 엄숙하지 않으면 곧바로 엄숙함이 엉기도록 해야 한다. 셋째. 말은 마땅히 과묵해야 한다. 과묵하지 않으면 어서 말을 그친다. 넷째. 행동은 마땅히 중후해야 한다. 중후하지 않으면 어서 느긋하게 한다."

유배 생활의 극한 상황 속에서도 잠시라도 책을 놓지 않고 사색과 개혁을 추구했던 다산의 독서는 나의 삶을 비춰보는 거울이 되었다.

"우리가 무엇을 생각하느냐, 무엇을 알고 있느냐, 무엇을 믿고 있느냐는 별로 중요하지 않다. 중요한 것은 결국 우리가 무엇을 행동으로 실천하느냐이다."

– 존 로스킨

『일독 일행 독서법』, 이 책은 주말이면 집에서 멀지 않은 서점에서, 장르에 구애받지 않고 서점 쇼핑을 하던 중, 제목부터 한눈에 들어와 앞장 3페이지를 읽어본 후 바로 구매했다. 『일독 일행 독서법』의 저자 유근용 작가는 어렸을 적 재혼한 새어머니의 학대를 경험했고 다행히 친어머니와 살게 되지만 마음의 상처로 가출 및 방황을 하는 문제아였지만 군대에 입대해 우연한 기회로 책 한 권이 손에 들어와 그 뒤로 책의 묘미에 빠져 새로이 자신을 바꾸어 나가기 시작한다. 저자는 책을 읽는 것으로 끝내지 말고 삶속에 실천을 강조한다.

"이제 책을 사는(buy) 것을 넘어 책의 내용을 살아내는(live) 실천이 필요합니다."

정여울 문학평론가의 말처럼 단순히 눈으로만 읽는 책은 순간 뜨겁게 가슴을 태우다 하루도 지나지 않아 본래의 삶으로 돌아오는 자신을 알아차린다. 기록하고 실행하면 어느새 불평불만과 핑계들로부터 자신을 보는 눈이 생겨난다. 『일독 일행 독서법』은 다른 독서법의 이론적 이행보다 실전 노하우를 서술한 독서 책이다. 책의 말미에 유근용 작가가 열정에 관한 책을 소개하고 있다. 그중에 이나모리 가즈오『왜 일하는가』를 메모 후 서점으로 향했다.

일본에서 가장 존경받는 '3대 기업가' 중 한 명이자 '살아 있는 경영의 신'으로 불리고 있는 그의 성공 철학을 읽고 싶었다. 유근용 작가의 글에 의하면 '신이 손을 뻗어 도와주고 싶을 정도로 일에 전념하라. 그러면 아무리 고통스러운 일일지라도 반드시 신이 손을 내밀 것이고, 반드시 성공할 수 있을 것이다.'라고 쓰여 있었다.

회사에 비상사태가 일어났다. 이탈리아 오축 가공 기계가 갑자기 작동을 멈추더니 컨트롤 패널의 모든 스위치에 불이 꺼졌다 켜지기를 계속해서 반복하고 있었다. 순간 뭔가 심각한 상황이라는 것을 직감했다. 즉각 전기 기술자에게 전화를 걸었다. 증상을 듣던 전기업체 관계자는 모든 전기의 전압상태 및 노이즈를 점검해야 한다며 기한이 얼마나 걸릴지 모른다고 했다. 문제는 이탈리아 장비라서 점검할 수 없다고 냉정하게 거절했다. 다른 업체에 전화해도 마찬가지였다. 큰일이 아닐 수 없다. 기계는 언제든 고장 날 수 있다. 하지만 빠르게 원인을 파악해 고쳐야만 한다. 고장 난 기계는 한국에 A/S도 대리점도 없는 상황이다. 이틀이 지나고 삼 일째 되는 날 더는 지체할 수 없었다. 대기업 납품이 지연되고 있었으며 얼마 전에도 스핀들 고장으로 여러 날을 수리해 지체한 이력이 남아 있어 불리했다. 분명 전기적 이상이라 판단되지만, 어느 곳인지 알 수 없었다. 일단 기계에서 보이는 선을 위주로 점검하기 시작했다. 각종 먼지가 쌓이고 CFRP를 가공하기 때문에 전기에 이물질이 가득 했다. 전부 닦아내고, 에어로 불어내기를 3시간의 시간이 흘렀다. 전기 스위치를 켜니 여전히 모든 알람이 울렸다. 나는 고민하기 시작했다. 무엇이 문제일까? 분명 의외로 간단한 곳에서 해결책을 찾을 수 있을 것 같았다. 순간 갑자기 짜증이 나기 시작했다. 국내 기술진들도 고치지 못하는 것을 어쩌란 말인가? 아무도 결정 내리지 못한 채 순전히 나 스스로 해결해야 한다. 직원들은 내 얼굴만 바라보며 빨리 고쳐주기만을 기다리는 눈치였다.

『왜 일하는가』의 저자 이나모리 가즈오는 '위대함과 평범함의 차이는 결국 마음가짐과 노력이라는 1%에 달려있다.', '하지 않을 뿐 못할 일은 없다.'라고 말한다. 나는 컨트롤 패널을 분리해보기로 마음먹고 하나하나 사진을 찍어가며 풀기 시작했다. 결국, 메인보드를 분리하는 데 성공했다. 혹시나 메인보드 뒤를 열어보니 깜짝 놀라지 않을 수 없었다. CFRP의 분진은 전기가 잘 통하는데 기판의 모든 연결라인이 분진으로 고착되어 서로 붙어있었다. 보는 순간 '이게 주원인이겠구나!'라고 직감했다. 나는 현미경을 들고 알코올과 면봉으로 기판을 닦기 시작했다. 다시 사진을 보며 2시간에 걸쳐 재 장착했다. 결과는 대성공이었다. 비정상 알람 소리가 들리지 않고 메시지도 남지 않았다. 나는 사장님과 모든 직원에게 사진으로 기쁨을 전했고 모두 '수고 많았다.'라는 격려의 문자를 보내왔다.

『일독 일행 독서법』의 저자 유근용 작가는 책을 통해 스스로 사고와 의식이 변하기 시작했듯 '왜 일하는가'의 저자 이나모리 가즈오 역시 행복한 인생을 살고 싶다면 무엇보다 '사고방식을 바르게 하는 것이 우선이다.'라고 말한다. 성공의 기본은 의식의 변화라는 공통분모를 가진다. 일을 대하는 자세는 그 사람의 의식 수준을 나타낸다. 마지막까지 해보는 거다. 설사 전문가들이 포기하더라도 내가 할 수 있는 마지막을 해본다. 내가 읽은 책 속의 저자가 추천하는 책을 읽고 다시금 큰 느낌을 받는다는 건 신뢰를 넘어 믿음이다.

인생을 구원하는 독서 습관

4장

새벽 시간을 활용해 책을 읽어라

〈오마이뉴스〉 기사 내용 중 최근 일본 도쿄 민간교육연구소에서 실시한 실험에 따르면, 초등학생 10명에게 동화책을 2분간 소리 내어 읽게 한 뒤 기억력 검사를 시행했다. 결과로는 아무것도 하지 않았던 때보다 10%~20%나 기억력이 증진됐다는 구체적인 데이터가 나왔다. 이는 독서가 두뇌를 활성화시켜 결과적으로 두뇌 능력을 향상시킨 것이라며 연구 논문을 뇌과학 관련 국제 학회에 발표했다.

또 다른 실험에서 치매 노인에게 하루 20분간 읽기, 쓰기, 계산 과제를 부여했다. 그 결과 대상 노인들이 더는 대소변을 가리지 못해 기저귀를 차는 일이 없어졌고, 사람을 알아보고 일상적인 대화를 훨씬 자유롭게 구사한다는 효과가 발견됐다.

이 연구를 주관한 도호쿠대학의 가와시마 교수에 따르면, 책을 읽을 때 전두전야(前頭前野)가 활성화된다고 한다. 전두전야는 주의력 · 창조력 · 감정 · 의사소통 능력 등과 관련이 있는 뇌 부위인데, 이곳이 제 기능을 하지 못하면 성인이라도 어린아이처럼 충동적으로 행동하고 감정을 통제하지 못하게 된다고 한다.

직장이라는 사회생활에 얽매여 치열하게 살아가다 보면 '먹기 위해 사는 것인지 살기 위해 먹는 것인지 모르겠다.'라는 우스갯소리를 하며 동료들과 웃곤 한다. 하지만 이 말속에는 우리네 다람쥐 쳇바퀴 같은 인생의 고단한 소리라는 걸 금세 알아차린다. 잘사는 사람들, '행복하다'라고 말하는 이들의 일상을 들여다보면 언제나 '책'이 있었다. 이 또한 책을 접하고 읽으며 알게 되었다. 처음엔 눈으로만 읽다가 좋은 글귀는 따로 메모했다. 수첩에도 빼곡히 적었고 회사에서 틈나는 대로 되뇌었다. 동서양을 막론하고 위대한 이들이나 인생의 성공이라는 말의 수식어가 붙는 인물들은 하나같이 새벽에 일어나 무엇인가를 했으며 또한 새벽을 강조해왔다. 여기서 그 무엇은 바로 독서다.

『어머니 저는 해냈어요』의 저자 김규환 명장은 '수많은 책을 읽으면서 나는 성공한 사람들의 공통점을 발견할 수 있었다. 성공한 사람들은 새벽을 좋아한다. 이는 사실이다. 나는 하루에 3시간 이상 잠을 자본 적이 거의 없다.'라고 말한다.

'뽀빠이'로 유명한 방송인 이상용 씨는 KBS 〈아침마당〉에서 새벽 3시에 일어나 3시간씩 책을 읽는다고 밝혔다. 일흔이 넘어 팔순을 향해가는 나이인데도 말이다.

온종일 안전화를 신고 이리저리 현장을 다니며 일하다 보면 발뒤꿈치에서 열이 난다. 퇴근 후 책을 읽다 보면 금방 졸음이 쏟아지고 허리와 무릎이 아파왔다. 당연히 새벽에 알람을 듣지 못하고 일어나기를 수차례. 나는 다른 방법을 모색했다. 『어머니 저는 해냈어요』의 저자 김규환 명장도 아침부터 늦도록 일하며 공부할 무렵 발이 너무 아파 집중을 못 하자 스스로 방법을 찾아 깔창을 여러 장 구매한 후에 안전화에 깔고 자주 교체했다. 나와 같은 증상이라 생각해 즉시 두꺼운 깔창을 구매해 신었다. 푹신푹신한 깔창은 온종일 뛰어다녀도 허리와 무릎에 충격을 완화해 아프지 않았다. 나는 지금도 한 달에 한 번씩 깔창을 바꿔 준다. 아주 간단한 방법으로 고민을 해결하니 새벽에 알람 소리를 듣고 일어나기가 한결 수월했다. 처음에는 새벽 5시에 일어나 긴 호흡과 함께 책을 펼쳐 들었다. 오로지 나를 위한 시간에 취하기 시작하면서 1시간 30분가량의 여유시간을 더 늘려 한층 나를 성장시키려 애썼다. 지금은 새벽 4시에 일어나 독서를 하고 있다. 새벽 3시에 일어나는 습관을 만들려 했지만, 다음날 업무에 지장과 피로도가 가중돼 오롯이 내 몸에 맞는 새벽 시간을 찾아 활용하고 있다. 나의 수면 시간은 4시간이 가장 이상적이다. 새벽의 책 읽기는 완전한 몰입의 순간이다. 고즈넉한 시간 속에 나와 책이 하나가 된다. 어째서 수많은 위인이 새벽 독서를 했으며 강조했는지 알 수 있었다. 하루 24시간의 흐름을 '시간이 너무 가지 않아 답답하다.'라고 느껴진다면 삶의 이정표를 다시 써야 한다. 몰입의 순간을 느낌과 동시에 크고 작은 성취감은 시간을 붙잡아두고 싶어질 만큼 빠르게 지나간다. 특히나 독서의 몰입으로 얻은 한 권의 성취감은 그 어떤 것보다도 내면의 자아를 일깨운다. 매일 새벽 시간의 힘든 눈꺼풀이 다시 살아나는 이유가 여기에 있기 때문이다.

통계청에 따르면 2019년 기준 우리나라의 연간 노동시간은 1,967시간이라고 한다. 연마다 줄어들고는 있지만 다른 국가들에 비해서는 장기간 노동에 시달리고 있는 것이다.

나는 지금껏 하루 8시간만 근무한 적이 없다. 8시간만 근무하면 급여가 형편없다. 그저 한 푼이라도 더 벌어 아내에게 가져다주려 잔업을 의무적으로 채웠다. 중소기업 급여체계는 일반 대기업과는 상당히 차이가 나기 때문이다. 나뿐만 아니라 우리나라 중소기업을 다니는 모든 가장의 애환이기도 하다. 주 5일 근무가 막 시작되었을 때도 중소기업은 12시간 근무와 주말 근무는 당연시되었다. 한 달에 하루만 쉬고 일을 했다. 그래야 이 험난한 세상에서 버티고 살아갈 수 있다. 납기 때문에 바쁘다며 하소연하면 애써 웃음 지으며 '혹 내년에 시급을 잘 받기 위해서'라는 위안으로 승낙하고 만다. 한 달에 한 번이나 두 번 쉬는 데 취미가 있을 리 만

무했다.

“토끼처럼 약삭빠르지도, 사자처럼 용감하지도 못하지만, 그저 꾸준함을 무기로 하루하루를 열심히 살아가는 평범한 사람들, 우리는 그들을 ‘거북이’라 부른다.”

홍승훈 작가의 『런던의 아침에 태양의 꽃을 장식하다』에 나온 말이다. 마치 나를 말하는 듯 괜스레 뜨끔하기도 했다. 우리는 비판을 받고 자아에 손상을 입더라도 다시 일어서 빨리 가고 싶지만 발걸음이 떼어지지 않는다. 우리는 아니, 나는 거북이다. 매일 힘든 세상 속에서 치여도 무던히 한발 한발 나아간다. 어느 순간 ‘이 정도면 많이 좋아졌잖아.’라고 느끼는 순간 어딘가 모를 허무함과 공허함에 그저 입을 다물고 혼자만의 세상으로 남겨둔다. 이런 마음이 도사리고 있을 때 더더욱 나를 바라보는 렌즈를 온전히 닦아내주어야 한다.

누구보다 열정적이란 생각은 심한 열등감의 숨은 뜻이었고 부지런함은 알량한 자존감의 대신이었다. 책 한 권이 주는 심적 변화를 알기에 깊이 빠져 보기로 했지만, 뜻대로 이어지지 않았다. 다른 누군가와 마찬가지로 시간이 문제였다. 나는 평생 ‘거북이로만 남아 있어야 한다.’라는 내면의 목소리에 소스라치게 놀랐다. ‘시간이 문제면 시간을 만들면 되잖아.’라며 생각을 바꿔 보기 시작하면서 비로소 새벽을 내 것으로 열었다.

지금까지 읽은 책에서 말하는 '성공한 사람들은 일찍 일어난다.'라는 공통점은 변하지 않았다. 새벽 시간에 책을 읽으며 여유롭게 많은 생각에 잠겼고, 상상했으며 업무에서도 효율성을 발휘했다.

지금까지 봐온 대다수 직원이나 지인들은 열심히 살아낸다. 하지만 본인의 흥미를 제외한 그 어떤 것도 시간에서 벗어날 수 없었다. 현대인들은 바쁘다. 하지만 옛날 선조들도 바빴다. 아니 더 시간이 없었다. 그래도 지나칠 정도로 독서에 매달렸다. 시간이 없으면 시간을 만들어 독서에 매진했다. 사람은 어떠한 환경에도 적응하는 사회적 동물이다. 책을 읽을 시간이 없다고 말하기 전에 새벽을 열어보자. 이 또한 습관이자 버릇이다. 생각이 바뀌면 행동이 바뀌고 행동이 바뀌면 삶이 바뀐다. 삶이 바뀌면 운명도 바뀐다고 했다.

법정 스님은 '참다운 삶이란 무엇인가?'에 대한 답으로 '의미를 채우는 삶'을 이야기했다. 욕구가 아니라 의미를 충족시켜야 한다는 것이다. 미국의 찰스 해넬은 "어둠에 저항할 도구는 빛이고 추위에 저항할 도구는 불이며 나쁜 생각에 저항할 도구는 좋은 생각이다. 외부상황을 바꾸려면 반드시 자신이 변해야 한다. 올바른 생각이야말로 가장 높고 비밀스러운 곳에 들어가는 문이다."라고 말했다.

『돈보다 운을 벌어라』의 저자 김승호는 직장은 현실이며, 그 와중에 어떻게든 운을 개발해야 한다고 말했다. 그는 '시간을 사용하는 것과 투자하는 것은 완전히 다른 개념이다.'라고 이야기하며 '가치'에 중점을 둔다. 이는 시간을 만들어 내면의 가치를 증폭시키는 행위를 함으로 개인의 운이 상승한다는 뜻이기도 하다. 나는 새벽 시간을 만들어 독서하는 행위가 나의 운을 높인다는 생각에 이르렀다. 그리고 곧바로 실행해보려 노력했다.

처음 새벽 시간을 굳히기로 약속하기를, 평상시 기상 시간보다 2시간 일찍 움직이는 건 여간 힘든 일이 아닐 수 없다. 일어날 때마다 곤욕이었다. 때로는 '조금만 더'를 외치다 원하는 시간에 일어나지 못했다. 나약함에 자신을 책망하다 보니 뜻대로 되지 않는 날이 많았다. 책망은 부정이다. 부정은 부정을 끌어당긴다. 그러다 서점에서 『5초의 법칙』이란 책을 접해 읽기 시작했다. 저자 멜 로빈스 (Mel Robbins)는 '당신의 삶을 변화시키기 위해 지금 해야 할 것은 일상에서, 용기 있게, 자신을 행동으로 밀어붙이는 것이다.'라고 말하며 '5, 4, 3, 2, 1' 숫자를 거꾸로 센 다음 노력을 기울이면 머릿속 생각의 기어를 바꾸면서 전전두엽 피질을 자극해 행동하도록 돕는다고 말한다. 5초의 법칙을 이용할 때마다 미루기를 그만두고 그냥 시작하는 일이 점점 더 쉬워질 것이다. 어떤 일이든 마무리하는 비법은 자신에게 말하고 곧장 시작하는 것이다. 하고 싶은 기분은 들지 않지만, 어쨌든 행동하는 습관을 들이고, 이런 사고방식으로 마무리한다면 자신이 원하는 바를 얻게 될 것이다.

나는『5초의 법칙』에서 말한 대로 알람을 맞추고 일어나려 의식이 들었을 때 5초를 거꾸로 세기 시작했다. 처음엔 반신반의했던 실제상황에서 신기하게 의식이 명확하게 자리 잡고 일어나게 되었다. 처음엔 그저 신기했고 운이 좋아서라며 애써 믿으려 하지 않았다. 하지만 다음날에도 그다음 날에도 운을 만들기 좋은 나만의 새벽 시간을 계속해서 만들어갔다. 우리는 매일 반복된 시간 속에서 생존만 있고 생활은 없는 무의미한 패턴 속에 살아가는지 심각하게 고민해야 한다. 이런 고민도 사실 책을 접한 사색에서 일어난다. 새벽 독서는 이제 생존독서가 되었다. 나를 살리는 생존 독서.

시간이 없어서 못 한다고 말하는 사람은 시간이 충분히 주어져도 그 일을 하지 못한다.『5초의 법칙』에서 말하듯 미루지 않고 바로, 즉시 실행에 옮기는 행동력이다. 회사에서도 가공상품질의 문제가 예상된다면 '괜찮겠지.'라고 넘기지 말고 즉시 확인 후 공정 처리할 것을 강조한다. 바로, 지금 움직여야 한다. 가난도 습관이라고 말하듯 상황을 미루는 일도 습관이다. 나의 성장은 이런 의식에 바탕을 둔다. 새벽에 일어나는 5초의 법칙 역시 의식의 전환을 말한다. 새벽의 독서는 또 다른 삶의 운을 상승시키는 매개체가 된다. 그래서 오늘도 나는 새벽을 열어 나만의 상상 속에 빠져든다.

집안 곳곳에 책을 배치해 두어라

현대를 살면서 나와 가장 밀접한 관계를 맺는 그 무엇이 있다면 아마 스마트폰일 것이다. 없으면 불안하고 초조해진다. 급격하게 발전한 디지털 문명은 인간의 삶을 송두리째 바꿔 놓았다. 나 역시도 아침에 출근준비를 하며 간혹 스마트폰을 가져오지 않아 지하 주차장까지 갔다가 다시 돌아온 적이 한두 번이 아니다. 이젠 남녀노소 누구나 스마트폰은 몸 일부가 되었다. 더구나 게임 산업의 발달은 인간을 심심하거나 외롭게 두지 않았다. 기기 하나만 손에 쥐고 있으면 온종일 말 한마디 하지 않아도 시간을 보낼 수 있다. 이런 습관은 경제활동을 하는 직장생활에도 무의식중에 나타난다. 주 · 야간 교대근무를 해야 하는 어떤 직원은 퇴근 후 다음 출근 시간까지 PC방에서 게임에만 몰두하다가 그대로 회사출근 하는 직원도 보았다. 이렇듯 우리는 책 말고도 볼 게 너무나도 많다.

윌리엄 셰익스피어는 "습관은 가장 좋은 하인이거나 가장 나쁜 주인이다."라고 말했다. 우리는 매일 의식적이든 무의식적이든 습관적 행동으로 말과 행동을 한다. 독서는 분명 습관이다. 습관적으로 스마트폰을 열어보듯 책도 마찬가지다. 그렇지 않으면 스마트폰에 지배당하고 만다. 기계를 한참 배우던 시절 읽은 후 정신적 지주가 되었던『어머니 저는 해냈어요』의 저자 김규환 명장님은 초등학교 과정의 공부를 마친 이력으로 이름 뒤에 '명장'이라는 칭호가 붙는다. "목숨 걸고 노력하면 안 되는 것이 없다."라는 말을 수시로 할 만큼 목숨 걸고 일궈낸 결과였다.

그는 기능사 시험을 준비할 때나 외국어 공부를 할 때 바쁜 시간 속에 '어떻게 하면 바쁜 시간을 쪼개가며 공부할까'를 고민하다가 공부할 내용을 확대 복사해 여기저기 붙이기 시작했다. 누워서 보이게 천장에 붙이고, 돌아누웠을 때 보이게 벽에도 붙였다. 화장실에는 문과 휴지 걸이 위에도 붙이고, 회사에는 기계 위에, 공구함 속에, 옷장 안팎에도 붙였다. 이렇게 눈만 뜨면 보이는 곳에 붙였다. 그리고 외국어 회화 공부를 할 때도 A4용지에 써서 똑같은 방식으로 매일 한 문장씩 익혀나가 지금의 위치에 올랐다.

나는 이 책을 읽으면 숙연해진다. 나 자신이 시련이나 불행을 대하는 태도에 한층 성숙한 태도를 보이게 해준다. 그리고 이 책을 통해 동종업계 기계를 다루는 태도뿐 아니라 독서에 대한 내 생각이 바뀌게 되었다.

당시 시간이 없다는 이유로 주말에 책을 읽는 습관에서 서재뿐 아니라 화장실, 침실, 거실에 책을 배치했다. 아니 배치가 아니라 내 눈에 쉽게 띄는 곳에 두었다. 시간이 없어서 못 읽었다는 건 스스로 합리화하려는 핑계다. 퇴근 후 집에 도착하면 긴장이 풀려 오롯이 쉬고 싶다는 몸의 신호를 감지한다. 이럴 때 가까이 눈에 띄는 책을 가져다 읽으면 몸도 쉬고 마음도 정갈해진다. 어떨 때는 거실에서 아내는 드라마에 열중하고 나는 소파에 앉아 책을 본다. 특히나 화장실에서의 책 읽기 역시 쉽사리 읽히는 책을 선정해 보고 있다. 효과는 대단하다. 개인적으로 무조건 습관을 만들라고 전하고 싶다. 처음에는 여느 사람처럼 스마트폰을 가지고 들어가 뉴스나 유튜브를 보며 볼일을 보았다. 그러던 중 고전 연구회 사암에서 지은『조선 지식인의 독서 노트』를 읽었다. 책의 내용 중 연천 홍석주 선생과 조중봉 선생의 글에 감명받아 내 삶에 적용하려 애썼다. 조중봉 선생은 농사를 지어 부모님을 봉양했는데, 소에게 풀을 먹일 때도 책을 들고 소의 뒤를 쫓아갔으며, 부모님의 방에 불을 지필 때도 장작이 타는 불빛 옆에서 책을 읽었다고 한다. 우리 선조들의 독서는 현재의 삶 속에서 책을 통해 자신만의 의식을 확장해 나가는 현명함으로 살았다.

성공한 모든 이들의 공통점이라면 시간을 헛되이 보내지 않았다는 것이고 따로 시간을 내기보다 틈나는 자투리 시간을 현명하게 활용한다는 점이다. 최근 한 칼럼에서 한 최고 경영자는 비행기를 타기 위해 공항에 나가는 경우 한두 시간 여유 있게 나간다고 말했다. 이유는 한 권의 책을 읽기 위함이라고 한다. 우리는 하루아침에 다독가가 될 수 없다. 집에서부터 활동범주에 책을 두어 스마트폰보다는 책이 내 몸의 일부가 될 수 있도록 훈련을 해야 한다. 훈련은 습관을 만들며 자연적으로 독서량이 많아짐과 동시에 탄탄한 독서 근육을 만들어간다.

평일 저녁 시간이나 주말이면 아이들과 함께 자전거를 함께 탄다. 주변에는 아직 나이가 어린 아이들의 자전거를 가르치는 아빠를 자주 보곤 한다. 아빠는 혹시 넘어지지 않을까 걱정하며 연신 뛰어다니며 자전거가 똑바로 향하길 바란다. 몇 번을 연습한 아이는 페달을 굴리며 똑바로 가려 애쓴다. 아빠는 아이가 원하는 대로 잡아주고 끌어주며 혼자 해내길 희망한다. 그리고 요령을 터득한 아이는 힘차게 앞으로 뻗어 나가며 소리친다. "이젠 손 안 잡아도 돼." 아이들의 독서도 이와 흡사하다. 어려서부터 집안 곳곳에서 부모나 가족 구성원들이 책을 보는 모습을 습관처럼 보여주거나, 책을 펼쳐놓고 놀이로 삼아 눈으로 익힌 후 책에 대한 거부감을 없게 만들어준다면 커가면서 자연스럽게 독서 습관을 지니게 된다. 자전거를 가르쳐주는 아빠처럼 처음에만 책의 길을 잡아준다면 아이는 책에 대한 습관을 무의식적으로 형성한다.

줄기세포 생물학자 브루스 립톤 박사는 그는 인간이 태어나면서 7세까지가 가장 중요하다고 역설했다. 그는 '인생의 95%는 7세까지 만들어진 프로그램에서 나온다'고 말한다. 태어나서 7년 동안 보고 배운 것을 통해 무의식이 형성된다는 것이다. 그리고 이 무의식이 인생의 95%를 장악하고 있으며, 의식은 5%만 사용한다고 한다. 브루스 립톤 박사의 말대로 7세 이후에 독서를 습관화하려면 반복과 연습이 필요하다. 이는 의식적 행동을 습관으로 만들어야 한다는 의미다. 따라서 어려서부터 독서 습관을 만들지 못하면 커서 몇 배의 노력이 필요한지를 과학적으로 일깨운 말이다. 나 역시 아이들에게 거실에, 침실에, 화장실에, 책을 두는 이유는 왔다 갔다 하며 책표지라도 보라는 의미도 있지만 언젠가 책 제목에 이끌려 펼치게 될 날을 기대함이다.

반복과 연습은 다른 말로 습관을 말한다. 습관으로 몸에 배기란 처음엔 귀찮고 어렵지만 한번 굳혀지면 스스로 자생력을 갖춘다. 하지만 의식적인 노력이 갖춰지지 않으면 다시 원래대로 돌아가기 마련이다. 그래서 더욱더 집안 곳곳에 책을 두고 한 페이지라도 읽는다. 한 페이지 읽는다고 웃을지 모른다. 생각보다 자신도 모르는 사이 독서 근력이 붙는다. 중요한 것은 시간을 내겠다는 계획보다 실행력이다. 독서에는 지각생이 없다고 했다. 이는 나를 두고 한 말 같다는 생각이 든다. 신용불량자가 됨과 동시에 아이가 태어나 탄생에 대한 기쁨도 잠시, 현실은 냉정했고 무능력하다 못해 처절해진 채로 법원을 드나들었다. 『어머니 저는 해냈어요』의 저자 김규환 명장님의 말처럼 죽을 '각오로 일하면 설마 굶지는 않겠지.'라고 생각하며 현장을 누비며 삶을 배웠다. 악바리가 되었고 그런 소리를 듣고 살았다. 그럴 때마다 책 한 권은 나에게 크나큰 힘이 되었다. 다시금 두 손에 힘이 들어갔다. 그렇게 시작된 독서는 42세에 본격적인 독서를 갈구했다. 그리고 운 좋게 지방으로 이사하면서 서서히 풀리기 시작했다. 모든 일에 감사하며 살기 시작했다. 책 몇 권 읽는다고 삶의 풍요가 얼마나 달라지겠느냐마는 적어도 마음의 불씨는 열등의 불씨가 아닌 희망의 불씨를 가지게 되었다. 책을 읽으며 마음의 위안과 위로를 받지만, 삶에 적용하는 건 개인의 의식적 자아를 일깨워야 한다. 이는 책만 많이 읽는다고 달성되지 않는다. 분명한 건 삶과 행동에 변화가 일어야 한다.

우리나라 최고의 임금이자 한글을 만드신 세종대왕의 독서와 실행력은 보는 이들을 자극한다. 세종대왕이 세자였던 시절, 독서에 열중하여 눈병과 과로로 앓아 눕자 걱정한 태종이 "세자의 방에서 모든 책을 치우라"고 했다고 한다. 크게 상심하던 세종은 병풍 틈에서 미처 치우지 못한『구소수간』을 발견하고서, 태종이 다른 책들을 돌려줄 때까지 그 책을 1,000번 이상 읽었다고 전해진다. 세종실록에는 세종이 시각 장애를 앓아 괴로워하는 기록이 있다.『세종실록』 92권(1441, 세종 23년)의 "내가 두 눈이 흐릿하고 아파서 봄부터 어두운 곳에서는 지팡이에 의지하지 않고는 걷기가 어려웠다." 등의 내용으로 세종이 시각에 장애가 있었다는 사실을 유추할 수 있고, 재위 32년 중 20여 년간은 시각에 장애를 느꼈으며, 승하하기 전 8년 동안은 거의 앞을 보지 못했다고 한다. 그래서 이 시기에 정사를 보기 어려웠으므로 세자에게 선위하겠다는 뜻을 여러 차례 밝혔다. 세종대왕은 책을 고정하고 있는 가죽 끈이 끊어질 때까지 책을 읽었으니 시력이 나빠졌을 것으로 추측해본다. 세종대왕의 독서는 삶의 낙 자체다. 음식에서는 평소 육식을 매우 좋아하였고, 가장 육식을 좋아했을 때는 신하들이 세종의 건강을 염려하여 고기반찬을 치웠더니 심각한 병에 걸리듯 앓아누워버렸다고 한다. 후에 세종은 "고기는 씹을수록 맛이 난다. 그리고 책도 읽을수록 맛이 난다."라고 말했을 정도다. 세종의 독서는 일상생활 자체다. 우리 같은 일반인들은 감히 흉내조차 낼 수 없는 입지의 경지까지 이르렀다. 이런 경지의 방대한 독서로 훈민정음 창제와 수많은 업적을 이루게 된 것이다. 오늘날 우리 후대가 마냥 위대하다고만 칭송할 것이 아니라 뜻을 본받아 독서의 의미를 되새기고 생활화해야 한다. 현대인들은 바쁘다. 하지만 왕은 더 바쁘고 시간이 부족했을 것이다. 나는 그저 똑같이 따라 해본다. 그들을 벤치마킹해서 집안 곳곳에 책을 두고 한 페이지 한 문장이라도 읽는 데 의미를 부여하고 내 삶에 실행해 봄이다.

조선 후가 실학자 이덕무 또한 말한다.

"생각이 넓지 못하다고 근심하지 마라. 보고 듣는 것이 넓어지면 생각 역시 넓어지기 때문이다. 그러나 이 모든 것은 독서를 통해서만 얻을 수 있다."

3

업무와 자기계발에 도움 되는 책을 읽어라

"제길, 일단 해봐!(Just Fucking Do It!)"

지난 세월을 돌이켜 보면 이 말이 주는 느낌이 가슴에 와 닿는다. 신용불량자가 되고 아이가 태어났으며, 어떻게든 개인 회생절차라도 받아 더 이상의 불편한 상황을 악화하는 걸 막고자 했지만, 더 이상의 방도는 찾을 수 없었다. 무엇이든 해야 했다. 당시 상황이 악화일로에 치닫자 취업도 어려웠지만 적은 수입으로는 더는 나아지는 생활이 불가능하다고 판단해 골판지 배송 일에 뛰어들었다. 한여름에 4미터가 넘는 차량의 높이에서 그 많은 박스원단을 햇빛에 노출된 채 고스란히 맞으며 숨을 헐떡이는 모습은, 마치 신이 나에게 손가락질하며 '이마저도 포기하라.'라는 비아냥거림으로 시험하는 것만 같았다. 나이 31살에 처음으로 시작한 장사가 무너진 경제적 풍파는 약간의 안정을 찾기까지 10년이라는 시간이 흐른 뒤였다. 대형화물차를 끝으로 나는 또다시 취직을 위해 이력서를 준비해 도전해야 했다. 바로 주유소였다. 일명 '총잡이'가 되어야 했다. 사실 유명한 주유소라고 하지만 유니폼을 입고 차량 수신호를 위해 마치 춤추듯 '하나둘'을 외치는 일은 처음엔 쑥스럽기도 했으며 민망했다. 외부에서 보는 시선을 의식했고 창피함을 내포한 직업에 대한 소외감에 마음 깊숙이 똬리 틀고 있었던 모양이다. 일단 시작하기로 마음먹었기 때문에 뒤로 물러서지 않고 20대 초반의 다른 직원들과 섞여 열심히 따라 했다. 서비스가 대략 무엇인지는 알고 있었지만 정확한 의미의 해석까지는 모르고 있었다.

서비스(service)의 어원은 'servu(노예)'라는 단어라고 한다. 그렇다면 현대에는 어떨까? 미국의 마케팅학회는 서비스를 '판매를 목적으로 제공하거나 상품판매와 연계하여 제공하는 활동, 편익, 만족'으로 정의하며, 서울대학교 경영대학원 이유재 교수는 '고객의 문제를 해결해주는 일련의 활동'이라고 말한다. 한양사이버대학교 호텔관광외식경영학과 김영갑 교수는 자신의 저서에서 '눈에 보이지 않는 고객에 대한 한없는 애정과 관심이며 큰 사랑'이라고 말했다.

우리는 일본 'MK 택시'에 버금가는 서비스를 구축하여 고객 만족을 끌어내는 고품질 주유소를 지향했다. 따라서 직원들 서비스 교육과 고객

응대에 최선을 기울여야 했다. 나는 현장에서 맨몸의 막노동과 같은 일을 해서인지 적응하기가 순탄치 않았지만, 'Just Fucking Do It! 일단 해보는 거야'로 시작해 하나하나 실행해나갔다. 주임을 거쳐 대리로 승진했고 광명시에 있는 두 번째 지점에 과장 겸 지점장으로 승진했다. '6만 원 주유에 내부세차 무료'를 슬로건으로 고품질의 커피와 함께 영업이 진행되었고 다른 주유소의 기름 값보다도 비쌌지만, 고객들의 이용도가 점점 증가하고 있었다. 이 무렵 우연한 기회에 조지라드의 『최고의 하루』를 읽기 시작했다. 세계 최고의 판매 왕으로 기네스북에 12년 연속으로 그 이름을 올렸지만 자신을 이렇게 회고한다. 그는 도무지 희망이라곤 없을 것 같은 나날을 보내다 세일즈를 만났고, 그 속에서 삶의 돌파구를 찾았다. 너무나 유명한 '지라드 250의 법칙'이 있다. '한사람이 호평하면 250명에게 직간접적으로 전달이 될 것이고, 불평을 해도 250명에게 전달될 것이다.'라고 말하며 고객 한 명에게 최선을 다해야 하는 이유가 여기 있음을 설명한다. 이 책을 통해 내부세차 서비스를 통해 힘들고 지쳐가는 맹목적인 서비스라는 감성에 대한 명쾌한 직업의식의 소명을 일깨워 주었다. 고객 한 명이 중요함을 다시금 되새기며 우리의 하루 목표치 50드럼을 향해 직원들과 힘을 합쳐 나아갔다.

조지라드의 『최고의 하루』 다음으로 기억나는 또 다른 책은 시라이시 다카시의 『판매왕이 되는 세일즈 심리학』이다. 이 책에서는 '정'과 일맥상통하는 심리요법, 즉 한 여성이 남자와 헤어지려 해도 그동안 들인 시간과 정성, 돈이 아까워 쉽사리 헤어지지 않는 심리를 활용한 세일즈 마케팅을 벤치마킹해서 영업 전략을 세웠다. 바로 여성 고객들에 대한 고급 커피 서비스를 활용했다. 원래는 3만 원 이상 주유 고객들에게 나가는 고급 커피지만 아침 시각, 2명의 여성 고객이 높은 휘발유 가격에 흠칫 놀라 3만 원 미만의 주유를 하더라도 2명의 여성 고객에게 커피에 대한 서비스 방침을 이해시키면 3만 원으로 급상한다. 그리고 다음에 재방문 확률이 높아져 결국엔 단골손님이 되어 6만 원 이상 주유를 꾸준히 이어간다.

'무슨 일을 하는 것이 중요한 것이 아니라 어떻게 일할 것인가?'의 답을 찾는 습관을 만들어준 계기가 업무와 관련된 책을 통해서다. 우리는 일을 하며 생각지 않은 문제들로 골머리를 썩인다. 하지만 다른 관점에서 접근하면 의외로 어렵지 않게 해답을 찾게 된다. 내가 전문가라는 자만에서 벗어나야 한다. 전문가들일수록 책을 가까이하는 이유도 자신의 오만과 자만에서 벗어나 사실을 보다 객관적으로 판단하기 위함이다. 책을 통한 벤치마킹은 매출 상승으로 이어졌고 잠재고객들이 늘어나는 효과가 나타났고 나를 찾는 고객들이 늘었다는 자부심은 그 무엇과도 바꿀 수 없는 큰 자산이 되었다.

생산 가공을 배우기 시작한 시기는 내 나이 42세다. 사실 이때도 무엇을 배운다는 것에는 두려움이 없었다. 나의 마음속엔 지금도 "제길, 일단 해봐!(Just Fucking Do It!)"가 언제든 자리 잡고 있다. 세상일은 아무도 모른다. 인생은 끝까지 살아봐야 아는 것이다. 내가 겪은 직원들 대부분은 지금 하는 본인의 일이 앞으로도 계속 이어지길 바라면서도 월급이나 처우 개선에 많은 불평과 불만을 느끼고 있다. 사실 지금껏 무엇이든 해내며 살았다. 어떤 이는 마치 충고한답시고 이야기한다. 한 우물만 열심히 파라고 한다. 맞는 말이다. 하지만 내 생각은 조금 다르다. 나는 〈생활의 달인〉이라는 프로를 유일하게 좋아한다. 그분들의 장인 정신을 보고 있노라면 존경을 넘어 마치 도인이라는 생각까지 들 정도다. 그분들의 피와 땀이 섞인 전문가보다도 더 현란한 움직임은 단지 한 우물만 팠다고 가능하다고 생각지 않는다. 그들은 직업에 혼을 실었다. 이는 다른 말로 표현하면 일이라는 틀의 고통을 즐거움의 통증으로 여기는 의식의 전환인 것이다. 이런 의식 변화는 '무슨 일~'이 아니라 '어떤 방식으로~' 생산적인 느낌을 만들어주는 관점을 넓혀준다. 한 우물만 판다 하더라도 의식의 변화 없이는 자신에게 큰 도움으로 이어지지 않을 것이다. 기계가공을 하며 늦은 나이의 열공은 나와의 또 다른 도전이기도 했다. 어차피 물러설 곳도 없는 불혹의 나이 아닌가.

김규환 명장의 『어머니 저는 해냈어요』라는 책은 늦은 나이에 기계 가공을 접하는 내게 삶의 자세를 일깨워 주는 귀중한 책이었다. 나는 같은 일에 종사하는 지인 분들이라면 꼭 읽어보라고 전하는 책이다. 나는 기계 가공에만 집중하지 않고 기계 전반에 관심을 가졌다. 주유소 매장 관리를 해본 지점장 출신이라는 자부심으로 기계 외부는 물론 구조에 대해 틈나는 대로 익혔다. 특히 고장이 나거나 작동의 오류 부분은 따로 적어 두어 내 것으로 만들었다.

김규환 명장의 『어머니 저는 해냈어요』에 이어 읽은 책은 『깨진 유리창의 법칙』이란 책이다. 『깨진 유리창의 법칙』이란 깨진 유리창 하나를 방치해두면, 그 지점을 중심으로 범죄가 확산되기 시작한다는 이론으로, 사소한 무질서를 방치하면 큰 문제로 이어질 가능성이 크다는 의미를 담고 있다. '깨진 유리창 이론(Broken Windows Theory)'은 미국의 범죄학자인 제임스 윌슨(James Q. Wilson)과 조지 켈링(George L. Kelling)이 1982년 3월에 공동 발표한 '깨진 유리창(Broken Windows)'이라는 글에 처음으로 소개된 사회 무질서에 관한 이론이다.

생산 가공을 하며 기계 상태를 보면 담당자의 업무 스타일이 어떠한지 어느 정도 파악된다. 어느 회사를 방문했을 때 그 회사 관리자들의 관리 수준을 보는 방법으로 화장실을 가보라고 한다. 그 회사 화장실의 상태를 보게 되면 관리능력뿐 아니라 불량률까지도 대략 파악된다. 이것이 깨진 유리창의 법칙에서 설명하는 이론과 흡사한 내용이다. 나는 기계 가공시간에 걸리는 시간에 맞춰 즉시 치우고 기계를 닦아 관리에 힘쓰려 노력했다. 이런 결과인지는 모르지만 매년 연봉이 올라 아내마저도 대단하다며 나를 높이 세웠다.

만나는 사람이 어떤 스타일의 유형인지를 알려면 그 사람이 만나는 주변인들을 보면 알 수 있다. 일도 마찬가지다. 기계 가공은 기계뿐 아니라 주변을 둘러보면 어떠한 유형으로 가공이 되고 있는지를 파악할 수 있다. 제조업에서 기계는 회사 얼굴인 셈이다. 그리고 담당자본인 얼굴이기도 하다. 매장 관리의 경험을 살려 가공 일에 접목해 남들이 놓치는 부분까지 신경 써가며 일했다. 이런 적은 노력의 보답은 매년 오른 연봉과 진급으로 내게 되돌아왔다. 내게 이런 결과물은 일을 통해 업무나 자기계발에 도움이 되는 책들을 접하면서 나도 모르게 행동으로 나타나기 때문이다. 특히 자기계발이나 의식상승에 도움이 되는 책은 매일 읽기를 게을리하지 않으려 노력하고 있다.

기계 가공을 본격적으로 배우면서, 직원들은 현재 다루고 있는 기계에서 벗어나기를 싫어한다는 사실을 알았다. 정확히 어떤 이유인지는 모르나 변화를 달갑지 않게 여겼다. 나는 그와 반대다. 이른 시간에 많은 기계를 다룰 줄 안다는 건 그만큼 인정받는다는 말과 상통한다. 어떤 친구는 3차원 프로그램을 배울 기회를 단지 사장님과 같은 공간에 있어야 하는 불편함의 이유로 스스로 포기했으며 더 큰 이유는 직업에 대한 나름의 소신이 없는 듯 보였다. 그들은 나보다도 젊었고 대학을 졸업한 인재다. 지금은 대학의 전공을 살리지 못해 기계 가공을 배우려는 청년들이 많다. 고학력자가 대부분이다. 하지만 안타까운 건 비록 전공이 아닐지라도 분명 접목할 수 있는 부분이 많다. 분명한 건 일과 업무를 크게 나누다 보면 별개로 보이지만 쪼개서 보면, 사회생활 전반이 학업의 연장이다. 인문학을 전공해 관련성이 없는 기계 가공 업무를 한다며 '접목할 일이 없다.'라고 말하는 건 지나친 학문 지향적 편견 아닐까 생각한다. 공자의 사상을 배웠건 소크라테스의 사상을 배웠건 진정으로 배움을 갈구해 얻은 지식이라면, 어떠한 일이든지 그들의 사상을 대입해 사회생활을 현명하게 처신해나간다면 언젠가 원하는 목표에 성큼 다가서는 발판을 마련할 것이다. 하지만 내가 만난 이들 대부분은 변화가 두려워 스스로 움츠러들었다.

직원이 갑자기 사정상 퇴사를 했을 땐 제조업의 중소기업은 난감해진다. 이럴 때 기계 담당자가 바뀌는 경우가 생기는데 어떤 기계는 다른 업무보다 신경을 곤두세워야 하는 경우가 있다. 이럴 때 다들 회피하며 핑곗거리를 대기 일쑤다. 우리는 불평불만과 함께 그럴듯한 핑계로 너무나 많은 에너지를 소비하고 있다. 10명의 하버드 교수들이 들려주는 인생수업 『하버드 인생특강』 책의 내용에 따르면, 제2차 세계대전 이후에 미국 웨스트포인트사관학교는 1,000여 명에 달하는 기업가를 배출해냈다고 한다. 웨스트포인트사관학교 출신 기업가들은 학교에서 '핑계대지 마라'는 메시지를 배웠다고 이야기한다.

변화를 싫어하는 그들로부터 나는 기회를 얻어 짧은 시간에 여러 기계를 배워나갔다. 나는 기계를 다루는 이들에게 말한다. '경력이 중요한 것이 아니라 경험이 중요하다.'라고. 많은 이들이 경력을 말하며 자신만만해하지만 실제로 가장 기본적인 가공절차와 공구의 특성을 모르는 이들이 너무나 많았다. 중요한 것은 더 배우려 하지 않고 고집과 아집만이 남아 상대의 말을 귀담아들으려 하지 않는다.

자기계발 서적을 읽는 가장 중요한 점은 성공한 사람들의 경험을 통해 온전히 나를 되돌아보게 되는 마력을 가지고 있기 때문이다. 먼저 살다 간 선각자들의 경험을 간접적으로나마 경험할 수 있다는 건 후대의 크나큰 영광이다. 소크라테스는 "너 자신을 알라."라고 했다. 이는 스스로가 모름을 인정하라는 뜻과 같다. 어떤 일을 하든 자기를 온전히 알고 비우며 모름을 인정하는 일이 선행되어야 진정한 지식을 습득해 나갈 수 있음을 기억해야 한다. 어떤 상황에서도 자만은 모든 것을 한순간에 무너뜨리는 시한폭탄과 같기 때문이다.

잠들기 전 의식 변화에 관한 책을 읽어라

사람은 누구나 잘살아내고 싶은 욕망을 가지고 태어난다. 이는 각자가 이루고자 하는 성취의 결과로 성공이라는 잣대를 기준으로 삼기도 한다. 그러기 위해선 시간과 노력을 투자하며 성장을 멈추지 않아야 한다. 본인이 이루고자 하는 목표를 수립하고 실행하기 위해선 먼저 성취하고자 하는 강한 의지가 내재되어 있어야 한다. 의지력이 강하고 꾸준하게 이어지면 전혀 문제가 되지 않지만, 어떤 일이 뜻대로 이어지지 않을 때 발생하는 자책과 불안으로 의지력을 상실하고 다음으로 이어지지 않는 악순환에 빠진다. 이런 의지력을 강하게 붙잡는 원동력이 바로 '의식'이다. 나는 다른 이들과 비교될 만큼 의지력이 강하지 않을 뿐 아니라 꾸준함의 시간을 견디지 못하는 성격의 소유자다. 따라서 이를 극복하고자 독서를 선택했으며 계속된 반복 학습으로 의식변화에 집중하려 했다.

지식백과에 따르면, 사람은 누구나 깨어 있을 때는 무엇인가를 항상 생각하거나 느끼고 있다고 한다. 즉 직접적인 주관적 체험을 하고 있다는 것이다. 이것을 총칭하여 의식이라고 하는데, 개체가 현실에서 체험하는 모든 정신작용과 그 내용을 포함하는 일체의 경험 또는 현상을 말한다고 되어 있다.

처음 의식 변화란 말을 접했을 때는 전혀 이해하지 못했으며 듣고 흘려버리곤 했다. 마치 종교적 인식으로 여겼던 것 같다. 하지만 한책협의 김태광 대표님을 알고 그분의 강의를 직접 접하고부터 의식의 변화 없이는 아무것도 이룰 수 없음을 깨닫게 되었다. 본인이 알든 모르든 의식의 변화가 일어나지 않고 보는 책은 그저 단순한 활자를 읽는 행위에 불과했다. 이를 삶에 적용하려 부단히 애쓰며 실행에 몰두하는 행위가 의식의 변화다. 의식은 문제를 생각하거나 행동을 결정하는 사령탑이다. 하지만 대부분의 행동은 사령탑의 지시가 아닌 자발적 선택에 결정된다. 이런 신호체계를 변환시키고자 하는 노력이 바로 습관이다. 습관을 만들어 올바른 패턴을 형성한다.

의식 변화의 가장 큰 핵심은 삶의 형태를 지극히 현실적으로 바라보던 초점을 긍정으로 바라보는 눈을 만들어준다. 또한, 의식적 변화는 매 순간을 놓치지 않는 시간의 연속성을 이끌어주는 자아 발전에 대단한 영향력을 미쳤다. 나는 대표님의 가르침으로 온종일 의식적 행위를 멈추지 않고 있다. 무서운 바이러스보다도 훨씬 빠른 속도로 퍼져가는 건 다름 아닌 불안과 부정적 감정들이 내포된 심적 행위들이다. 이를 차단하는 유일한 길은 매 순간 삶의 목표에 대한 의식적 행위를 멈추지 않는 것이며 이를 습관화하는 일뿐이다.

『확신의 힘』의 저자 웨인 다이어는 '우리가 어머니의 자궁에서 빠져나올 때부터 이미 평범한 의식 수준에서 평범한 삶에 만족하도록 도와주는 문화적 훈련을 받아왔기 때문이다.'라고 말한다. 의식의 힘은 이런 평범함을 거부하려는 강한 의지에서 출발한다. 우리는 직장이라는 패턴에서 하루에도 셀 수 없을 만큼 많은 분노와 열등감 그리고 박탈감에 시달리며 스스로를 달랠 틈도 없이 새로운 아침을 맞는다. 분명한 건 의식적 변화 없이는 그 어떤 성장도 없다는 것이다. 의식은 나를 알아가는 행위다. 나의 의지와 관계없이 하루에 일어나는 복잡한 생각들과 느낌에서 오롯이 자신을 찾아내야 한다.

로터스 마음연구소장 남경흥이 펴낸『허공의 놀라운 비밀』에서도 '우리가 해결해야 할 관건은 잠재의식에 꽈리를 틀고 있는 부정적 감정이 긍정적 감정으로 바뀔 수 있도록 부단히 노력하여야 한다는 것이다.'라고 말한다.

기존의 의식세계에서 변화를 꾀하는 건 말처럼 쉽지 않다. 자신의 습관마저도 고치기 어려운 게 현실이기 때문이다. 하지만 『확신의 힘』과 『허공의 놀라운 비밀』에서 말하듯이 부단히 노력하면 의식 성장을 통한 변화가 일어난다. 이런 노력은 단지 며칠의 수련과 몇 개월의 단련으로 이루어지지 않는다. 매일 지적 의식 상태를 점검해야 한다. 다른 이들이 명상을 통한 마음 수련을 하는 이유도 여기에 있다. 나는 의식 성장의 배움을 끌어내는 책을 잠자기 전에 읽는다. 꿈에 전달되는 무의식 세계에 긍정의 목소리를 들려주기 위함이다.

부와 풍요, 행복은 누구나 꿈의 목표로 가슴 언저리에 새기는 열망이다. 특히나 경제적 고통을 안고 살아가는 개인들에게는 머릿속에 각인되어 살아내는 이유가 되기도 한다. 나 또한 신용불량자와 파산이라는 멍에를 안고 살아갈 때는 오로지 부와 풍요만을 생각했다. '어떻게 하면 돈을 많이 벌 것인가.'만을 생각했다. 인간사회에서 돈은 일단 많아야 한다는 것이 대부분의 지론이다.

어떤 이는 말한다. '돈이 꼭 행복의 조건이 될 수는 없다.'라고 이야기하며 마치 많은 돈을 가지거나 꿈꾸는 욕망을 비도덕적 표현으로 비아냥거린다. 경제적 풍요가 조건 없는 행복의 조건이 아니란 것은 누구나 알고 있다. 하지만 남을 돕는 선한 영향력을 행사하고 싶다면 돈이 필요하다. 굶주림에 죽어가는 아프리카 아이들 구하고자 한다면 역시 돈이 필요하다. 따라서 우리는 부와 풍요를 먼저 끌어내야 한다.

50조 갑부인 미국 사업가 댄 페냐는 성공을 향한 마음가짐에 대해 다음과 같이 말한다. 실패에 대한 두려움과 다른 사람들이 자신을 어떻게 생각하는지 걱정하며 미루는데 시간을 너무 많이 쓰고 있음을 단호하게 지적했다. 새로움에 대한 도전은 누구나 두렵다. 이러한 두려움과 망설이는 생각에 사로잡혀 쉽게 행동하려 들지 않는다. 우리는 생각을 너무나 지나치게 많이 하고 있다. 인간의 뇌는 나와의 의지와 다르게 많은 생각으로 가득하다. 이러한 잡념에서 벗어나려는 의지가 의식이다. 또한 열정으로 가슴 뛰는 일에 몰입 할 때가 비로소 잡념을 없앤다.

나는 요즘 형이상학자이자 강연가인 네빌 고다드의 책을 본격적으로 읽는다. 상당히 난해한 책이기도 하지만 의식 변화와 잠재의식을 통해 '상상이 현실을 창조한다.'라는 핵심의 법칙을 서술하고 있다. 그는 잠재의식이 변하지 않으면 삶은 바뀌지 않는다고 역설한다. 『상상의 힘』, 『네빌 고다드 라디오 강의』, 『네빌 고다드 5일간의 강의』, 『믿음으로 걸어라』를 매일 아침과 잠들기 전에 꼭 한 페이지라도 읽고 잠든다.

네빌 고다드의 『상상의 힘』에서 '세상의 모든 것들은 그의 의식 안에 존재하는 것이다. 동시에 평소의 생각이 그 사람의 모습을 보여준다.'라고 말한다. 사람에게 가장 전염성이 높은 건 부정적 생각과 함께 따라오는 자신에 한계지음이다. 특히 잠을 잘 때의 의식상태가 무엇보다도 중요하게 작용한다. 의식이 존재하는 그 순간에 느끼는 느낌에 초점을 맞추어야 되기 때문이다. 또한 부정적인 사건의 집착에서 벗어나 긍정적 모습을 찾도록 노력해야 한다. 따라서 잠들기 전 의식 변화의 책을 읽어야 함은 잠재의식이 가장 활발한 꿈속에서 부정적 경험으로부터 차단하려는 의지의 한 방법이다.

의식 변화에 따른 나의 믿음이 현실이 되는 과정을 역설한 세포 생물학의 전문가인 브루스 립톤 박사의 말은 우리의 의식세계를 보다 과학적으로 접근하며 이해시킨다.

그는 "세포는 유기체라는 공동체 안에서 중앙의 목소리를 따라야 한다. 만약 중앙의 목소리가 죽으라고 말하면 세포는 죽는다. 여기서 중앙의 목소리는 바로 마음이다."라고 이야기한다.

의식변화의 핵심은 바로 마음가짐이란 사실을 과학적으로 접근했다. 처음 이 영상을 유튜브로 접할 때는 상당한 동기부여를 받고 마음공부가 되었다. 의식적으로 모든 부정을 차단하고 수긍하며 긍정으로 바라본다면 자신이 원하는 삶에 보다 유연한 태도를 가질 수 있는 강한 메시지라 생각한다. 따라서 우리가 더 강한 믿음으로 의식적 노력에 바탕을 둔다면 지금보다 더 훌륭한 존재로 성장할 것이다.

브루스 립톤 박사는 우리의 의식, 믿음의 확신 때문에 어떠한 것도 현실에 이룰 수 있다는, 그동안 눈에 보이지 않는 현상을 세포의 과학적인 접근 방식으로 객관화했다. 따라서 사람은 자기의 원대한 생각을 기반으로 믿고 확신하는 의식적 변화를 추구한다면 무엇이든지 원하는 모든 것을 이룰 수 있다. 이는 내가 매일 의식 독서를 꾸준히 하게 만드는 원동력이 되기에 충분하다.

의식의 목소리를 따라 변화하는 세포 입자가 잠재의식과 더해진다면, 에너지는 우리가 상상하는 그 이상이 된다. 우리는 눈으로만 보이는 세계와 보이지 않는 세계를 살아가야 한다. 정신세계에서도 의식과 무의식으로 나뉜다. 우리는 의식과 잠재의식의 균형을 통해 스스로 긍정의 목소리를 높여야 삶의 성장과 목표에 다가갈 수 있다. 긍정의 목소리를 유지하려는 노력은 개인마다 다르지만 나는 독서를 통해 의식 변화와 성장에 집중하고 이를 삶에 온전히 적용함으로써 기존의 고지식한 인식체계를 변화시키고 있다. 잠들기 전 의식에 관한 책은 내일의 긍정을 이어가는 한 줄기 희망이다.

5

오늘의 독서를 내일로 미루지 말자

BBC에서 본 미루는 습관에 대한 일화를 소개한다.

모차르트는 음악의 천재였지만, 일 미루기 천재이기도 했다. 오페라 첫 공연이 하루밖에 남지 않았는데도 도입 부분을 작곡하지 않고 있었던 적도 있다. 술을 마시고 있던 그를 억지로 일으켜 집에 들여보낸 친구들 덕분에 모차르트는 결국 곡을 완성할 수 있었다고 한다. 그러나 악보를 복사하고 연습할 시간은 없어 첫 공연은 결국 미뤄졌다고 전해진다.

처음에는 열정적으로 무슨 일이든 계획하는 대로 밀어붙이다가 시간이 흐르며 반복적으로 내 몸에 익숙해지기 시작하면서 점점 흥미를 잃어가다가 미루기 시작한다. 이런 시기가 슬럼프라고 생각한다. 운동을 시작 후 6개월 정도의 시간이 흐르자 어느새 내 몸에 익숙하다는 생각이 들기 시작했다. 약간의 긴장감마저 사라졌다. 사실 팔꿈치의 관절 이상으로 다니기 시작했지만, 이왕 하는 운동 제대로 해보자는 오기가 생겨났다. 팔꿈치의 통증이 서서히 사라지자 운동 관련 유튜브를 보기 시작 후 그들처럼 몸을 만들려 자세를 익히거나 요령을 습득했다. 영상을 보며 빠르게 몸을 만들고자 하는 또 다른 욕망이 생겨났다. 하지만 생각보다 쉽지만은 않다. 두어 달쯤 지나며 내 몸의 결과가 그들과 비교해 그다지 좋지 않다는 허탈감에 스스로 주눅 들고 만다. 남들과 비교하기 시작하면서 스스로 판단한 결과다. 이런 연유로 잠깐이나마 운동을 미루기 시작했던 적도 있다. 한번 미루기 시작하면 미루는 결과에 대해 자기 합리화를 시킨다는 사실을 알았다. 쉽게 말해 자기 자신에게 '핑계'를 대기 시작한다. 미루기는 자기 자신을 속이는 일이다. 이를 극복하기 위해 퇴근 시간이 되면 그냥 운동하러 갔다. 깊게 생각하지 않고 시간이 다가오면 일단 움직였다. 원래대로 팔꿈치에 최대한 신경 쓰면서 나만의 큰 욕심에서 벗어나 내가 할 수 있는 운동법에 최대한 집중하기 시작했다.

독서의 습관도 이와 흡사하다. 처음 한두 권을 접했을 땐 스스로 흥미를 느껴 읽지만, 때론 이해하기 어려운 책을 다루다 보면 서서히 미루게 된다. 미루는 것이 가장 빠른 스트레스에서 벗어나는 길이기 때문이다. 나는 헨리 데이빗 소로우의 『월든』을 읽기 시작했을 때의 기억이 생생하다. 대자연의 예찬과 문명사회에 대한 통렬한 비판이 담긴 불멸의 고전이라는 문구에 사로잡혀 퇴근 후 읽기 시작했지만, 너무 지루하기 그지없었다. 당시에 지방으로 이사를 마친 후 기계 업무를 막 접했을 때의 일이다. 지루하다고 느낀 책은 매일 같은 시간에 접했음에도 내 눈꺼풀은 한없이 바닥을 보고 있었다. 이후에 책을 보는 일에 흥미를 느끼지 않자 자연히 한쪽으로 밀쳐내 책 읽기를 미루게 되었다. 다행인 것은 다음에 보려고 한쪽으로 밀어내고 다른 책을 읽기 시작하면서 잠시 미루는 습관에서 벗어날 수 있었다. 후에 나의 독서 근육이 살짝 붙고서 다시 펼쳐든 헨리 데이빗 소로우의 『월든』을 왜 그토록 극찬한 책인지 읽는 내내 느끼기 시작했다.

오타와 칼튼 대학의 교수인 파이킬은 지난 19년 동안 미루기(procrastination)에 대해 연구해왔다. 그는 미루기를 멈출 수 있는 가장 좋은 방법은 "일단 시작하자."라고 마음먹고 곧바로 실행하라고 말한다. '아주 작은 시작이 당신의 기분을 낫게 만들고 다시 동기를 부여하게 된다.'라고 말한다. 독서의 미루기도 거창하게 마음의 준비를 다 해 읽으려 하지 말고 앞서 이야기한 바와 같이 15분의 실행력이면 충분하다. 일단 읽겠다는 마음의 의지가 확고해졌다면 책을 손에 들어 읽기 바란다. 그리고 매일 한 페이지라도 읽는다면 한 달이나 두어 달쯤 지나 퇴근 후 습관적으로 자연스럽게 손에 책이 들려 있음을 스스로 느끼게 될 것이다.

기자와 작가 사이, 미국 버지니아에서 보고 듣고, 경험한 세계를 글로

소화하는 문화 예술 칼럼니스트 '끌로이'는 "시작하기 완벽한 타이밍은 없다. 삶에서 가장 파괴적인 단어는 '나중'이고, 인생에서 가장 생산적인 단어는, '지금'이다."라고 말한다. 나의 일상생활 속에서도 이런 건 쉽게 찾아볼 수 있었다. 결혼하고 지금껏 약속을 지키는 건 설거지와 음식물 쓰레기를 버리는 일이다. 새벽 골판지 배송 일을 할 때와 대형화물차 영업 배송을 할 때를 제외하고는 지금껏 지켜내고 있다. 그런데 어떨 때는 '다음에'로 미루고 싶어질 때가 한두 번이 아니다.

이 글을 쓰고 있는 동안에도 음식물 쓰레기는 고스란히 쌓여간다. 이전 아파트에 살 때의 일이다. 14층에 살았던 나는 승강기에서 아주머니와 마주쳤는데 굉장히 민망해하셨다. 알고 보니 한 손에는 비닐에 음식물이 담겨 있었다. 나는 아무렇지 않게 생각했지만, 아주머니께서는 나와 함께 탄 승강기 안이 불편했던 모양이다. 그 모습을 본 순간 아내의 모습이 누군가에게 머쓱해진 모습과 불편함이 아주머니와 겹쳐져 마음이 편치 않아 내가 감내하기로 마음먹었다. 집안 설거지는 전적으로 다 하는 건 아니지만 내가 할라치면 '조금 있다' 미루면 더 편할 것 같지만 오히려 피곤할 때가 많았다. 차라리 바로 했더라면 허탈감이 남지 않고 편안했을 것이다. 이처럼 사람은 미루는 일에 익숙해져 있다. 자기도 모르게 흥미 위주의 의식 속에서 일의 중요도를 선점하는 습성이 내재되어 있는 관계로 '지금'보다는 '다음'으로 밀쳐낸다. 모든 것은 서로 밀접한 관계에서 서로의 연관성을 찾고 의미를 부여하며 우선순위를 정한다.

'마음 챙김의 어머니'라고 불리는 하버드 대학교의 앨런 랭어 교수는 "매 순간을 소중히 하면 결과가 바뀐다."라고 말한다. 이는 주위상황에 일어나는 일들을 간과하지 않고 꾸준히 의식하면 순간의 챙김을 뒤로 밀어내는 아쉬움에서 극복할 수 있다. 독서는 반드시 읽어야 한다는 강제성이나 규칙이 없다. 이는 지극히 개인적이고 주관적 행위다. 오늘은 열심히 읽고 내일은 읽지 않고 건너뛴다 해서 과태료를 부과할 리 만무하고, 누군가 와서 시시콜콜 시비 거는 이도 없다. 독서는 온전히 나와의 약속이다.

하버드대학교 심리학 교수인 벤샤하르는 "지속 가능한 행복을 얻기 위해서는 구체적인 목표를 가져야 한다."라고 말했다. 나는 구체적인 목표 가운데 하나로 독서를 우선으로 적어두었다. 네 번의 크고 작은 사고의 위험성에서 '나'를 온전하게 바라보게 해준 건 독서였기에 과감히 목표 우선순위에 두었다. 『미룸의 심리학』을 쓴 임상 심리학자 윌리암 너스는 미루고 싶어질 때 잠깐 멈추고 목적을 되뇐다. 그리고 충동을 이겨내고 앞으로 일어날 일을 머릿속에 그려본다. 저자 역시 '지금 당장 시행하라' 기법으로 곧바로 이어지는 행동력의 실천을 강조한다. 미루게 되는 인간의 심리는 본인의 의지력의 강약으로 전환되어 사회의 인성 기준이 되기도 했다. 하지만 현세대에서는 뇌 분석학이나 심리학적 학문적으로 분석하기 시작해 다양한 각도로 기법과 해결방안을 모색한다. 독서는 얼마나 많이 읽느냐가 중요한 것이 아니라 매일 꾸준히 틈나는 대로 읽는 자세가 진정한 독서며 그런 행위를 미루지 않고 한 페이지라도 읽는 것으로 생각한다. 미루는 독서는 나의 성장을 미루는 것과 같다. 어떤 일이 있더라도 미루는 습관을 버리고 즉시 무엇인가를 행동하는 실행력은 성공의 지름길로 가는 척도가 된다. 계획과 준비만 하느라 정작 실천의 정의를 내리지 못해 과감한 행동력을 보이지 못하게 하는 이유를 구체적이고 짧게 답한 내용이다. 우리는 직장이라는 울타리 안에서 부단히도 경쟁 속의 상생 관계를 유지한다. 자신의 능력으로 결과를 만들지 못하는 사람의 가장 쉽고 합리적인 판단은 미루기다. 일단 뒤로 미루고 시간을 벌어볼 심사다. 나는 독서에서 이런 미룸을 전적으로 차단하려는 자신의 노력을 해나가고 있는 방법이 하나 있다. 바로 쉬는 시간마다 손에 들고 읽는 것이다. 먼저 출근하자마자 30분의 여유가 남아 있다. 보통 다른 직원들은 삼삼오오 모여 이야기 삼매경에 빠지거나 일과 관련된 이야기를 한다. 나는 일과 시작 시각의 막바지까지 책을 읽는다. 그리고 10분의 휴식시간에 곧바로 책을 꺼내 커피 한 잔의 달콤함과 함께 책장을 넘긴다. 분명 이런 습관 덕에 오늘 읽을 독서를 미루게 되는 일이 사라지며 없어졌다. 나는 한층 성장하고픈 열망이 있다.

영화 〈역린〉에는 이런 대사가 나온다.

'작은 일에도 무시하지 않고 최선을 다해야 한다. 작은 일에도 최선을 다하면 정성스럽게 된다. 정성스럽게 되면 겉에 배어나오고, 겉에 배어

나오면 겉으로 드러나고, 겉으로 드러나면 이내 밝아지고, 밝아지면 남을 감동하게 하고, 남을 감동하게 하면 이내 변하게 되고, 변하면 생육된다. 그러니 오직 세상에서 지극히 정성을 다하는 사람만이 나와 세상을 변하게 할 수 있다.'

『중용』 23장에 나오는 글을 영화배우 정재영 님이 마지막에 읊는 대사 내용이기도 하다. 나는 영화를 보고 이글을 찾아 회사 노트에 기재해 수시로 들여다보았다. '작은 일에도 무시하지 않고 최선을 다해야 한다.'라고 하는 말에 무언가 자신에게 전달하려는, 일에 대한 전반적인 태도를 무언의 메시지로 매번 메아리의 울림이 느껴졌다. 그리고 어떠한 일도 미루지 말고 곧바로 실행하라는 강한 교훈적 내용이 담겨 있다고 느껴져 언제나 수첩 앞부분에 적어두고 읽었다. 중용의 뜻은 '치우침이나 과하고 부족함이 없이 떳떳하며 알맞은 상태 혹은 정도'이다. 『중용』 23장의 글은 독서를 대하는 태도의 생각마저도 진지하고 곧게 만들어주었다. 작은 일에도 무시하지 않는다는 말은 함부로 미루어 짐작하지 않는다는 뜻이고 겉에 배어 나온다는 말은 책을 통한 지적성장과 태도의 변화를 말한다. 우리 조상은 무엇보다 중용의 삶을 평생의 지표로 삼았듯이 이를 진지하게 받아들인다면 미루는 습관을 뒤로하고 보다 나은 삶에 초점을 맞출 것이다. 중용은 한마디로 변화하고자 한다면 '온 정성을 다하라'라고 말한다. 어떤 상황에서도 집중하고 몰입하여 최대한의 노력을 기울여야 함이다.

성공자들의 경험과 지혜가 담긴 책을 읽어라

나는 얼마 전 한해의 마지막을 보름도 남기지 않은 어느 날 기계를 점검하던 중 손가락 한 마디를 잃는 사고를 겪었다. 전날 기계의 이상 징후가 나타나 기계수리업자를 불러 수리한 상태였다. 다음 날 아침 기계를 사용 중인 직원이 또다시 같은 증상이 나타난다고 알려줘 수리업자에게 다시 점검 요청을 했지만, 그는 다른 회사의 기계를 수리 중이어서 전화통화로 몇 가지 점검해보라며 양해를 구했다. 한참을 점검하고 반대편 직원에게 기계를 움직여 보라고 신호를 주면서 센서의 움직임을 확인하려 했다. 센서는 이상 없는 듯했지만 내 오른손 두 번째 검지를 살짝 스치는 걸 느끼면서 '장갑을 살짝 건드렸나 보네.'라며 대수롭지 않게 생각했다. 약 10초의 시간이 흘렀을까. 살짝 아려오는 쓰라림에 장갑을 벗으며 생각하기를 '살짝 치면서 피부가 까졌나 보다'라고 생각하며 손을 본 순간 손톱이 있어야 할 손가락이 사라지고 없었다. 순간 '뭔가 잘못되었다.'라는 생각에 장갑으로 감싸 다른 손으로 부여잡았다. 뭔가 눈치 챈 다른 직원이 "괜찮으세요?"라는 묻자 난 "별거 아니야."라고 태연한 척 말함과 동시에 공장 문을 열고 아내가 있는 사무실로 향했다. 우리는 같은 회사에 다니는 커플이다. 아내는 관리부 차장이고 나는 생산부 차장으로 근무한다. 아내는 놀라 당황했고 나는 빨리 차 시동을 걸라고 말했다. 병원으로 가는 내내 우리는 별말을 하지 않았다. 비상 깜빡이를 켜고 비상등을 켠 우리는 우회전을 해야 하는데 앞차가 비켜주지 않자 아내는 다급한 목소리를 내며 화를 냈다. 나는 아내를 진정시키려 했다. "어차피 다 왔어, 저 차는 우리가 왜 급한지 모르잖아." 다른 한편에선 직원들이 떨어져 나간 손가락 일부를 가져오고 있다고 들었다. 곧바로 수술실에 들어간 나에게 원장님은 직원들이 가져온 손가락은 사용할 수 없다고 말했다. 이어 잘려나간 손가락 안의 내용물이 빠져나가 절단한다면 많이 짧아질 거라는 말과 함께 "이식 합시다."라고 말했다. 그리고 수술할 부위가 너덜거리니 며칠 지나 굳어지면 수술하자고 했다. 나는 한 달간 입원하고 퇴원했다. 크리스마스와 새해맞이도 병원에서 보내야 했다.

사실 이 글을 쓰고 있는 중에도 완전히 나았다고 할 수는 없다. 관계자 말로는 최소 1년은 넘어야 적응될 거라 말했다. 병원에서 치료받고 있으며 느낀 점은 '참으로 많은 이들이 현장에서 일하는 중에 너무도 많이 다친다.'는 것이었다. 나는 그것을 두 눈으로 생생하게 보았다. 접합되면 천

만다행이지만 잘려나가 원래의 기능을 못 한다면 숙연해진다. 병원에선 같은 동질감이 발생해 서로 웃지만, 그 웃음에는 생기가 돌지 않는다. 밤에 자는 시간엔 왠지 모르게 서글프고 우울해져 잠을 설쳤다. 더불어 나 자신을 발견한 건 다름 아닌 원망과 부정의 목소리였다. 나는 누군가의 대상을 상상 속에서 죽여야만 분이 풀렸고 온갖 욕지거리를 해대는 내 모습에, 내가 나를 서서히 죽이는 모습을 바라보게 되었다. 섬뜩했다. 온갖 부정은 빠르게 내 몸에 흡수해 짧은 시간에 오염시켜 갔다. 병원은 서점과 가까웠다.

나는 한 달간의 병원 생활에 줄곧 책을 위안삼아 생활했다. 그중에 제니스 캐플런의 『감사하면 달라지는 것들』을 읽기 시작하며 하루하루 감사 노트를 적기 시작했다. 처음엔 낙서로 시작했지만, 서서히 내 낙서가 일기가 되었고 하루 중 감사는 나를 미소 짓게 했다. 손가락 사고도 원망이 완전히 사라지지 않았지만 '기계에 한마디만 물고 들어간 건 나에게 큰 행운이야.'라고 생각하게 되었다.

책에서 '세상에는 좋은 것도 나쁜 것도 없고, 다만 생각이 그렇게 만들 뿐이다.'라고 인용한 햄릿의 유명한 말처럼 생각이 모든 걸 지배한다. 또한, 저자는 '거시적 안목으로 볼 때 내가 느끼는 불행이 다른 사람들이 직면한 불행에 비하면 작은 것이라는 점을 알았다. 그러니 반드시 감사해야 한다.'라고 말한다. 그리고 베네딕트회 수도사 데이비드 스테인들-레스트 형제는 “행복이 우리를 감사하게 만드는 것이 아닙니다. 우리는 감사하기 때문에 행복한 것입니다.”라고 말했듯이 다른 측면과 다른 관점이 다른 결과를 낳아 자신의 천국과 지옥을 만들기도 한다.

‘감사함’이란 ‘고맙게 여기다.’란 뜻이다. ‘고맙다.’라는 말은 ‘남이 베풀어준 호의나 도움 따위에 대하여 마음이 흐뭇하고 즐겁다.’라고 정의한다. 나는 살면서 감사함을 글로 써보지 않았다.

이 책을 읽고 난 후 내 손으로 감사함을 나열해 적어보았다. 숨 쉴 수 있음에 감사했고 비바람을 피해 다리 뻗고 잘 수 있는 집이 있어 감사했다. 사랑하는 가족을 위해 식사준비를 준비하는 아내가 있어 감사했으며 두 아이가 건강하게 학교생활을 잘해줌에 감사했다. 무엇보다 부모님과 장인 · 장모님께서 건강하시고 칠십이 넘는 연세에도 불구하고 사회구성원으로 당당히 자리매김하고 계심에 깊이 감사드린다. 막상 감사 노트를 적기 시작하니 셀 수 없는 감사함이 온몸에 밀려들기 시작했다. 나는 모든 걸 당연한 듯이 지나치고 있었던 모든 것들에 의미를 부여하기 시작했다.

성공이란 ‘스스로 목표로 한 일을 성취함. 혹은 수많은 사람이 열망하는 목표를 이뤄낸 상태’를 말한다. 성공의 기준은 개인마다 다르다. 경제적 어려움을 호소하는 사람들은 돈을 많이 벌고 있는 부자에게서 성공의 의미를 찾는다. 건강에 관심이 많은 이들은 건강이 악화하였다가 회복한 사람들에게서 성공의 에너지를 느낀다. 우리는 대개 이런 에너지를 받고자 어려운 환경 속에서도 견뎌내고 책을 펼쳐 읽으며 작은 동기부여라도 붙잡아 위안으로 삼는다. 나는 서울 생활을 정리하고 지방으로 이사하면서 새로운 직업군의 마음을 잡고자 여러 책을 보던 중 자넷 로우의 『신화가 된 여자 오프라 윈프리』를 읽었다. 성공이라는 단어에 그녀를 떠올리게 하는 진짜 이유는 그의 힘들었던 과거사를 통해 겪은 생생한 경험담이었다.

오프라 윈프리는 아홉 살 때 성폭행을 당했다. 인생에 일찍 찾아온 이러한 불운을 이겨내고, 그녀는 현재 세계에서 가장 영향력 있는 여성 중 하나로 꼽힌다. 또한 세계 유일의 '흑인 억만장자'이기도 하다. 그녀는 자신의 과거 이야기를 할 때 스스로 '책버러지'였다고 말한다. 글을 읽기 시작한 세 살 무렵부터 도서관을 들락거리며 '책버러지'라는 말을 들었다고 한다.

그녀의 어려웠던 지난날을 읽어내려 가면 내가 겪는 아픔은 시시해진다. 그런 동기부여가 나도 할 수 있다는 자신감이 생겨나 삶의 열정으로 다가온다. 성공자의 일대기를 읽는 이유는 먼저 겪은 저자의 경험을 통해 스스로 이겨낼 수 있다는 희망의 목소리를 듣는 데서 오는 열정 때문이다. 오프라 윈프리의 또 다른 성공의 열쇠는 다름 아닌 독서였다. 그는 어려서부터 책을 좋아해 좀처럼 손에서 놓지 않았다고 한다. 오프라가 자신의 쇼에 북클럽 코너를 만든 것은 어쩌면 당연한 일이었을 것이다. 이는 성공자들의 공통점 한 가지를 더욱더 확신하는 계기를 만들어주는 책이었다.

어느 날 TV 광고에 어눌한 경상도 사투리로 "남자한테 참 좋은데 뭐라 말할 방법이 없네."라고 말하는 중년 남자가 나타났다. 바로 그 유명한 천호식품의 창업주 김영식 전 회장이다. 그의 책에는 뚝심이라는 말이 나온다. 그가 전하고자 하는 메시지가 바로 '뚝심'이다.

나는 2002년 월드컵의 희열이 끝난 다음 해에 92년식 마이티 2.5톤을 장모님께서 빌려주신 100만 원을 가지고 골판지 배송에 뛰어들었다. 비록 힘든 일이기는 하지만 무조건 뛰어들어야 했다. 다른 걸 생각하기엔 너무 늦었고 일단 실행해야 했다. 왜냐하면, 일반직장생활이 내 처지에서는 불가능했기 때문이다. 나는 성능은 자동차지만 연식이 너무 오래된 모든 기능이 마비된 화물차로 승부를 내려 했다. '목숨 걸고 하면 안 되는 게 없다.'라고 했던가. 나는 밤낮으로 열심히 살았다. 매일 어깨에 부항을 떠 피를 뽑아야 잠을 잤다. 그러지 않으면 돌처럼 딱딱해진 어깨로 인해 마비 증상으로 팔이 저렸다. 이렇게 열심히 살자 우연히 대형화물차까지 운행하게 되었지만, 문제는 수금이었다. 골판지 배송은 회사에 소속되어 있어 내가 일한 만큼 계산되어 지급되었지만, 대형화물차는 무전기와 전화로 일감을 직접 받아가며 일했고 계산서 발행을 직접 해야 했다. 대형 화물차는 대개 아파트 신축공사 같은 건설자재가 대부분이다. 운반비 입금이 보통 두어 달에서 서너 달이 걸리기가 일쑤다. 어떤 때는 운반비 20만 원을 6개월이 넘어서 받았다. 대형화물차를 구매하게 도움을 준 이는 다름 아닌 처형이었다. 아내의 한 살 위 언니다. 당시에 처형은 결혼했지만 아이는 없었던 때였다. 지금은 귀여운 조카가 태어나 집안에 웃음을 자아내고 있다. 처형은 내가 어려울 때마다 살뜰히 챙겨준 고마운 후원인이다. 고마움을 아내가 전하지만 늘 마음 한편엔 감사함이 남아 있다. 고마운 마음을 이젠 어린 조카에게 듬뿍 전하고 있다.

결제문제가 계속 이어지고 아내는 매달 다가오는 기름값과 차량 유지비에 골머리를 앓았다. 결론은 경유 값이 치솟는 분위기에 더는 무리라고 판단해 차량을 팔았다. 또다시 실패, 아니 시행착오를 겪어야 했다. 나는 이때 이후로 '실패'라는 단어는 쓰지 않는다. 책에서 말하길 '실패'라는 단어 대신에 '시행착오'라는 말로 바꾸어 희망적인 언어를 사용하는 사람은 쉽게 재기한다고 들었기 때문이다. 대형화물차를 팔아치우고 곧바로 주유소에 입사해 일명 '총잡이'가 되어 다시 재기를 꿈꿨다. 이때 읽은 책 중 김영식 회장의 『10미터만 더 뛰어봐』였다. 무리한 사업 확장으로 자신의 욕심 탓에 20억이 넘는 빚이 생겨 자살까지 생각했던 그는 보란 듯이 재기했다. 그는 사업을 하고 망하기를 반복했다. 추락할 때는 돈이 없어 소주 한 병과 소시지 하나로 저녁을 해결해야 했을 정도로 극도의 스트레스와 굶주림에서도 '뚝심' 하나로 못 팔면 죽는다는 각오를 다지며 재기에 성공했다. '어떠한 일이든 뚝심만 있다면 성공을 할 수 있다.'라고 하지만 말처럼 쉽지 않다. 그리고 보통 사람들은 사업이 망하면 부정적인 생각만 하고 다시 재기할 생각을 안 했을 텐데, 그는 오뚝이처럼 다시 시작해보자는 마음을 갖고 죽기 살기로 일에 뛰어들어 재기에 성공했다.

책을 읽는 내내 대단하다고 생각할 수밖에 없었고 그의 열정, 즉 다니는 곳마다 컴퓨터를 켜고 인터넷 시작 페이지를 자신의 회사 홈페이지로 바꾸는 일은 감탄 그 자체였다. 열심히 일하는 건 그저 막연한 표현에 지나지 않는다. 목숨을 걸어야 진짜 일이다.

이 시기에 맞춰 읽은 이 책은 나에게 가뭄에 단비와도 같은 존재였다. 또다시 원점으로 돌아왔지만, 예전의 내가 아니었다. 나는 또 도전해야 했다. 다시 원점으로 돌아왔다는 패배의식이 채워지려 할 때 문득 나도 뚝심으로 오뚝이처럼 일어서면 되는 것이었다. 기술도 없고, 가진 것도 없기에 인내할 수 있었다. 나는 이 책을 통해 정확히 1년 만에 2호점을 책임지는 지점장으로서 인정받았다. 나를 이끌어준 여러 권의 책 중 성공자들의 시련과 좌절을 겪고 이런 과정을 딛고 일어서는 간접경험을 단지 책 한 권의 값으로 배우는 일은 인간의 크나큰 특권 중 하나다. 나는 이 특권을 계속 누리고자 한다.

베스트셀러보다 스테디셀러를 읽어라

우리는 언제나 최고를 지향하고 그것을 꿈꾸며 이루려 노력한다. 최고란 '가장 높다.', '가장 뛰어나다.', '으뜸이 된다.'라는 뜻으로 사용되는 말이다. 영어로는 베스트(Best)라고 하며 앞 단어에 이 말이 붙으면 더는 경쟁할 수 없는 독보적 존재로 여겨져 누구나 부러움의 대상이 된다. 요즘은 홈쇼핑이나 인터넷을 통한 광고물에 압도적인 단어로 사용되는 추세다. 베스트 컬렉션, 베스트 초특가, 베스트 신상 등 각종 광고매체에서 분별없이 사용되고 있어 단어가 주는 의미가 무색해진다. 책에서도 단연 베스트가 존재한다. 베스트셀러는 어떤 기간에 엄청난 인기를 끈 책을 말한다. 출판업계, 도서유통 및 판매 업체, 언론사 등이 베스트셀러 목록을 발표한다. 이와는 반대로, 단기간에 많이 팔리지는 않아도 꾸준히 인기를 유지하는 책은 스테디셀러라고 부른다.

베스트셀러는 각종 매체 및 서점에서의 광고로 많은 이들의 시선을 받는다. 수많은 책 중 어떤 책을 읽어야 할지를 고민할 때 베스트셀러는 어느 정도 지침이 되어주는 길잡이 역할을 해준 건 사실이다. 하지만 어느 순간 베스트셀러에 의지하며 책을 보는 이가 적지 않다. 나 역시도 한때는 서점을 방문하면 제일 먼저 시선이 고정되는 건 베스트셀러 코너였다. 일단 베스트셀러라고 하면 출판사의 광고 전략과 맞물려서인지 책의 장 제목이 한눈에 들어오거나 강하게 느껴지는 글귀들로 인해 궁금증 유발로 펼쳐보게 된다. 한동안은 베스트셀러의 유혹에 시간 가는 줄 모르게 읽었다. 하지만 꼭 베스트셀러라고 해서 내 입맛에 맞는 건 아니었다. 외국계 자기계발 서적 중에서도 극찬하며 단기간에 베스트셀러에 오른 책들을 잔뜩 기대하고 보았지만, 생각보다 기대에 미치지 않아 실망한 적도 적지 않다. 이런 경험을 하고 나니 어느 순간 베스트셀러만 찾던 걸 중단하고 오랫동안 꾸준히 사랑받는 스테디셀러에 주목하기 시작했다. 이는 유행을 타지 않고 장기간에 걸쳐 꾸준히 팔리는 책을 말하며 '스테디셀러'다. 참고로 세계에서 가장 많이 팔린 책이자 스테디셀러는 바로 '성경'이다.

나는 자기계발 서적이나 때론 고난을 딛고 일어선 성공자들의 일대기 등을 무척이나 좋아한다. 그러던 중 오스트리아 심리학자인 빅터 프랭클 박사의 『죽음의 수용소에서』란 책을 읽어 내려갔다. 무엇보다 그는 제목에서 느껴지듯 강제 수용소의 처절했던 삶의 고통 속에서 살아남아 자아를 성찰하고 인간 존엄의 위대함을 몸소 체험했다. 나아가 심리학자로서 정신요법 제3 학파라 불리는 로고테라피 학파를 창시했다. 그는 말한다.

"인간은 어떤 환경에도 적응할 수 있습니다. 하지만 그 방법에 대해선 묻지 말아 주십시오."

그는 삶과 죽음, 처절한 고통 속에서 삶의 의미와 통찰을 생생히 경험한 초월적 삶의 증거 그 자체이기도 하다.

빅터 프랭클 박사의 『죽음의 수용소에서』를 읽으며 하루를 힘들게 살아가는 많은 이들에게 삶의 의미와 살아가는 이유에 대해 깊이 사색하는 시간을 선물했다고 본다. 나는 이 책을 출근 전 30분에 읽고 쉬는 시간 틈을 내 읽었다. 따로 독서의 시간을 내지 않고 실제 회사 안 내 삶의 직접 영향을 미치는 곳에서 읽었다. 그러면서 동시에 내가 겪는 시련이라고 말하는 것들이 사실은 자유를 누리고 있는, 배부른 어리광으로 여겨졌다. 그는 분명 위대하다. 그가 받은 고통과 절망, 좌절은 우리가 상상하는 그 이상이기에 우리네 삶에 비추어 더욱 숙연해진다.

자기계발서를 읽는 사람이면 데일 카네기(1888~1955)를 모르는 사람은 아마 없으리라 본다. 그만큼 그의 저서 『인간관계론』은 전 세계에 널리 읽혔다. 전 세계 6천만 부가 판매된 인간관계 바이블이다. 나는 사실이 책을 두 번 구매했다. 당시에 군에서 제대 후 카드 단말기 회사에 다니던 중 서점에서 구매해 읽었다. 그리고 결혼 후 지방으로 이사해 다시 구매해 읽었다. 이 책은 인간관계 바이블이라는 말이 무색하지 않을 정도로 완벽하다. 이 책에는 벤자민 프랭클린의 이야기가 나오는데, 성공 비결을 묻는 사람에게 벤저민 프랭클린은 이렇게 대답했다고 한다.

"저는 누구도 험담하지 않습니다. 제가 아는 모든 사람을 좋게 이야기합니다."

대부분 사람은 일이 풀리지 않을 때는 불평, 불만 그리고 나를 힘들게 하는 동료들의 비난을 거리낌 없이 입으로 내뱉었다. 이 책은 이런 나를 적나라하게 까발리게 했다. 책을 읽으며 "보잘 것 없는 사람들을 다루는 방식을 보면 그 사람이 위인인지 아닌지를 알 수 있다."라고 칼라일은 말한 바 있다. 나는 이 책을 완독하고 나를 되돌아보았다. 나도 모르는 무의식중에는 아주 사소한 부분에도 불평을 늘어놓는 자신을 발견했다. 스스로 '정말 형편없다.'라고 느끼게 되었고, 하나하나 변하기로 마음먹었다. 이 책에서도 '배움이란 능동적인 과정이다. 우리는 행동을 통해 배운다. 인간관계 원리를 정복하고 싶다면, 그 원리와 관련된 행동을 해야 한다.'라며 실천의 중요성을 강조한다. 우리는 오직 결과만을 보고 사람을 평가하는 나쁜 버릇을 가지고 있다. 특히나 현대사회를 살아가는 직장 안에서, 이미 평생직장이라는 단어는 옛이야기로, 과거의 추억거리로 전락한지 오래다. 지독히 현실적이고 평가원칙에 근거해 판단할 뿐이다. 직원들의 보이지 않는 노력을 애써 회피하고 오직 서류상 잉크만이 적힌 통계 수치에 목을 매고 있는 실정이다. 나는 지금도 유능한 많은 직원이 안타깝게 퇴사하는 경우를 자주 본다. 어쩌면 지금 꺼낸 말이 『인간관계론』의 핵심이라 생각한다. 다른 사람이 어떤 생각을 하고 어떤 행동을 하는 데는 다 이유가 있기 마련이다. 그 숨겨진 이유를 찾아내라고 이 책에서는 말한다. 그러면 '그의 성품마저 이해할 수 있게 될 것이다.'라고 강조한다. 그들의 관점을 이해한다는 것은 공감한다는 또 다른 표현이며 신뢰의 시작점을 의미한다. 저자는 인간관계의 원리를 통해 타인과 자신이 행복하길 원한다. 우리의 삶이 관계 속에서 살고 죽는다고 해도 과언이 아니다. 사람들과 관계를 맺을 때는 사람이 논리적인 동물이 아니라는 점을 명심해야 한다. 현대사회는 대면하지 않고도 각종 SNS나 매체를 통해서도 서로 간의 관계를 이어간다. 때론 악한 글 몇 자로 인해 사람의 목숨이 위태로워지는 경우도 빈번한 이때, 데일 카네기의 『인간관계론』은 우리 사회가 가지는 관계의 해법을 통해 진정 우리는 무엇을 놓치고 살아가는지를 생각하게 한다. 개인이건 사업을 하건 간에 사람과 사람이 우리를 만들고 내일이라는 희망을 만든다.

누구나 부와 풍요를 꿈꾼다. 사람들 대부분은 이를 실현하고자 평생의 시간을 투자하면서 마지막까지 살아간다. 나도 마찬가지다. 돈이란 없음보다는 있음으로써 그에 대한 혜택과 즐거움, 행복도 지켜낼 수 있다. 문제는 '어떻게 해야 부자가 될 수 있는가?'에 대한 해법이다. 서점에 가면 각종 부자와 관련된 많은 책이 진열되어 있다. 나 역시 최고의 관심 분야이기도 해 최근까지도 부와 풍요에 관한 책을 읽었다. 오사마 준이치의 『커피 한잔의 명상으로 10억을 번 사람들』, 오리슨 S. 마든의 『아무도 가르쳐주지 않는 부의 비밀』, 아담 J.잭슨의 『내가 만난 1%의 사람들』, 엠제이 드마코의 『부의 추월차선』 등을 읽으며 '돈 없음'을 경험한 나는 이들의 노하우를 배워 '나도 이들처럼 부자가 돼야지'라는 기대심에 마음의 끈을 놓지 않는다. 또한 부자들의 돈 버는 노하우를 살짝 엿보고 싶었다.

나에게 깊은 감명을 준 건 캐서린 폰더의 『부의 법칙』이라는 책이다. 이 책은 저자가 깨달은 부의 체험을 통해 얻은 부의 마음가짐 뿐 아니라 삶의 긍정을 이끌어내 잘못된 방향을 잡아주는 등대 역할을 한다. 캐서린 폰더의 『부의 법칙』에서 저자는 '부'란 '번창하고 성공하며, 가장 만족스러운 성과를 거둔다는 뜻이다'라고 정의한다. 부의 사고 습관을 실천할 때 분명 더 나은 삶에 다가가는 엄청난 위력을 발휘한다. 우리는 말을 하며 하루를 시작해 비로소 잘 때쯤 돼서야 말을 멈추게 되며 하루를 마감한다. 곰곰이 생각해보면 말이 주는 영향력이란 매우 대단하다. 아침에 기분 좋게 경쾌한 인사의 말은 사람의 마음을 가볍게 만들 뿐 아니라 때론 설레게 만든다. 하지만 불평, 불만이 가득한 말은 듣는 사람으로 하여금 불쾌한 인상을 남긴다. 중요한 것은 우리는 생각 없이 말을 함부로 하는 이들이 주위에 너무나 넘쳐난다는 사실이다. 어떤 직원은 말 중간 중간에 비속어가 버릇처럼 섞여 들어간다. 그들 대부분은 연봉에서부터 차이가 난다는 사실을 알았다. 신은 인간에게 말을 할 수 있는 능력과 함께 양심을 주었다. 따라서 말로써 자기 세상을 만들 수 있다. 즉 저자는 '다짐과 선언을 통해 평소의 언어 습관을 바꾸면 무한한 부의 세상을 건설할 수 있다.'라고 말한다. 이 책을 접하면서 과연 나의 말은 듣는 이로 하여금 어떤 감정의 목소리를 듣는지 궁금했다. 가장 가까운 직장 동료이자 반려자인 아내의 말을 들어보았다. 아내는 나의 말이 일방통행처럼 들린다고 했다. 또 어떤 동료는 불만 섞인 목소리를 들을 때도 많았다고 했다. 다소 충격이 아닐 수 없다. 이 책에서는 생각과 말의 중요성을 계속해서 언급한다. 그리고 긍정의 문구를 반복시켜 확신의 힘을 가지게 한다. 즉 소리 내어 다짐할 때 기적이 일어난다고 전한다.

나는 이 책을 읽으며 매일 버릇이 하나 생겼다. 나의 목표를 글로 적고 결말을 상상하며 틈나는 대로 큰 소리로 다짐하고 명령한다. 부와 풍요를 가져다준다는 부자들의 해법 논리는 때론 의외일 때도 많다. 하지만 부자 마인드는 분명 달리 존재한다. 그리고 가능한 한 그들의 생각과 행동 그리고 실행력을 모방하라고 말한다. 무엇보다도 부의 법칙을 설명하며 막연하게 부자가 되고픈 나에게 현실적인 방안과 인식을 심어주는 데 큰 도움을 얻었으며 부와 풍요를 위한 목표와 노력, 자세를 알게 되었다. 무엇보다도 부의 확신을 뿌리내리게 하는 인식에 따른 의식전환에 동기가 되었다. 부에 대한 왜곡된 고정관념을 버리는 데 큰 도움이 되었다.

8

한 주제의 책을 10권 이상 읽어라

독서는 책이나 글을 읽는 행위를 말한다. 책을 통해 스스로 생각하는 힘을 기르며 그로 인해 삶의 목표를 설정하고 더 나은 내일을 창조한다. 신용불량자에 파산 그리고 태어난 아이들, 삶의 목표보다는 당장 먹고 사는 문제가 시급했다. 중간에 많은 시행착오를 겪으며 소주 한 잔의 웃음 뒤에 오는 적막함은 어쩔 수 없는 위로쯤으로 생각했다. 한참 밤을 새워가며 골판지 배송 일을 할 때는 한 푼이라도 더 벌고자 하는 마음에 물건을 이고 뛰어다녔다. 약 1시간에서 2시간을 뛰어다니며 짐을 나르면 숨이 헐떡이고 온몸은 굵은 땀방울에 속옷까지 갈아입어야 할 정도였다. 차량에 에어컨이라도 작동되면 나으련만 이마저도 사치였다. 이미 고장이라 작동 불능이다. 싸게 구매한 중고트럭인지라 고치려 해도 비용 때문에 엄두도 내지 못했다. 그만큼 마음의 여유가 없는 시기였다. 새벽 2

시를 넘어가는 시각, 회사로 빠르게 복귀하려고 서울 외곽순환도로를 달리던 중 잠깐의 졸음으로 요금소를 그대로 돌진할 뻔해 가슴을 쓸어내린 일도 있었다. 이런 생활 속에 우연히 손에 잡힌 책 한 권이 독서를 지속하는 계기가 되었으며, 무엇보다 삶의 목표와 방향을 스스로 생각하게 만들어준 에너지였다.

미국 1위의 도시락 회사 스노우폭스의 김승호 회장은 저서에서 '책을 읽으면 독자적으로 생각하고 판단하는 힘이 생긴다'고 이야기한다. 이렇듯 책을 읽음으로써 본인의 삶에 대해 스스로 생각해보는 시간을 갖게 된다. 처음 한 권으로 여운이 가시지 않고 다음 책으로 연달아 읽게 되면 생각하는 힘은 어느새 굳어져 단단하게 변해간다. 나는 변하고자 하는 마음이 강하게 이끌렸고 독서법을 통한 책을 읽는 방법에 관해 관심을 가지기 시작했다. 조금 더 효율적이며 생활에 적응시킬 수 있는 다독의 전문가들이 펴낸 독서법을 읽기 시작했다. 『일독일행 독서법』, 『퀀텀 독서법』, 『다산의 독서전략』, 『일 년만 닥치고 독서』, 『1만권 독서법』, 『하루 한 권 독서법』, 『몸값 높이는 독서의 기술』, 『미친 독서』, 『독서의 기술』, 『1천권 독서법』 등을 읽으며 나름의 공통점을 찾기도 했고 여러 방법의 독서법을 내 것으로 익혀 보다 효율적인 책 읽기에 도움을 얻고자 했다. 나름의 관심사다 보니 집에서 가까운 서점에 갈 때마다 두어 권씩 사서 읽었다. 읽다 보니 독서법에 관한 책들이 참으로 많다는 걸 새삼 느끼게 되었다.

앞에서 말한 다산 정약용 선생도 그랬지만, 많은 옛사람들이 '옮겨적는' 독서법을 사랑했다. 지금도 많은 이들이 행하는 대표적인 방법이기도 하다. 책을 읽으며 마음에 새겨야 할 문구가 나오면 책 제목과 함께 필사하듯 적으며 읽는다. 이렇게 하면 나중에 정리한 내용만 보아도 책 한 권의 내용을 찾기 쉬울 뿐 아니라 파악하기도 쉽다. 독서에도 기술이 있다는 걸 나중에서야 알았다. 책을 읽다 보면 나도 모르게 몰입되어 저자의 세계로 빠져들어 그들과 함께한다. 그들의 이야기를 들어주고 그들의 힘든 환경에 눈물을 보이기도 한다. 오롯이 그들과 함께 하나가 된다. 몰입이 시작되면 책 속에서 행복감을 느낀다. 『공부하는 힘』의 저자인 황농문 교수는 '몰입은 생존을 위한 삶, 행복을 추구하는 삶, 자아실현의 삶을 동시에 추구할 방법이기 때문이다.'라고 말했다. 나는 독서의 몰입이 주는 삶에 대한 질문을 수도 없이 던져본다. '어떻게'라는 질문에 대한 답을 찾으려 구체적이면서도 촘촘히 그려보는 것이야말로 독서가 주는 최고의 매력이라 생각한다.

독서는 단순히 책 읽는 행위다. 하지만 이 단순한 행위가 어려운 사람이 대부분이다. 운동을 배우려면 전문 코치에게서 정확한 동작을 하나하나 배워나가야 한다. 그렇지 않으면 부상의 위험뿐 아니라 평생 잘못된 자세로 인해 몇 배의 노력뿐 아니라 돈까지 소비하게 된다. 독서도 마찬가지다. 독서에 대한 올바른 방법이나 다독의 전문가들이 가지고 있는 노하우를 습득하는 일은 기본기를 다지는 기초체력처럼 중요하다. 또한,

한 권의 책보다는 독서법 주제로 10권 이상 읽다 보면 자신도 모르게 터득하는 노하우를 얻게 되어 한층 성숙한 독서로 성장해나간다.

막내아들이 돌도 되기 전에 걸린 원인 불명의 질병에 눈앞이 캄캄해지는 것도 잠시, 난 돈걱정에 몸서리쳐야 했다. 다행히 커가면서 증상이 호전되어 더는 뼈가 녹아내리지 않았다. 아이는 원인불명의 질환으로 한쪽 팔목의 뼈가 녹아내리고 있었다. 당시를 기억하면 밤을 새워가며 트럭에 골판지를 한가득 싣고 있어도 가슴이 답답해져 도저히 일이 손에 잡히질 않았다. 아직 말도 제대로 못 하는 갓난아이지만 사진 촬영을 위해 돌도 안 된 핏덩이에게 수면제를 놓아야 했다. 이 녀석은 좀처럼 자려 하지 않았다. 끝까지 버텼다. 할 수 없이 수면제의 양을 높였다.

이번에도 전혀 자지 않고 버텨냈다. 마치 잠을 자기라도 하면 아빠와 엄마를 보지 못할까 봐 발악하는 것 같았다. 차라리 울고 떼를 쓰기라도 하면 안쓰럽지나 않지만 퀭한 눈으로 끝까지 버텨내 할 수 없이 촬영은 포기했다. 모두 다 혀를 내둘렀다. 의사 선생님 말씀으로는 이렇게까지 수면제를 올려서 잠들지 않은 애가 없는데 이런 경우는 처음 봤다며 허탈해했다. 이때만 해도 형편이 좋지 않았다. 지금은 에어컨 두 대를 돌리고 잘 때도 있지만 이때만 해도 집에 에어컨을 달지 못했다. 남의 집 월세살이인데다 빚이 많아 쓸 수 있는 돈에 한계가 있었다. 아이들이 땀띠가 많이 나 괴로워하는 여름이면 아내가 고생이 이만저만이 아니었다.

나는 어떻게 하면 부와 풍요를 누릴까를 생각했다. 그리고 성공마인드를 배우고자 했다. 새벽에 일하다가도 '도대체 다른 이들은 어떻게 성공한 삶을 사는 걸까?' 계속 되묻곤 했다. 방법을 몰라 책에서 찾으려 했다. 나는 자기계발을 위한 서적을 위주로 읽었다. 『마시멜로 이야기』, 『끌리는 사람은 1%가 다르다』, 『경제학 콘서트』, 『누가 내치즈를 옮겼을까?』, 『부자아빠 가난한 아빠1』, 『인생을 두배로 사는 아침형 인간』, 『긍정의 힘』, 『부의 미래』, 『살아있는 동안 꼭 해야 할 49가지』, 『연금술사』『한국의 부자들』 등 부자들의 마인드, 성공자들의 마인드는 무엇이며 그들이 추구하는 것들은 무엇인지 알고 싶었다. 하나하나 읽어가며 공통점을 발견했다. 처음에는 그저 그런 말장난 정도로만 생각했는데 여러 권을 읽기 시작하면서 나타나는 공통점은 나를 흥분시켰다. 소위 성공한 이들은 생각과 말, 행동과 실행력이 책을 통해서도 확연히 달랐다.

나는 상황이 좋지 않아 스스로 조바심을 내며 일에 임했고 그로 인해 내 생각과 말은 거칠었다. 그것은 분명 열등감에서 나온 쓸모없는 승부욕이었다. 상대방에게 이마저도 진다면 마치 인생의 낙오자로 스스로 인정하기라도 하듯 어처구니없는 생각들로 가득 찼다. 당연히 부정적인 언어를 사용했고 불필요한 말을 자주 했다. 일하면서 과묵했지만 차가웠다. 부에 관한 책에서도 언급했듯 '말'이란 그 사람의 생각에서 나온다. 말이 곧 그 사람의 얼굴이자 거울이다. '명확한 생각은 명확한 결과를 위해 길을 열어주게 돼 있다.'라고 했다.

『부의 법칙』을 쓴 캐서린 폰더는 '명확한 생각은 명확한 결과를 위해 길을 열어주게 돼 있다.'라고 말한다. 흔히 성공한 사람들은 자신이 가고자 하는 길을 매일 종이에 써 하루에도 수백 번씩 들여다보며 자신을 다독이며 잠재의식에 각인시켰다. 그리고 무엇보다도 긍정적이고 낙천적이다. 나를 부당하게 대하는 사람이라 할지라도 그것에 시간을 낭비하지 말 것을 강조한다. 그들은 "뚜렷한 하나의 목표에 집중하는 것, 그리고 그 밖의 모든 산만한 것들을 거부하는 데에 성공이 달려 있다."라며 에마 커티스 홉킨스의 말처럼 오로지 자신의 목표만을 생각하고 나아간다.

찰스 필모어는 "평범한 기준에 따라 교육받고 살아간다면 결국 평범한 일생을 보낼 것이고 독창적인 사고는 결코 할 수 없다."라고 말했듯이 부자로 가는 사고방식과 삶의 태도 역시 평범한 기준을 넘어서야 그들처럼 발전하고 성장한다. 나는 한 권의 책을 읽고서 의심의 눈초리로 계속해서 자기계발에 관한 책들을 읽었다. 그들은 단순한 것처럼 보이는 행위 의식을 하지만 그 단순해 보이는 행위를 꾸준히 하기란 그리 쉽거나 만만한 일은 아니다. 나는 10권의 책을 통해 그들의 공통된 습관을 파악했고 책을 통해 배운 그대로 습관화하려 노력하고 있다.

현실에서는 경제력이 우선시되고 있지만, 결국 삶의 궁극적인 목적은 생존의 지속이며, 그 다음은 행복추구다. 여기에 하나를 더한다면 '자아실현'이다. 돈은 그 수단일 뿐이다. 미국의 심리학자인 매슬로우는 자아실현을 '최고의 만족상태'라고 말했다. 그러기 위해선 하고자 하는 의지가 우선이다. 꿈이나 이상은 하고자 하는 의지가 없다면 어제와 같은 오늘을 살아가는 단조로운 삶에 시간을 내맡긴다. 시간에 나를 맡기게 되며 무의미한 하루를 살아가며 때로는 이것이 안전이라고 착각하며 살아간다. 이를 타파하고자 많은 선인이나 성공자들이 외치고 있는 것이 독서다.

의지는 내부의 에너지다. 이런 에너지의 핵심은 바로 의식이다. 여기서 의식이란 느끼거나 인식하는 모든 정신작용, 어떤 대상의 뜻과 의미를 아는 상태를 말한다. 그런데 전근대적 의식 수준이거나 타성에 젖은 의식 수준으로는 자아실현이 불가능하다. 내부의 에너지는 변화를 의미한다. 인간적이고 도덕적인 규범 안에서 타인들도 공감하는 에너지 증폭을 말한다. 하고자 하는 의지는 변화를 내포하며 더불어 의식의 변화로 인해 더욱 강하게 증폭시킨다. 나는 독서를 하며 의지를 다지기도 했지만, 번번이 오래가지 못했다. 책을 읽지만, 의식적 변화 없이 의지만 불태우다 사그라졌다. 당시엔 막연히 의지박약쯤으로 여기며 다른 책으로 대체하며 불씨를 찾으려 노력했다. 나에게 의식의 중요성과 변화의 필연성을 강조한 귀한 만남이 있기 전에는 남들이 전하는 식상한 글로만 위안으로 삼았을 것이다.

〈한책협〉김태광 대표님을 알고부터는 지금까지 인식하던 의식 세계관과 삶의 방식으로는 어떤 자아실현도 불가능하다는 걸 깨우쳐주었다. 의식의 변화와 스스로 잠자고 있는 잠재의식을 깨워 행복을 추구하며 실현할 수 있는 상상력의 힘을 느끼게 해주었다. 그는 최우선으로 의식의 변화를 이끌 수 있는 책을 손에서 놓지 말 것을 강조했고 여러 책을 추천해 주었다. 『확신의 힘』, 『허공의 놀라운 비밀』, 『더 해빙』, 『상상의 힘』, 『2억 빚을 진 내가 뒤늦게 알게 된 소~오름 돋는 우주의 법칙』, 『네빌 고다드 5일간의 강의』, 『네빌 고다드 라디오 강의』, 『믿음으로 걸어라』, 『웰컴 투 지구별』, 『아무도 가르쳐주지 않는 부의 비밀』 등 의식의 변화를 강조하고 상상력을 통한 자아실현에 도움을 주는 책들로 추천해주었다.

네빌 고다드의 책들은 내가 소중히 다루는 책들이며 이는 매일 아침과 저녁에 반드시 한 페이지라도 읽고 자는 습관을 지니게 할 정도로 내 삶의 일부분이 되었다. 내가 알고 지내는 많은 사람 중에는 다독을 하고 책 읽기를 좋아하지만 그들의 삶은 책의 내용과는 거리가 멀었다. 이제야 그 원인을 알게 되었고 마치 진리를 깨달은 수도승처럼 눈이 번뜩였다. 의식의 변화는 곧바로 삶의 목표가 명확해짐을 알아차렸다. 진정 내 삶의 목표는 무엇인가를 되물었고 단순히 돈을 많이 벌겠다는 모호한 외침에서 자신에게 당찬 목표와 바람이 굳게 자리 잡았다. 감정에 휩쓸려 하루에도 열두 번씩 천당과 지옥을 다녀와야 했던 나약한 마음은 어느새 감사함으로 탈바꿈하는 자아를 발견하게 되었다. 긍정이 주는 에너지에 집중하고 타인들의 시선을 의식하던 내가 나를 오롯이 바라볼 수 있는 여유를 가졌다. 하루를 사는 것이 희망이 되었고 독서의 즐거움은 배가 되었다. 시간의 소중함을 알게 되었고, 일과 집만을 반복하는 일벌레의 밋밋한 삶의 테두리를 끊어버리는 에너지에 나를 새로이 충전하기 시작했다.

자아실현을 위한 여러 방법이 있다. 하지만 내용을 들여다보면 똑같은 이야기에 식상하기만 하다. 독서를 통한 자아실현은 교과서 정답처럼 들리기도 한다. 하지만 모든 것들이 고리타분한, 눈으로만 보려는 의식세계를 타파하고 새로이 믿음에 확신하는 의식의 변화를 둔다면 삶은 곧 희망이 된다. 독서는 또 다른 자아실현의 밑거름이 된다. 나는 의식의 작은 변화로 회사에서의 쉬는 시간 독서를 들 수 있다. 10분의 휴식시간은 꿀 같은 독서 삼매경의 소중한 시간이다. 나는 이 시간이 즐겁고 기다려진다. 자신이 작은 변화라도 느끼고 싶다면 의식 수준을 향상하는 책을 10권 정도 꾸준히 읽어본다. 의식의 변화 없이는 어떤 변화도 만들어 내지 못한다는 걸 깨닫기 시작할 것이다.

책에서 읽은 내용을 생활에서 실천하라

한 분야에서 책임을 맡고 있다는 것은 결정권이 있다고 할 수 있다. 조직이 잘 갖춰져 있는 대기업은 분야마다 전문 인력이 요소마다 배치되어 일사불란하게 이루어진다. 하지만 중소업체에서는 일당백이 되어야 한다.

문제는 인력이다. 충분한 인력을 갖출 수 없다보니 할 수 있는 역량을 최대한 끌어와야 한다. 내가 경험해 얻은 지식과 요령을 접목해 문제의 원인을 파악해 해결해야 한다. 시키는 일만 하거나 내 분야가 아니라서 못한다는 말은 그 사람의 능력이 거기까지라는 확신으로 굳어지기 일쑤다. 나는 군에서 항공기 정비의 경험과 다른 분야의 사회생활 전반에 걸친 경험을 통해 현장에서 접목하고 응용하며 문제를 해결했다. 대기업에 납품하는 중소업체에서 일하며 느낀 점은 실행에 따른 결과와 함께 문서 관리의 중요성이다. 이것은 매번 감사를 통해 피부로 실감했던 것이었다.

나는 김영호 작가의 '현장에 답이 있다.'란 마치 구호처럼 느껴지는 이 구절을 좋아하고 마음에 새기며 일한다. 나는 사무직이 아닌 현장에서 구슬땀을 흘리며 살아왔다. 노동은 신성한 것으로 여기며 살아왔다. 서울에서 주유소를 맡아 운영하면서도 책상에 앉아 사무업무를 보지 않았다. 현장이 무엇보다 중요함을 인식해 사무업무를 보는 시간보다 현장업무에 매진했다. 특히나 온종일 유니폼을 입고 차량이 진입하면 큰소리로 환영 인사를 하며 고객을 맞고, 운전자의 눈높이를 맞추기 위해 무릎을 굽히는 자세를 취하며 고객에게 최대한의 예의를 갖추는 일은 육체의 피로뿐 아니라 정신적 피로까지 함께 일어나는 노동이다. 한쪽에선 내부세차를 위해 고개를 숙여 먼지를 빨아들인다. 모든 일은 현장에서 정답을 찾아야 함은 내 지론이기도 하다. 생산 가공을 맡아 일하는 지금도 현장에서 직원들과 함께 호흡하며 문제점을 파악해 개선한다.

항공기부품 생산제조업체인 우리는 미국 본사와 대기업의 감사를 받는다. 대기업을 중심으로 하도급을 받는 업체로써 항공기의 안전을 위한 조치다. 감사준비를 하는 업체들은 각종 서류부터 시작해 현장에서의 작업 활동 전반에 걸쳐 규정에 따라 규칙을 준수하고 납품이 이루어지는

지 일일이 점검 기록한다. 나는 생산의 책임을 맡고 있었기에 여간 부담스러운 일이 아닐 수 없다. 직원들은 가공기계에 집중하도록 했으나 혼자 시설물들의 점검 및 수리보완을 하려니 매일 늦게까지 일을 해야 했다. 감사 날짜가 빠듯해 주말에도 나와 일을 했으며 중간에 기계가 고장이 나면 감사준비를 중단하고 기계에 매진하기를 반복했다. 한마디로 내가 사장이 되어야 했다. 당시엔 누구도 대신 할 수 있는 문제가 아니었다. 생산부서 자체를 몽땅 개조하는 일과 같았다. 각종 용접은 물론 수리와 다른 부서의 문제까지 해결해야 했다. 퇴근 후 새벽에 울리는 휴대전화기의 벨 소리는 대부분이 야간 파트의 기계 이상으로 인한 직원 전화다. 이럴 땐 구두로 해결방안을 설명해줘 해결하기도 하지만 그렇지 않을 때는 옷을 갈아입고 회사로 나가 기계를 점검했다. 힘들거나 난감한 상황이 발생해 주저하고 있을 때는 김규환 명장님의 『어머니 저는 해냈어요』 그리고 이나모리 가즈오의 『왜 일하는가』에서 밑줄 그으며 읽고 적어두었던 부분을 다시 보며 마음의 안정을 찾는다.

『어머니 저는 해냈어요』의 저자 김규환 명장은 죽고 싶을 만큼의 현실에서 보여준 강한 열망과 일에 대한 자세는 기계를 다루는 동질감에서 더욱더 공감했으며 『왜 일하는가』의 저자 이나모리 가즈오 회장 역시 일에 대한 강한 확신과 열망, 그리고 일을 통한 몰입으로 얻은 성공 노하우는 현대를 살아가는 많은 이들의 존경의 대상이 된다. 일은 단순히 돈을 벌기 위한 종착역이 아닌 삶의 터전이라는 걸 몸소 실천한 두 인물은 내가 앞으로도 어떻게 살아가야 하는지에 대한 삶의 물음에 깊은 답을 제시해주었다.

우리의 삶은 말로 이루어 관계를 형성한다. 말로써 의사 표현을 전달하고 인간관계를 형성하며 사회라는 울타리 안에 흡수되거나 화합을 이루어 존재의 가치를 형성한다. 인간사회의 모든 영역은 말로 이루어졌다 해도 과언이 아니다. 인간은 태어나기 시작하면서 울음을 통해 목소리를 내기 시작해 마지막에는 유언으로 끝을 맺는다.

이도흠 한양대 교수는 "말이란 한 대상이 다른 대상에게 생각과 느낌을 발성 기관을 통하여 기호로 나타내는 소리다. 대상은 주로 타인이지만, 자기 자신, 신, 사물일 수도 있다. 기호는 한마디로 말하여 '사물의 생각, 느낌을 다른 것으로 대체한 것의 총칭'이다."라고 정의했다. 말이란 언어를 뜻한다. 자기 생각이나 느낌을 음성으로 전달하는 수단과 체계를 말한다. 말에는 강한 에너지가 존재한다. 말로서 사랑을 표현하면 죽어가는 사람도 미소 짓게 한다. 하지만 잘못된 말은 누군가에게는 위협적이고 죽음까지도 생각하게 만드는 위험한 파동이기도 하다. 실제 과학에서도 인간의 몸은 세포로 구성되어 있고 이런 세포는 몸의 중심 곧 마인드, 우리말로 표현하면 '마음'이며 그의 지시에 따른다는 학자들의 연구를 통해 밝혀졌다. 몸의 사령탑인 뇌를 거쳐 입으로 죽으라고 말하면 세포는 죽는다. 이를 과학적으로 심도 있게 접근한 사람이 앞서 이야기한 세포생물학의 전문가인 브루스 립톤 박사다.

나는 말투가 문제였다. 물론 지금은 여러 책을 읽고 공감하며 의식적으로 말투를 조절해나간다. 하지만 오랜 세월 뿌리박힌 나의 말투는 마치 화가 많이 난 사람처럼 비치기도 했다. 요즘 서점에 가면 말에 관한 많은 책이 출간되어 진열된 걸 보면 비단 나만의 문제는 아니라는 생각이 든다. 인생이 잘 풀리는 말투, 매력적으로 말하는 방법 등 여러 해법이 담긴 책들이 즐비하다. 첫째 딸이 사춘기로 접어들기 직전에 읽은 이시영 박사의 『아빠, 그렇게 키워선 안 됩니다』, 김범준 작가의 『내 아이를 바꾸는 아빠의 말』, 『부모라면 유대인처럼』을 읽었고, 미야모토 마유미의 『운을 부르는 부자의 말투』, 고이케 히로시의 『2억 빚을 진 내게 우주님이 가르쳐준 운이 풀리는 말버릇』 등을 읽어나갔다.

사실 틈나는 대로 말에 관한 책을 찾아 읽기 시작했고 지금도 진행 중이다. 많은 책을 접하며 성공자들이나 변화의 경험을 글로 쓴 작가들이 공통점은 '말의 조심성'이라 하겠다. 반드시 의식적으로 말하되 흘리는 농담이라도 절대부정을 말하지 말라는 충고를 아끼지 않았다.

최근에는 마리 폴레오의 『믿음의 마법』에서 좋은 글을 발견했다. 이 책에서는 지금 당장 당신의 멋진 뇌를 재연결해 "해결 불가능한 문제는 없다."라고 큰 소리로 말하고 하루에 10번씩 아니 50번씩 하나의 의식처럼 삼아 외치라고 말한다. 이는 우주에서 가장 힘센 말로, 바로 자신에게 하는 말이고, 말의 외침은 강한 신념을 낳기 때문이라고 말한다.

나의 말은 거칠었고 늘 현실적이다 못해 극단적이었다. 언제나 기준으로 삼는 대상은 내 생각과 규칙이었고 나와 같은 공감대를 형성하지 않을 땐 나의 또 다른 적이었다. 나의 열등의식과 이기적인 방향성에 내 말투는 시기의 대상이기도 했다. 말은 그 사람의 인격을 고스란히 드러낸다고 했다. 일로서는 인정받을지 모르겠지만 말에서는 지나치리만큼 현실주의자였다.

미야모토 마유미의 『운을 부르는 부자의 말투』에서는 '이제는 말하는 방식을 의식적으로 바꿔야 한다.'라고 말했다. 그러면서 속으로는 일을 싫어해도 좋으니 일하는 걸 좋아한다고 말해보시기 바랍니다. '좋다, 좋다' 하는 사이에 정말로 일을 좋아하게 될 테니까요. 이것이 바로 말이 가진 신비한 힘입니다.'라며 말에 대한 강한 확신을 강조했다. 우선 아이들에게 대하는 말투의 중요성을 인식하기 시작했다. 집에서도 최대한 의식적으로 목소리 톤을 한 템포 늦추어 말한다. 이런 노력은 부정보다는 긍정의 변화를 가져와 행동에도 많은 변화가 일었다. 단지 책이 주는 효과를 삶에 적용하려 부단히 노력한 결과다. 만약 내 감정의 상승 폭이 오르려 하면 잠시 말을 그만두고 책을 손에 든다. 책을 통해 손가락 절단 사고에 대한 절망과 우울은 나 자신을 피폐하게 만들어 가는 피해의식에서 벗어나 긍정의 목소리를 냄과 동시에 인정하고 수긍하며 점차 안정을 찾아갔다. 독서는 삶의 이정표인 것이다.

사람들은 자신에게 급한 일이 발생하면 극도의 몰입상태를 보인다. 현장에서도 한 예를 들자면 대기업에서 급한 가공 때문에 제품을 직접 들고 올 때, 기계 담당자는 평상시보다 몇 배의 집중력을 발휘해 프로그램을 확인하고 공구를 확인하며 몰입하게 된다. 하지만 평상시에는 그다지 집중력을 발휘하지 못한다.

황농문 교수가 펴낸『공부하는 힘』에서 '노력 없이 위대한 사람은 없다.'라는 말을 시작으로 보통 사람들은 급하지 않은 상황에서는 노력하지 않지만, 성공한 사람들은 급하지 않은 상황에서도 최선의 노력을 기울이는 구동력을 갖고 있다고 말한다. 우리는 하루 중 중요하지 않게 보내는, 즉 어제와 같은 오늘을 보내고 있다는 사실을 알아차린 이는 극히 적다. 아침 출근 시간에 커피 한 잔의 여유는 하루를 계획하고 문제해결의 시간을 단축하는 힘을 얻는다. 하지만 많은 직장인은 대수롭지 않게 시간을 허비한다. 커피를 마시며 동료들과 농담을 하거나 스마트폰의 유튜브 채널을 시청하기에 시간을 허비한다.

나는『공부하는 힘』이라는 책을 우연히 접하고부터 급하지 않은 상황, 즉 쉬는 시간을 활용해 독서를 해보기로 마음먹었다. 사실 하루 쉬는 시간이 2시간 가까이 되며 이 시간을 온전히 나에게 투자하는 시간으로 만들고자 실행했다. 두 시간에 10분 휴식은 금방 지나가지만, 책을 쉽게 꺼낼 수 있도록 미리 위치를 선정해두었다. 커피를 타오고 온전히 몰입하면 다섯 페이지가 넘어간다. 이 귀찮은 방법을 하루도 빠지지 않고 실행해본 결과 독서량이 배로 늘었다. 그리고 중요한 건 언제 어디서고 바로 읽으며 집중력의 향상으로 이어졌다.

예전에는 원하는 위치가 아니거나 분위기가 나와 맞지 않으면 집중하지 못해 한 페이지도 제대로 읽지 못했다. 특히 아침 출근 후 30분은 나에게는 꿀맛 같은 시간이 되었다. 나는 커피 한 잔과 함께 가방에서 책을 꺼내 어제 읽은 부분을 확인 후 읽기 시작한다. 위대한 성공자들의 글을 회사에서 아침에 읽는다는 건 마치 월요병을 이겨낸 직장인이 된 만큼 매력적이었다. 저명한 과학자인 셜리 버거(Shelly Berger)는 "성공의 비결은 시작하는 것에 달렸다"고 말한다. 이처럼 일상에서 행동으로 시작하기만 하면 된다.

『하버드 새벽 4시 반』의 내용에서 '시간이 많다는 생각은 절대로 하지 마라. 모든 마음을 다해 일할 때면 우리는 늘 시간이 부족하다고 느낀다. 사람들은 시간이 우리를 기다려주기를 바라지만 시간을 결코 걸음을 멈추지 않고, 우리는 최선을 다해 따라갈 수밖에 없다.'라고 말하며 보이지 않는 시간 도둑을 조심하라고 했다.

시간은 한정되어 흐른다는 사실을 알지만, 대부분은 영원할 것처럼 행동한다. 10분의 시간을 별거 아니라고 생각하는 사람은 1시간을 주어도 무얼 해야 할지 모른 채 스마트폰만 들여다본다. 하루 중 내게 허락된 시간을 모아 활용할 궁리를 한다면 한층 발전된 자아를 만나게 된다. 시간의 소중함을 안다는 건 자신을 속이지 않는 열정이다.

자기계발의 대가 나폴레온 힐은 이렇게 말했다.

"운명이 주는 상을 받고 싶다면 가슴속의 꿈을 열정으로 바꾸고 이 열정을 위해서 일할 각오를 해야 한다."

5장

독서로 인생의 기적을 만들어라

독서는 삶을 바꾸는 스펙이다

일생일대 나의 최대 사건은 네 가지다. 첫 번째는 군 생활에서의 교통 사고였다. 두 번째는 골판지 배송업을 하던 추운 겨울날 쓰러진 일이며 세 번째는 대형 화물차 적재함 고정 뭉치가 정수리를 가격해 머리가 깨진 일이다. 마지막으로 최근에 일어난 손가락 절단 사고다. 세 번째까지는 스스로 인지하지 못하며 '열심히 살다 보면 이럴 수도 있지'라고 흘려보냈다. 하지만 네 번째 사고가 발생하고 한 달간 병원에서 치료하던 중 불현듯 내게 따라다니는 사고에 대해 깊이 생각해보는 시간을 가졌다. 이번 사고는 생산을 책임지고 있는 관리자로서 여러 가지 복합적인 일들로 인해 기계를 점검하던 중 일어난 사고다. 이들의 공통점은 사고가 일어난 후 책을 읽으며 마음을 다졌다. 엘리자베스 김의 『만 가지 슬픔』, E. 플라트너의 『가장 소중한 것부터 버려라』, 조안리의 『조안리의 고마운 아침』, 한상복 작가의 『한국의 부자들』, 켄 블랜차드 외 공저의 『칭찬은 고래도 춤추게 한다』, 윤희기 작가의 『바보들은 항상 결심만 한다』 등을 읽었다. 첫 번째 사고는 졸음운전이 원인이었다. 군부대 동기생 결혼식에 다녀오는 길에 강원도 태백의 산을 넘던 중 일어난 사고다. 두 번째와 세 번째 사고는 돈을 한 푼이라도 더 벌려고 서두른 '조급증'이 문제였다. 당시엔 신용불량자와 파산으로 인한 삶에서 하루라도 빨리 벗어나려 했다. 미래의 불확실성으로 남들보다 다 빨리, 더 많은 일감을 원했다. '조금이라도 한가할 시간이 없다.'라고 생각한 나는 무조건 앞만 보고 달려갔다. 힘들면 책 속의 한 줄을 적은 메모를 보며 마음을 달랬다. '시간은 돈이다'란 말은 단지 머릿속에 각인되는 좋은 말일뿐 실제로는 피부에서 느끼는 아슬아슬한 줄타기와 같았다. 밤새 운전해도 좋으니 일만 많았으면 좋았고, 새벽 3시부터 이어진 운전은 하루 세 탕을 목표로 달려들었다. 지금의 고생은 나중에 보상받으리라 여기며 일만 생각했다. 잘 때도 화물차 콜을 연결해주는 무전기를 옆에 두고 잤다.

세 번의 사고는 모두 치명적인 사고였다. 하지만 그때마다 운이 좋았다. 큰 사건만을 적다 보니 세 번의 사고로 분류하지만, 지면을 통해 이야기하지 못하는 위험천만한 사고는 훨씬 잦았다. 그럴 때마다 운 좋게 넘어가곤 했다. 마지막 네 번째 사고로 인해 내 안의 분노를 알게 되었고 어릴 때부터 자라온 열등의식이 내 의식에 크나큰 영향을 미치고 있다는 걸 알아차렸다. 나의 삶을 타인의 기준에 맞추었고 타인의 말에 좌절하고 웃는 나의 자아를 발견했다. 여기서 말하는 타인이란 가장 가까운 가족부터 친구, 지인을 포함한다. 지금껏 나는 진정한 내가 아니었다.

손가락을 다치고 나서 독서에 더욱 매진했다. 병원에서는 책을 읽지 않으면 내 안의 잠재의식에 분노와 화가 치밀어 보이지 않는 가상의 세계에서 누군가를 죽여야만 평온해졌다. 다친 손가락과 몸이 문제가 아니라 정신이 피폐해져 가는 의식을 붙잡아야만 했다. 매 순간 긍정을 노래하고 낙관적으로 변모하고자 했지만, 마지막에는 늘 분노에 휘말려 들었다. 책을 읽지 않았다면 자신의 분노조차도 인지하지 못하고 지나가는 시간에 나를 맡겼을 것이다. 오른쪽 검지 손톱 한마디를 잃었다. 퇴원 후 병원에서 읽은 책들을 토대로 A4용지에 감사한 것들의 목록을 작성했다. 퇴근 후에도 매일 사소한 감사함을 종이에 적기 시작했다. 그동안 잊고 살았던 지극히 당연한 것들이 소중함으로 다가왔다.

독서의 힘은 역경을 이겨내는 힘과 성공에 대한 동기부여를 받는데 최적이다. 책을 읽지 않았다면 이번 손가락 사고에 대한 분노는 평생 숙제로 남았을지도 모른다. 사고는 내게 일어났다는 이유만으로도 부정적인 사람으로 변하게 만든다. 이번 사고는 개인적으로도 안타깝지만 새로운 삶을 여는 지표가 된 시간을 가졌다. '잃는 만큼 다른 무언가를 얻는다.' 라는 말이 있다. 잃은 손가락보다도 독서를 통해 내 삶을 바꾸는 소중한 시간이 되었다.

결혼이란 부부로서의 법률적 관계를 맺는 것이라고 정의한다. 부부(夫婦)란 결혼한 남녀로 남편과 아내를 말한다. 순수한 한국어로 가시버시라는 말은 부부를 겸손하게 이르는 말이다. 서로가 사랑이라는 큐피드의 화살을 맞고 무얼 해도 긍정으로 바라보며 애틋해진다. 나의 아내는 결혼하자마자 프랜차이즈 가맹점을 하겠다는 나의 의견을 따라 무작정 그 일을 시작했다. 우리는 잠을 줄여가며 열심히 꾸려나갔지만, 세상일은 언제나 뜻대로 되지 않았으며 돈은 냉정했다. 1년 6개월 만에 빚만 남았다. 어디서부터 어떻게 해야 할지 몰랐다. 밖에 나가면 가슴이 답답했다. 출산 예정일이 임박해 아내는 처가에 내려갔다. 남들은 "음식점 하나 망했다고 인생 끝나냐?"라며 위로하지만 정작 그 말은 귀에 들어오지 않는다.

아이가 태어나고 결혼생활은 아이에게 초점이 맞춰졌고 나는 돈을 더 벌어들일 수 있는 밤에 일했다. 항상 원리원칙을 내세우는 아내와 나는 자주 부딪혔다. 나는 성격이 불같았다. 마음에 들지 않으면 말이 앞섰다. 좋지 않은 말을 자주 사용하다 보니 아내의 표정은 어두웠다. 내가 기억하는, 가장 후회되는 행동이 있다. 밤새워 일하고 들어와 잠을 자는 나를 아내가 깨웠다. 그리고 점심을 차리는 아내와 얼마 전에 일어난 집안일을 화제로 이야기를 꺼냈다. 근처에 있는 시부모님과 관련이 있었다. 나는 아직 몸이 피곤하고 짜증이 나기 시작해 점차 언성이 높아졌다. 이에 질세라 아내는 정확한 논리로 요목조목 따져 들었다. 급기야 나는 해서는 안 될 말과 행동을 하고 말았다. 밥상을 엎고 말았다. 방금 차린 국과 반찬이 공중으로 날아가며 주방 벽을 강타했다. 벽에는 온통 음식으로 지저분해졌고 바닥은 엉망이 되었다. 다행히 아이들은 어린이집에 있어 천만다행이었다. 이 일로 우리 사이는 한동안 말이 없었다. 아내는 나에게 '무식하다.'라는 표현을 썼다. 나는 아내에게 우린 너무 안 맞는 사이라며 큰 소리로 떠들어댔다. 이렇듯 나는 불덩어리가 순식간에 올라왔다가 금세 꺼지기를 반복했다. 마음에 들지 않으면 주체하지 못해 화를 내기도 했다가 금세 풀어졌다. 나는 '내가 옳다.'라고 생각하는 기준을 정하고 그 선을 넘는 이들을 증오했다. 나는 다음날 바로 후회하기 시작했지만, 아내는 전화를 받지 않았다. 분명 뭔가가 잘못되어가고 있다는 것을 알았다. 아내가 변하기를 바라기보다 내가 변해야 했다. 순간 나는 예전에 읽은 책의 제목이 생각났다.

『우리는 사소한 것에 목숨을 건다』의 저자 리처드 칼슨은 말한다. '대부분 사람은 현실을 바라보는 자신의 시각에 질문을 던지지 않는다. 왜냐하면, 자신의 시각이 늘 옳아 보이기 때문이다. 또한, 대부분 사람은 자신이 옳다는 것을 증명해 보이기 위해 끊임없이 예를 만들어 낸다.'라고 말한다.

나는 아내의 말을 이해하려 노력하지 않았다. 들었다 해도 금세 잊힌다. 나를 믿고 묵묵히 따라와 준 아내를 다시 생각하니 부끄러웠다. 아내는 나의 사과를 받는데 한 달이라는 시간이 걸렸다. 그만큼 큰 충격이었을 것이다. 이번 일을 계기로 나는 변화를 스스로 다짐했다. 그리고 독서에 나를 투자하는 데 더 많은 시간을 보내고자 다짐했다. 지금껏 독서를 꾸준히 지속하게 만든 이유가 되었다.

독서를 통해 성격을 바꾸려 부단히 노력했다. 많은 성공자의 인내심과 실행력은 나를 매번 감동의 도가니로 빠지게 한다. 지금도 많이 부족하고 배워야 함은 자명한 사실이다. 부부도 공부해야 한다. 율곡 이이는 『격몽요결』에서는 '부부가 서로 지나치게 친압하지 않고 서로 공경할 줄 알아야 한다. 반드시 모름지기 남편은 화락한 모습을 가져올 바른 도리로서 절제해야 하고, 아내는 유순한 마음과 올바른 도리로 받들어 처리해야 한다.'라고 말한다. 변화하려면 지독한 의지가 필요하다. 한 번으로 끝나는 것이 아닌 지속성이 중요하다. 지속하고 유지하는 방법으로 현재까지 독서를 택했다.

삶을 변화시키고자 하는 바람은 비단 누구나 가지는 열망 중 하나일 것이다. 나 역시 살면서 크고 작은 변화들이 생겨났다. 변화에 지나치게 예민하지 않았다. 당연히 받아들여야 하는 숙명처럼 여겼다. 본격적인 변화를 직감하고 독서에 매진한 때는 내 나이 42세가 되던 해였다. 『침대부터 정리하라』의 저자인 윌리엄 H. 맥레이븐은 2011년 오사마 빈 라덴 제거를 위한 '냅튠 스피어' 작전을 지휘한 인물이자 해군 대장이다. 그는 '세상을 바꾸고 싶다면 침대부터 정리하라'고 말한다. 해군 특수부대에 36년 동안 근무한 그는 특수부대의 매일 아침 제일 먼저 한 일은 침대검사였다. 이는 매우 간단한 일이고 기껏해야 평범한 일이다.

나는 집에서 신발정리를 하고 취침에 들어간다. 집이라는 울타리에 가지런한 신발은 해도 그만 하지 않아도 특별할 것 없지만 깨끗하게 정리정돈된 신발장은 마치 그 집의 평화를 상징하기도 한다. 취침 전 평범하지만 마지막으로 매일 이루어낸 한 가지 중의 하나에 속한다. 별것 아니지만 완수했다는 성취감이 들며 편안한 잠자리에 든다.

나는 치열하게 그리고 열심히 살아냈다. 하지만 삶에 변화는 언제나 제자리였다. 살면서 중요한 한 가지가 빠져 있다는 걸 책을 통해 배웠다. 바로 삶의 목표와 욕망이었다. '그저 눈치 보며 열심히 하면 알아주겠지'라는 생각만으로 살아왔기 때문에 변화가 일어나지 않았다. 성공자들은 아무리 극한 상황에서도 꿈과 용기를 잃지 않았다. 다산 정약용 선생은 유배지에서도 책을 놓지 않고 읽었던 것은 학문에 대한 깊은 뜻이 있어 가능했다. 의식혁명가 앤서니 라빈스는 뚱뚱한 빌딩 청소부였지만 삶을 변화시키는 '절대 소수의 삶'이라는 목표를 가지고 노력했다.

책을 통해 나에게 없는 그것을 알아차리기 시작했다. 삶의 목표가 없는 돈 벌기에 급급했다. 어느 날 나는 내 삶의 목표를 종이에 적기 시작했다. 처음에는 5개를 적었고 다음 날에는 20개를 적었다. 그리고 연관성을 찾았고 스스로 질문을 던졌다. 이 중에서 내가 당장 취해야 하는 행동은 무엇인가를. 나는 내 나이 42세에 삶의 목표를 적었다. 목표가 설정되니 막연했던 생각들은 구체적인 예시가 되었고 시간을 분배했으며 독서에 대한 자긍심이 일었다. 그동안 눈으로 읽던 나의 독서는 서서히 공부가 되었다.

삶의 변화를 주고자 함은 이미 살다간 선인들이 쓴 책을 통한 간접경험이야말로 가장 실수를 적게 만드는 인생의 교과서다. 변화는 누구나 원하고 누구나의 욕망이다. 하지만 대부분 망설이고 주저하며 시간만 보내고 만다. 지금 이 순간에도 현재라는 시간은 과거로 넘어간다. 변화는 두려움을 동반한다. 두려움은 백만 가지 안 되는 이유를 들지만 되는 이유는 단 한 가지다. 두려움을 없애는 한 가지는 열정이다. 열정은 삶의 확실한 목표를 동반하며 이를 지속하는 좋은 예는 꾸준한 독서의 습관이다. 독서를 통한 목표는 삶을 송두리째 바꾸는 원동력이 된다.

독서는 다양한 기회를 낳는다

삶에서 가족뿐 아니라 타인과 자신을 포함한 '좋은 관계'를 이루려면 시간과 노력이 필요하다. 그에 따르는 적은 노력으로 독서를 선택했다. 책이란 내가 알지 못하는 누군가의 일방적인 이야기를 접하는 도구다. 누군가와 서로 얼굴을 맞대고 이야기를 나눌 때, 우리는 공감대를 형성하며 상대를 쉽게 파악할 수 있다. 하지만 한 손에 잡히는 책 한 권이 얼굴도 피부 색깔도 나이도 모르는 그의 글에 공감하고 알아갈 뿐 아니라 감성의 도움을 받는다.

지방으로 이사를 마친 우리 부부는 아이들의 학교와 어린이집을 등록하며 새로 맞이한 터전에서 곧은 뿌리를 내리고자 애썼다. 처음 한 달간은 적응하며 경제적 해결책인 직업을 가지는 데 집중하는 시간을 보냈다. 지금에서야 간결한 표현으로 말하지만, 당시엔 온통 머릿속에 자리 잡던 생각이 '직업'이었다. 모든 걸 다시 처음부터 시작하는 건 행복을 위한 리셋버튼과 같은 긍정 스위치임에는 분명하다. 또한, 동시에 가장이 느끼는 삶의 무게로 인한 책임과 중압감은 감내하고 해결해야 하는 지극히 현실적 고민이다. 생존은 모든 인간의 본능이기 때문이다. 나는 우여곡절 끝에 농기계 부품을 생산 조립하는 회사에 취직했다. 아무 기술도 없이 오롯이 처음부터 배우기 위함이다. 이로써 나이 42세에 공장 생활이 시작되었다. 나는 이곳에서 1년을 일하고 사직했다. 이유는 배우기 위함이다.

기술적 배움에 대한 갈망은 다른 누구보다 강했다. 나의 가장 큰 장점은 일할 때면 특별한 경우를 빼고는 휴대전화에 손이 가지 않는다는 점이다. 이는 삶의 힘든 시기를 겪으며 가난을 벗어나고자 하는 몸부림에서 습관화되었다고 할 수 있다. 골판지 배송을 하며 읽던 나폴레온 힐의 『놓치고 싶지 않은 나의 꿈 나의 인생』, 정주영 회장의 『시련은 있어도 실패는 없다』, 김규환 명장의 『어머니 저는 해냈어요』, 스티븐 코비의 『성공하는 사람들의 7가지 습관』, 헤럴드 샤먼의 『억대 연봉자의 메모 수첩』 등 다수의 책에서 공통으로 강조한 부분은 무조건 열심히 일하는 것이 아니라 바로 '실행력'이란 걸 알았다. 소위 사회층에서 성공자들이라고 불리는 많은 이들은 일단 머뭇거리지 않고 주저 없이 '실패하더라도 일단 실행하라.'라는 마법의 주문을 외친 뒤 행동으로 이어진다. 깊게 생각하고 알아보는 과정에서 오는 두려움과 불안은 늘 새로운 도전을 가로막는 가시덩굴과 같다. 나라는 존재는 우유부단한 성격에 감정의 기폭이 심했다. 언제나 거절에 난감해했고 그로 인해 타인들의 일까지 거들어야 할 때가 많았다. 책을 읽으며 이런 성격을 고치는 데 많은 도움을 받았고 자기계발을 소홀히 하지 않은 적은 노력으로 변화해나갔다.

독서를 통해 나보다 힘든 역경을 견뎌내는 지혜를 얻었고 무엇보다 중요한 자신을 알아간다는데 의의가 크다고 할 수 있다. 내가 나를 모르는데 다른 누군가인 타인이 나를 결정하고 단정 지을 수는 없는 노릇이다. 성공학의 거장 나폴레온 힐은 결단력의 결여가 실패의 최대 원인이라고 말한다. 쉽게 말하면 결단력의 결여는 결단할 기회를 놓아버린 그것과 같다는 뜻이다. 문제의 핵심을 잘 알고 있는 사람은 신속하게 결단을 내리고 즉시 행동을 취한다. 나는 만나는 사람마다 이곳에서 배울 최고의 기술자가 누구인지를 물었다. 아무도 말해주지 않던 어느 날 전 직장의 지인으로부터 전화가 걸려와 알려 주었다. 나는 주저하지 않고 전화를 걸었고 나의 사정을 전했다. '늦은 나이지만 배우고자 한다.'는 의사를 밝혔다. 뒤에 안 사실이지만 당시 이 회사에서는 직원모집을 하지 않았다. 다음 날 약속된 시간에 면접을 보았고 나는 정식으로 배울 기회를 얻었다. 지금의 나를 있게 한 기술적 배경이 되기도 했던 작은 관심은 이후에 다른 회사에서 스카우트 제의를 받는 단계에 이르렀다. 만약 독서의 필요성을 인식하지 않은 직장생활만을 했더라면 단기간에 지금의 위치에 오르지 못했을 것이다. '기술은 경력의 문제가 아니라 경험이다.' 이 말은 스스로 만든 말이며 나에게 다짐하는 말이 되었다. 한 번의 경험도 소중하게 여기고 기록해서 실수를 최소화해야 한다. 기술은 원인을 분석 및 파악 후 같은 실수를 반복하지 말아야 한다.

독서의 꾸준한 습관은 분명 자신을 대하는 태도에서 변화가 일어나기 시작한다. 이러한 변화는 또 다른 습관을 만들며 나도 모르게 기회를 창출한다. 기회는 열정이라는 마음에 뜨겁게 달아오르며, 일에 대한 태도를 만든다. 태도는 또 다른 기회로 찾고 결과를 낳는다. 단순히 생각만으로, 독서를 한다고 해서 삶이 바뀐다는 이론은 성립되지 않는다. 하지만 실행하려 읽어나가기 시작하면 삶을 바라보는 기준에 나를 대입시켜 바라본다. 따라서 독서는 개인적 취미 생활에서 벗어나 평생 습관으로 자리매김해야 한다.

나는 기계 가공을 본격적으로 배움과 동시에 읽은 김규환 명장의 『어머니 저는 해냈어요』를 읽고 다시 읽고 반복하며 그의 깊은 열정에 감동했다. 그리고 그와 같이 행동하기 시작했다. 내 기계에 두 손 모아 기도를 올리고 마음속으로 '오늘 나와 함께 최선을 다하자'라고 외치며 일을 시작했고 가공시간의 여유가 있기라도 하면 기계를 닦았다. 기계를 닦는 습관은 아마도 공군 기체정비 부사관 출신이라 몸에 습관처럼 배어 있다. 그래서인지 기계 고장 한번 없이 정밀가공에 문제가 없었다.

거처를 지방으로 옮겨 점차 안정을 찾아갔다. 아내 역시 회사에 입사해 부족한 가정경제에 보탬이 되려고 노력했다. 당시 아내의 회사는 직원이 대여섯 명 정도로 소규모였다. 원래는 항공유통을 담당하다가 대기업에 납품하는 생산 제조업을 막 시작했다. 외국의 기계를 사들여 가공을 시작했다. 기계가 고장이 나거나 작동이 안 되면 아내는 나에게 문의를 하곤 했다. 생산가공업무를 담당하는 관리자도 새로 채용하면서 생산제조업에 박차를 가했다. 아내 회사는 점점 인원이 늘어나기 시작했고 아내의 위치도 직원들을 관리 감독하는 수준으로 올라갔다.

그런데 문제는 생산관리자들이 얼마 지나지 않아 자주 그만두었다. 기계도 자주 고장이 발생했다. 한참 가공을 하던 어느 날 아내에게 전화가 와서 받아보니, 저녁에 일마치고 와주었으면 하는 부탁을 듣게 되었다. 기계가 움직이지 않아 난감하다며 남편인 나에게 연락을 한 것이다. 나는 그리 멀지 않은 곳에 있어 차를 몰고 아내 회사로 향했다. 도착해보니 기계 앞에 부장님과 대표이사께서 나를 기다리고 있었다. 간단히 소개하고 기계를 둘러보니 그동안 경험해본 적 없는 프로그램인데다 이탈리아산 기계였다. 나도 당황스러웠다. 도와주러 왔지만, 실질적으로 큰 도움이 되질 못 했다. 그렇게 서먹한 인사를 마치고 몇 주가 흘렀을까. 어느 날 저녁을 먹고 쉬고 있던 나에게 아내가 진지하게 할 말이 있다며 가까이 다가왔다. "혹시 이직할 의향이 있어요?"라고 말하는 것이었다. 나는 순간 눈치를 채며 말했다.

"혹시 당신 회사로 내가 이직하라는 말이야?"

아내는 당황스러워하면서도 말을 이어갔다.

"부부가 같은 회사에 다니면 서로에게 좋지 않은데 다른 관리자들을 채용했더니 실력이 검증이 안 되고 일이 서툴러 대기업 납품에 차질이 발생하고 있어요. 사실 사장님께서 진작부터 이야기가 나왔어요."

나는 부부가 같은 회사에 다니는 모양새가 좋지 않다고 말했지만 사실 우리 부부는 이미 서울 직장에서 같은 회사에 근무한 경험이 있어서 거부감은 들지 않았다. 당시에 나는 하버드대 교수인 마이클 푸엣, 크리스틴 그로스 로가 지은 『THE PATH』를 읽고 있었다. 저자는 우리가 결정을 내릴 때 '합리적 선택' 모델과 '직감'에 의해 의존한다고 말한다. 사람들은 자신이 옳다고 느끼는 '직관'에 의지해 결정하기도 하는데, 대개는 합리적 선택 모델과 적절히 섞어 사용한다는 것이다. 즉 "합리적으로 조사하다가도 옳다는 느낌을 따라간다."라고 말한다.

회사에 다니며 인정을 받는다는 건 기쁘고 즐거운 일이다. 이는 최상의 몸값으로 연결되고 나에 대한 존재감과 신뢰감은 한층 상승한다. 또한, 한층 성장할 수 있는 발판이 된다. 나는 아내의 제안에 생각할 시간을 달라고 말한 뒤 한참을 망설였다. 어떤 것이 옳은 결정인지를 자신의 감정에 저울질해본다.

마리사 피어의 『나는 오늘도 나를 응원한다』에서 '2%의 사람만 지금 행동하고 98%는 미룬다고 한다. 우리가 하는 일의 20% 안에 전체 가치의 80%가 들어 있다. 당신을 막는 걸림돌의 80%가 내면적인 것이고 20%만이 외부적인 것이다.'라고 말한다. 나는 지금의 안정적인 걸 잠시 접고 새롭게 도전하며 성장하기를 원했다. '일단 한번 해보는 거야.'

지금 아내의 회사가 내가 다니는 회사다. 우리는 같은 회사에 다니는 부부다. 다른 부부는 출근과 퇴근 시만 보지만 나는 온종일 같은 공간에서 마주한다. 아내는 관리부 소속 차장이고 나는 생산부 차장이다. 나를 아는 많은 지인은 은근히 걱정 어린 목소리를 낸다. 어떤 이들은 아내와 같이 일하면 얼마 못 가 스스로 나오게 된다는 근거 없는 논리로 말을 던졌다. 의견이 맞지 않을 경우도 있다. 하지만 남들이 염려하는 일은 발생하지 않았다. 오히려 서로의 도움을 많이 받아가며 회사의 이익에 일조했다. 사람들은 남의 이야기를 쉽게 한다. 그리고 깊게 생각하지 않는다. 가장 평범하고 일반적이며 다수의 의견에 휩쓸려 결정을 내린다. 5년의 세월이 흐른 지금, 그들은 변화 없는 자리에 머물고 있고 나는 이 글을 쓰며 또 다른 성장을 위해 내면의 목소리에 귀를 기울인다. 사람들이 좀처럼 변화에 익숙하지 않은 것은 두려움과 불안이다. 기회는 거창하게 오지 않고 사소한 일련의 사건에서 불현듯 온다. 하버드대학 의학박사이자 미국 성공학의 대가 오리슨 S. 마든은 '특별한 기회가 올 거라며 기다리지 마라. 평범한 기회를 붙잡아서 특별하게 만들어라. 약자는 기회를 기다리지만, 강자는 기회를 스스로 만든다.'라고 말한다. 또한, 기회를 잡으려는 생각의 근육은 독서였다. 책은 세상을 긍정으로 바라보게 해주며 다른 사람들의 시선에 아랑곳하지 않는 단단한 믿음을 만들어낸다. 기회라는 것은 누구에게나 같은 시선으로 바라보게 하지 않는다. 나는 책을 통해 나만의 시선으로 바라보았다. 기회는 스스로 만들어가는 것이다. 요즘 젊은이들이 기회를 잡기 위해 부단히 스펙을 쌓아나가는 이유이기도 하다. 우리는 초등학교를 입학하기 시작하며 대학교까지 평균 14년을 공부한다. 그런데 이것도 모자라 각종 스펙에 목숨 걸고 자격을 취득하거나 강의를 듣는다. 나 역시 고등학교 3학년 아이를 둔 부모이기에 이런 이야기에 민감해진다. 어쨌거나 취업이 하늘의 별 따기처럼 어려워진 지금 기회는 본인 스스로 만들어가야 한다.

내가 아는 후배의 이야기다. 그는 늦은 나이인 39세에 결혼을 해 2명의 딸을 키우고 있다. 그는 특별한 기술을 가진 것도 없었고 나처럼 다양한 사회적 경험이 있는 것도 아니었다. 결혼 전에는 사회생활의 경험이 부족한 사람이었다. 그는 지방에 거처를 옮겼고 다른 경험이 없기에 조립 관련 업무의 회사에 입사해 열심히 다녔다. 그는 독서를 즐기지 않지만, 은지성 작가의 『생각대로 살지 않으면 사는 대로 생각하게 된다』를 읽어보라고 주었다. 그는 내키지 않은 표정으로 받지만 나는 '정말 좋은 책이니 꼭 읽어보라'라고 말하며 건넸다. 후에 그는 다른 회사의 납품을 하는 운전기사로 취직했다는 소식을 접했다. 그는 대기업에 물건을 납품하는 운전기사지만 해당 품질부서의 장들과 가까이 지내려 노력했다. 그는 단순히 물건을 납품하고 검수하는 단순한 일에서 대기업 품질부서에서 원하는 사소한 일들을 즉시 해소해주었다. 한번은 알루미늄 가공에 상당히 거친 부분이 남아 있을 뿐 아니라 탭이 원활하게 들어가지 않았다. 난감한 상황이었다. 보통 예전 직원 같으면 다시 회사로 싣고 왔다. 하지만 후배는 죄송하다고 말하고 제가 해결해 줄 테니 한쪽 자리만 양해해주면 고맙겠다고 말했다. 그는 즉시 공구를 가져와 품질에서 요구하는 데로 맞춰주었다. 당연히 품질 담당자는 시간을 벌 수 있어서 상당히 만족했다. 이런 이유로 그는 대표님에게 신뢰를 얻기 시작했다. 비록 납품운전기사지만 본인이 할 수 있는 최선의 노력을 다했다. 그는 품질부서 소속으로 평상시에는 납품 관련 업무로 운전을 하고 그 외에는 품질실에서 서류업무를 도왔다. 시간이 흐른 어느 날 품질부서장이 사직하게 되었다. 임금문제로 갑자기 사직하자 대표이사는 난감해졌다. 그런데 이 친구가 대표이사에게 당당히 말한다.

"제가 3차원 측정기 다루는 법을 어깨너머로 배웠습니다. 현재 저희 제품들은 제가 할 줄 압니다."라고 말했다. 이 말을 듣고 직접 가동능력을 눈으로 본 대표이사는 다행이라고 말하며 맡아볼 것을 허락했다. 그는 약 300개의 품목을 검사했고 모르는 부분은 다른 곳에 물으며 자기 것으로 만들어갔다. 두 달 후 그는 정식으로 품질부서 과장으로 승격했다. 물론 연봉도 거기에 따르는 급여로 책정되었다. 얼마 있다가 이 소식을 접한 나는 깜짝 놀랐다. 사실 운전직으로 있을 때 나는 살짝 조언을 해주었다. '운전만 하면 장래성이 없다. 그러니 3차원 측정을 어깨너머로 배워라. 그리하면 너한테 큰 자산이 될 거다.'라고 말했다. 나는 후배가 대견스러워 물었다. "도대체 어떻게 된 거야?" 후배는 멋쩍어하며 말했다. 사실은 내가 주었던 책을 던져 놓고 읽지 않다가 제목에 끌려 '한번 읽어보자.'라고 무심코 손에 들었는데, 읽다가 내용이 너무 마음에 와 닿아 동기부여를 받았다고 한다. 그래서 이렇게 살면 안 되겠다 싶어 거래처에 가면 자신이 할 수 있는 최대한의 힘을 발휘해 업무를 보았다고 한다. 이 말을 들은 나는 후배의 눈을 보았다. 그는 더는 옛날의 그가 아니었다. 눈에 비친 내 모습이 또렷하리만큼 초롱초롱했다.

'책의 힘은 위대하다'라는 말이 있다. 나는 후배를 통해 책 한 권이 주는 삶의 변화를 체험했다. 그는 지금도 품질부서 과장으로 근무하고 있으며 두 아이의 아빠로 행복하게 살아가고 있다. 독서를 통한 생각의 변화는 또 다른 기회를 낳는다. 후배는 말한다. 만약 책을 읽지 않았다면 가장 평범하고 누구나 할 수 있는 운전만 했을 뿐이고, 자기 일이 아닌 것에는 신경도 쓰지 않았을 거라고. 그러면 지금의 위치에 오를 수 없었을 뿐 아니라 진급도 하지 못했을 거라고 말한다. 이처럼 기회는 스스로 만들어가는 것이다.

독서는 하버드 졸업장보다 더 위대하다

사실 경기가 어려워지면서 대학을 졸업한 많은 젊은이가 현장 기술 분야에 관심을 두기 시작한다. 흔히 말하는 '기술을 익혀 기술자가 되면 굶지는 않는다.'는 우리네 옛말을 따라 지원하는 이들이 대부분이다. 지원자 대부분은 4년제 대학의 인문계열이 많다. 하지만 처음 입사 후 수습기간을 버티는 이들은 그다지 많지 않다. '극복할 장애와 성취할 목표가 없다면 우리는 인생에서 진정한 만족이나 행복을 찾을 수 없다.'라고 맥스웰 몰츠가 말하듯이 지금 우리네 젊은이들은 좋은 학벌과 스펙을 가지고도 정작 본인의 목표가 무엇인지를 모른 채 막연히 취직이라는 관문에 매달린다. 우리 회사는 중소업체로서 항공기 유통 및 생산 제조와 연구소를 두루 갖추고 있어 본인만 마음먹으면 어떤 방향이든지 항공 관련 분야에 다양한 경험을 쌓을 수 있는 장점이 있다. 하지만 내가 만나본 많은 대학 졸업자의 대부분은 서두에서 말했듯이 책을 많이 접하지 않았다는 것을 입증하는 몇 가지 행동이 나타난다.

처음 회사에 출근해서 기계에 대한 기본적인 수칙들, 대부분이 안전에 관한 부분이 우선시 되지만 숙지해야 할 몇 가지가 있다. 이들이 이과건 문과건 우리는 관심 없다. 회사에 다녀 일하겠다고 온 이상 일을 시켜야 한다. 처음엔 선배들의 행동을 따라 해야 한다. 나는 처음 배우는 이들에게 노트를 주며 반드시 적고 또 적어서 퇴근 후에 자기 것으로 만들어야 한다고 강조한다. 이는 가장 쉬울 것 같지만 가장 어려운 일이며 자신의 열정을 가늠하는 기준이 되기도 한다. 지금껏 많은 이들은 노트를 회사에서 받은 후 제대로 활용하지 못하며 적지 못한다. 이들이 적는 노트의 내용은 낙서에 불과하다. 어떨 때는 본인조차도 무슨 글자인지 모르는 경우가 허다하다. 이는 전혀 책을 읽지 않는다는 증거이기도 하다. 보통 다독이 아니더라도 책을 꾸준히 읽는 사람은, 특히 처음 배우는 내용에 대해서는 자동으로 메모하는 모습을 취한다. 한계를 극복하는 것이 메모라는 것을 잘 알고 있기 때문이다. 지금은 열심히 일하는 것이 인기가 없다. 무엇인가를 잘하기 위해 모두 희생을 꺼리기 때문이다. 잘하고 싶은 욕망이 없다. 그저 취직만이 목표며 주5일 근무 그리고 8시간 근무만이 최종 목표가 된다. 근무 조건에 목표를 끼워 맞춘다. 정작 자신이 하고 싶은 일이 무언지를 대답하지 못할 뿐만 아니라 자신이 되고자 하는 모습을 그리지 못한다. 나는 이들에게 독서를 조심히 권한다.

하버드대학교를 중퇴하고 사업에 뛰어들어 성공한 빌 게이츠는 독서광이다. 그는 “오늘의 나를 있게 한 것은 우리 마을의 도서관이었다. 하버드 졸업장보다 소중한 것은 책을 읽는 습관이다.”라고 말했다.

그 역시 처음 시작은 많은 고난과 역경을 이겨내야 했을 것이다. 다만 이를 이겨내는 정신력은 어려서부터 습관화된 독서의 힘이 내재되어 있어 가능했으리라 여긴다.

삶의 목적과 열정은 학교에서 알려주지 않는다. 오로지 스스로 하고자 하는 마음, 되고자 하는 인물, 갖고자 하는 욕망에서 비롯되며 막연히 얻어지는 것이 아니다. 사회의 안전망을 강조하는 부모님에게 순종한다고 얻어지는 것도 아니고 친구 따라 강남 간다고 해서 얻어지는 것 또한 아니라는 것을 인지해야 한다. 우리는 내면의 자신을 알아가기 위해 부단히 노력해야 한다. 독서를 통한 저자와의 간접적인 만남을 통해 고난을 헤쳐 가는 지혜를 얻고, 나라는 자신을 객관적으로 바라볼 수 있는 고독을 준다. 이는 어떤 졸업장보다도 우선되며 더욱 나은 영혼의 성장으로 삶의 지표를 만들어준다.

자기 일을 사랑하는 사람은 과연 몇이나 될까? 지금 내가 하는 일에 자부심을 느끼고 있을까? 지금은 회사의 규모가 커지면서 기계도 새로 들여 제조업체의 틀을 갖춰나가지만, 처음엔 2대의 이탈리아 기계만을 가지고 시작했다. 유럽 장비다 보니 고장이 발생하면 즉각적인 조치가 불가피하다. 특히 전기적인 문제가 발생하면 여간 난감한 게 아니었다. 한번은 전기적인 쇼트 문제로 알람이 울려 작동 불능상태에 빠졌다. 온종일 전문가를 찾아 문의했지만 다들 대답을 회피했다. 할 수 없이 제일 유력한 부위의 덮개를 열어 각축의 전선을 따라 맨눈으로 확인하니 헤드몸체 안쪽 부위의 전선 하나가 납땜이 끊어진 것을 확인했다. 문제는 몸체를 뜯지 않고 어떻게 붙이느냐가 관건이다. 나는 철물점으로 향해 작고 긴 인두를 구매한 다음 동료와 함께 전선을 땜질하려 했다. 나와 동료는 수십 번의 실패에도 아랑곳하지 않고 시도한 끝에 끊어진 전선을 잇는 데 성공했다. 그리고 장비 시동을 건 순간 작동이 원활히 이루어졌다. 우리는 동료와 함께 날아갈 듯 기뻤다. 이 소식을 들은 대표이사께서 "대학교에서 기계공학을 전공한 이들은 막상 사회에 나오면 제대로 써먹지 못하고 정작 이쪽 방면에 일하는 사람들은 전공과 전혀 관련 없는 사람들이 더 잘한다."라고 말씀하셨다. 나는 이 말을 듣고 으쓱해졌지만, 한편으로는 씁쓸했다.

살다 보면 사실 전공과 맞지 않아 다른 일들 하는 경우가 대부분이다. 중요한 것은 지금 하는 일에 대한 자신만의 자부심이다. 비록 지금 하는 일 또한 적성에 맞지 않을 수 있다. 더 나은 직업을 향해 지금 현재를 희생한다 손치더라도 지금의 모습을 어떻게 비추는가에 따라 삶의 깊이는 달라진다. 희생은 대가를 치른다. 처음엔 여느 사람들처럼 내 몸 힘든 직업에 대해 불평과 불만을 토로했고, 먹고 살기 바쁘다는 이유로 생각하고자 하는 고독을 뒤로 미루며 비슷한 처지인 사람들과 시간을 보내기 일쑤였다. 이런 습관에서 벗어나게 해준 건 다름 아닌 독서였다. 먼저 살다 간 경험자들의 삶을 통해 내가 가지고 있는 얄팍한 의식이 내 삶을 좀먹고 있다는 사실을 깨닫게 해준 보물이다.

책을 왜 읽느냐고 묻는다면 "책은 저에게 그저 고향 같은 존재"라고 대답한다. 『삶을 바꾸는 책』 속에서 정혜윤 작가의 말이다. 이어 "좋은 책은 우리의 영혼에 형태를 부여하고 고통에 한계를 주고 잘못된 생각을 끄집어내고 새로운 생각을 받아들이게 하는 마술 피리다."라고 말한다. 책을 읽는 것과 일상의 삶이 이분화 되는 것은 일방통행으로만 직진하는 차와 같다. 가던 길을 지나쳐 유턴하면 되는데 길이 없이 직진으로만 가고 만다. 독서는 여는 가르침보다 위대하다. 독서를 시작하면서부터 나의 일을 사랑하게 되었다.

행복한 상상으로 하루를 시작하는 건 가슴 뛰는 일이다. 많은 사람이 삶의 변화를 갈망하지만, 막상 현실을 들여다보면 어떤 노력도 하지 않는다. 나는 새벽에 벽제 공동묘지를 넘어 다니며 골판지 배송 일을 했다. 불 꺼진 공장에 스위치도 못 찾아 헤맬 때도 많았다. 어떤 때는 스위치를 찾지 못해 트럭의 라이트 불빛으로 비춰 박스원단을 내렸다. 당시엔 이 일만이 경제적 어려움을 이겨낼 해결책이었다. 그래서 원단을 들고 뛰어다녔다. 단 한 번도 물건을 들고 걸어 다니지 않았다. 그야말로 시간이 돈이었다. 빨리 복귀해 한 번이라도 물건을 더 싣기 위해서다. 임무와도 같은 박스원단을 신속히 내리고 남들이 잠든 고요한 시간에 회사로 다시 복귀한다. 운전을 하는 이 시간이 쉬는 시간이고 유일한 상상의 시간이다. 나는 운전하며 상상했다. 내 집과 아이들의 모습을.

지금은 일반 직장인들처럼 아침에 출근하고 저녁에 퇴근한다. 하지만 공통점이 있다면 여전히 새벽에 상상한다. 지금은 트럭이 아닌 내 집에서 나만의 작은 서재에서 책과 함께 상상한다. 내가 운전하며 상상하는 습관을 갖게 된 것은 앞서 이야기했듯이 순번을 기다리며 우연히 손에 잡힌 나폴레온 힐의 『놓치고 싶지 않은 나의 꿈 나의 인생』이라는 책을 읽은 후부터였다. '인간은 생각함으로써 풍요로워질 수 있다. 진지하게 생각을 거듭하면 반드시 성취된다.'라고 말한다. 뇌 과학자 연구에 따르면 뇌는 실제와 상상을 잘 구별하지 못한다고 한다. 그래서 구체적으로 상상하면, 내 무의식에 뿌리를 내려 원하는 것을 그 방향으로 이끈다. '상상은 현실이 된다.'라는 말이 있다. 실제 많은 위인이 어려운 환경 속에서도 자신만의 상상을 펼쳐 현실로 이루었다. 또한, 그들의 공통점은 모두 책을 가까이하고 있다는 점이다. 나는 이런 사실을 토대로 무작정 따라 해보기로 했다. 특별히 돈이 들거나 어려운 일이 아니었다. 다만 꾸준히 매일 습관을 만드는 일이 어려운 것이다. 그렇다고 내가 여느 위인들처럼 한 분야에 탁월한 것도 아니고, 소위 돈을 많이 번 성공자는 더더욱 아니다. 하지만 당시에 신용불량자와 파산 그리고 태어난 두 아이의 아빠로서 절박한 상상은 지금에 현실이 되어 행복하게 살고 있다. 지금은 또 다른 상상을 통해 삶의 목표가 생겨나면서 가슴 뛰는 하루를 살아간다. 상상의 힘은 언제나 나를 위로하며 다가온다.

'사람은 늙고 나이 들어서 새로운 도전에 대한 꿈을 중단하는 것이 아니라, 새로운 도전에 대한 꿈을 접을 때 늙는다.'라고 엘링 카게는 말한다. 변화를 멈추기 때문에 늙는 것이다. 독서는 삶을 변화시키는 강력한 도구 중 하나다. 책을 읽는 행위는 내면의 상상을 뇌에 전달하는 도우미 역할을 한다. 뇌에 각인된 상상력을 습관적으로 하면 현실로 이루려는 강력한 에너지를 이룬다. 많은 위인이나 성공한 이들에게서 하나의 공통점이 발견된다. 바로 독서와 상상력이다. 독서를 통한 상상력은 꿈을 현실로 이루는 무한한 잠재능력을 극대화한다. 이는 그 어떤 유명한 대학의 졸업장보다도 위대한 이유이기도 하다.

책을 읽는 데 그치지 말고 책을 써라

글을 읽고 쓰는 능력으로 인해 인간의 삶은 커다란 변화를 이루었다. 뇌는 신체의 무게 중 3% 정도밖에 안되지만, 에너지 소비로 따지면 총 소비량의 20%를 차지한다. 생물학자인 브루스 립톤 박사는 "인체의 행위뿐만 아니라 상태마저 DNA가 아닌 생각에 따라 결정된다."라고 이야기한다. 그는 DNA 역시 사고의 영향을 받는다고 주장하기도 한다. 두뇌는 모두 선천적인 유전 관계로 보았던 나는 신선한 충격이었다. 여러 위인이나 성공자들은 누구나 자신이 되고자 모습에 상상력을 확신했다. 그들은 이런 사실을 마치 알고 있기라도 하듯 강한 믿음의 사고체계에 자신의 미래를 맡겼다.

우리는 살면서 습관화된 하나의 관념에 사로잡혀 자신도 모르게 변화에 둔해진다. 이것이 우리가 말하는 고정관념이다. 세계적으로 유명한 동기부여 전문가이자 '행복을 그리는 철학자'로 불리는 베스트셀러 작가인 앤드류 매튜스(Andrew Matthews)는 "고정관념에 매달려 있다 보면 그것이 옳다는 사실을 증명할 기회를 자꾸만 스스로 만들어내게 된다. 그러나 일단 한 번만 그 고정관념에서 벗어나게 되면, 계속해서 같은 문제 때문에 같은 교훈을 배울 필요도 없고 인생 자체도 바뀔 것이다."라고 말한다.

사고의 폭을 넓혀야 함은 자명한 사실이다. 독서의 중요성을 말하지 않더라도 내 삶에 부족한 부분을 향상할 수 있는 직접적인 영향에 놓인다면, 마치 감기에 걸려 약을 먹어야 하듯 즉각적인 반응을 보일 것이다. 나는 독서의 중요성을 누구 못지않게 몸소 느끼며 살았다. 그런 내가 독자에서 저자의 눈으로 바뀌어갔다. 바로 글을 쓰는 작가로 변모한 것이다. 하루에 한 권씩 독파하는 소위 '독서광'들이 많다.

나는 그들에 비하면 보잘것없는 양의 독서다. 하지만 많은 양의 독서보다 깊이 있는 독서를 통해 삶에 적용하려는 노력이 중요하다. 보다 나은 미래를 위해 살아내는 힘의 에너지가 독서라고 생각하기 때문이다. 나는 한책협 김태광 대표님을 통해 글을 쓰기 시작했다. 그는 1,000명의 평범한 사람을 작가로 만들었고 250권의 책을 펴냈으며 16권의 초·중·고등학교 교과서에 글이 수록될 만큼 책 쓰기의 구루다. 처음엔 책을 쓴다는 것에 거부감과 함께 스스로가 부끄러웠다. 글이란 유명대학의 국어국문학과 출신이나 삶의 무게가 남다른 이들만이 가지는 특권쯤으로 여겼기 때문이다. 이 또한 나만의 큰 착각이란 사실을 대표님을 통해 깨닫게 되었다. 나는 스스로가 더욱 성장하고픈 열망에 읽는 것을 위주로 했던 독서를 글을 쓰는 위치로 탈바꿈했다. 지금은 평범한 직장인들도 책을 쓰는 시대가 되었다.

나애정 작가의 『하루 한 권 독서법』, 윤정환 작가의 『0원으로 시작하는 짠순이 재테크 습관』, 김경희 작가의 『자꾸만 미안해하지 않기 위해 시작한 엄마 공부』, 서경선 작가의 『죽을 때까지 행복하게 사는 인생의 기술』, 김우창 작가의 『청년 백수에서 억대 연봉 콜센터 팀장이 된 비결』, 허윤 작가의 『퇴근 후 1시간 은퇴 수업』 등 많은 책이 사회생활을 하며 동시에 글을 쓰는 작가이기도 하다.

글을 쓴다는 것은 나를 객관적으로 알아갈뿐더러 나의 경험으로 다른 사람들에게 도움을 주고자 하는 행위다. 평범한 내가 작가로서 나의 경험을 쓰고 있다. 글을 쓰게 되니 기존보다 높은 의식 수준을 갖게 된다. 또한, 보다 전문성에 근거해 자료를 찾고 요약과 정리를 해야 한다. 이런 일련의 작업을 통해 스스로 부족하다고 느낀 부분을 찾고 노력하게 된다. 편하게 읽던 글 한 문장이 작가의 위치에서는 쓰고 지우기를 반복하게 만드는 고된 일임을 새삼 깨닫는다.

최근에 앞으로 다가올 4차 산업으로 인공지능의 시대가 펼쳐진다고 한다. 기계 가공을 하는 주변에 인공지능에 관해 이야기하면 남의 나라 이야기하듯 한다. 정작 그들은 앞으로의 일에 심각성을 두지 않는다. 나는 생각이 다르다. 준비하지 않으면 때가 되어 허둥대고 방황한다. 문제는 젊은이들이 느끼는 일과 관련된 방황은 금세 배우거나 익숙해지며 제자리를 찾을 수 있다. 하지만 중년을 넘어가는 나이 지긋한 어른들의 방황은 쉽게 제자리를 찾지 못한다. 기계 가공을 하며 소재의 특성에 맞는 공구와 절삭 조건을 맞춰가며 변형으로 인한 경험치를 더해 최소한의 불량을 끌어내야 한다. 현재까지는 인간의 경험을 위주로 가공을 이끌어 가고 있다. 아직은 경험을 통한 가치를 높이 평가하고 있는 것이 현실이다. 그래서인지 모두 4차 산업의 형태를 크게 느끼지 못하고 있다. 기계를 배우려는 젊은이들도 가상 속 스마트폰 게임에 저당 잡힌 채 하루의 시간을 낭비하고 있다. 현재 40대 중반을 넘기는 많은 직장인은 하나같이 4차 산업의 대중화에 이르기까지 본인들이 숨 쉬고 있는 시대에는 오지 않으리라 여기고 있다.

세계로봇연맹(IFR)에 따르면, 대한민국은 '로봇이 인간을 대체하는 비율' 1위인 나라다. 인간 근로자 1만 명당 로봇 수는 세계 평균 69대인데, 대한민국은 531대나 된다. 이 연구가 인용되어 있는 책인 『에이트』의 저자 이지성 작가는 '앞으로 다가올 4차 산업은 AI(Artificial Intelligence), 인공지능시대가 온다. 이에 대한 대비로 인간 고유의 능력, 즉 '공감 능력'과 '창조적 상상력'을 갖추어야 한다.'라고 말한다. 기계 가공 분야에 일하는 나로서는 예민해지는 부분이기도 하다. 그렇다면 어떻게 공감 능력과 창조적 상상력을 배양해 앞으로 다가올 4차 산업에 대비할 것인가를 생각하지 않을 수 없다. 대안으로 책을 읽고, 토론하고, 글을 쓰는 것을 핵심으로 삼으라고 말한다. 내가 살아가는 동안 4차 산업의 대중화가 이루어지든, 이루어지지 않든 간에 대비하려 한다. 더불어 나를 드러내고자 해서 글을 쓴다. 내가 독서를 즐기지 않았다면 여느 사람들처럼 기계 가공에만 매달려 하루를 보냈을 것이고 내 책을 쓰겠다는 열망조차 없었을 것이다. 독서가 좋은 건 삶을 되돌아보게 하는 겸손함과 읽는 동안의 고독을 통해 미래를 상상하게 만드는 에너지 때문이다. 글을 쓴다는 건 내 삶을 되돌아봄과 동시에 나의 경험이 누군가에게는 분명 도움이 되리라 생각한다.

『메모 독서법』의 신정철 작가는 굳이 글을 써야 하는 이유로 '쓰는 사람은 자기 삶을 살아가는 힘을 갖게 되며 책을 제대로 소화하기 위해서라고 말한다. 글을 쓴다는 건 때론 자신을 들추어내는 부끄러움의 용기가 필요하다. 지극히 이런 일련의 활동으로 글쓰기는 공감 능력을 향상하는데 도움을 받는다. 온종일 감정이 없는 기계와 씨름하는 나로서는 감성을 훈련하는 좋은 본보기로 글을 쓴다. 그와 동시에 4차 산업에 대비할 역량을 키워나간다. 독서를 하며 습관적으로 마음에 와 닿는 구절을 만나면 빨간 펜으로 줄을 긋고 동그라미를 그리기도 한다. 그러고는 내 생각과 일치하거나 반문이 생기면 여백을 이용해 낙서하듯 써 내려 간다. 이런 독서 습관은 어느 날 하루의 감사를 일기 쓰듯 써보라는 책 한 권을 통해 알게 되었다. 제니스 캐플런의 『감사하면 달라지는 것들』의 책을 읽으며 하루의 사소한 일들마저도 감사하는 마음으로 하루를 마무리하면 삶의 행복도는 높아진다. '작은 것에 만족하지 못하는 자는 어떤 것에도 만족하지 못한다.'라고 에피쿠로스가 말했듯이 하루를 살아가며 긍정의 끈을 부여잡고 행복을 유지하는 가장 손쉬운 방법은 '감사함'이다.

태어나 처음 글을 쓰게 된 건 아마도 초등학교에 입학해 일기란 걸 접했을 때다. 그리고 직장을 다니는 사회인으로서 매일 이어지는 회의에서 할 일을 기록하는 메모 외에는 글을 쓸 이유도 목적도 없었다. 비로소 나의 감정대로 글을 쓰게 된 건 매일 '감사 일기'를 쓰기 시작하면서다. 감사 일기를 통해 나의 목표와 다짐을 글로 남기는 습관도 함께 가지게 되었다. 글을 쓴다는 건 머릿속의 내용을 정리 요약해 확신하게 만드는 의식과도 같다. 지금은 내가 겪은 많은 일을 글로 남기고 있다. 평범한 많은 이들이 자기의 삶을 글로 펼치며 작가의 길을 가는 걸 보면서 나 또한 드러내고자 하는 욕망이 일었다. 비록 대단한 삶을 살지 않았지만, 나의 경험과 노하우를 독자들과 함께하고 '나'를 세상에 알리고 싶었다. 의식 변화의 중요성을 강조하며, 지금까지 뿌리박혀 있던 가장 보편화하고 현실적인 '의식'을 버려야 함을 깨우쳐준 한책협의 김태광 대표님이 아니었다면 글을 쓴다는 건 언감생심 생각도 못 할 일이다. 삶을 돌이켜 한 권의 책은 어떤 이들의 위로보다도 강했으며 위안이 되었음을 알기에 책을 쓴다는 것에 기쁨보다는 책임이 크게 다가왔다.

'붓을 움직이지 않는 독서는 독서가 아니다'라고 모택동이 말했듯 난, 나의 책을 쓰고 있다. 특별할 것 없는 나의 발자취를 글로 남기며 달라진 점들이 있다. 책을 읽는 독자였을 때의 일상은 메모할 필요성을 느끼지 못했지만, 작가로서의 시선은 흔히 겪는 일상이 주제가 되고 쓸 제목이 되어 메모지와 펜을 항상 휴대한다. 잠을 자는 머리맡에 볼펜과 메모지가 놓이게 된 이유이기도 하다. 또 다른 한 가지는 남의 시선을 기준으로 바라보던 나의 삶에서 온전히 나를 바라보게 해주는 깊은 성찰을 배웠다. 이는 글을 쓰며 알게 된 뜻깊은 결과이기도 하다.

'할 수 있는 능력이 있는데도 불구하고 당신이 원하는 발전을 이루어내지 못하고 있다면 그것은 당신의 목적이 분명하지 않기 때문이다'라고 폴 J. 메이어는 말한다. 많은 사람이 자기 이름으로 책을 펴내는 것을 꿈꾸지만 대다수가 이루지 못하는 가장 큰 원인은 글쓰기에 대한 목적의 상실과 두려움 때문이다. 영화 〈명량〉에서 최민식 배우가 연기한 이순신 장군의 명대사 중 "두려움을 용기로 바꿀 수만 있다면 말이다."라고 말한다. 그만큼 두려움은 모든 희망을 망설이게 만드는 주범이다. 나는 비로소 책을 읽으며 남의 옷을 입은 듯 알 수 없는 감정이 글을 쓰게 되면서 온전히 나에게 맞는 깔끔한 옷을 입게 되었다.

5

한 분야의 책 50권만 읽어도 전문가가 된다

독서의 필요성을 강조한 내용이다. 독서를 통한 가장 큰 이득은 생각의 폭이다. 생각의 폭이 커지면 양반과 노비의 사회구조에 반발이 두려워 그들만의 울타리를 만들어 접근조차 못 하게 만들었다. 오늘날에는 정보의 홍수로 인해 문자를 해독하는 능력보다는 걸러내는 능력을 배양해야 한다. '한번 잡은 책은 닳아 없어질 때까지 읽었다'는 세종의 백독백습(百讀百習)은 유명하다. 그러나 이 글을 쓰는 나에게도 매일 꾸준히 읽고 쓰는 행위는 그리 만만한 일이 아니다. 세계적인 동기부여가 브라이언 트레이시는 자신의 인생을 스스로 책임져야 한다는 것을 인식하고 책을 읽으면서 인생이 달라지기 시작했다고 한다. 그는 "매년 50권씩 3년을 읽으면 그 분야의 전문가가 되고, 매년 50권씩 5년을 읽으면 그 분야의 전국적인 전문가가 되고, 매년 50권씩 7년을 읽으면 세계적인 전문가가 된다."라고 말했다.

나는 자기계발 분야의 서적만을 읽어왔다. 신용불량자가 되고 파산을 경험하면서 고난과 역경을 이겨내 성공의 길을 걷는 위인들의 지혜를 읽었다. 얼마 전부터는 의식을 변화시키는 책을 중점적으로 읽는다. 그리고 부와 풍요에 관한 책들 위주로 읽는다. 원하던 프랜차이즈 음식업이 좋지 않은 방향으로 나가 결국 빚만 남고 문을 닫았다. 곧바로 태어난 딸아이는 나를 슈퍼맨으로 만들어주었다. 돈이 없다는 사실에 무엇이든 목숨 걸고 일했다. 목숨 걸고 하는 일은 두렵지 않고 무섭지 않다는 것을 의미한다. 오로지 일에만 집중하며 나에게 몰입한다. 비 오는 밤, 산속 공장이건 공동묘지건 아무 상관없이 오로지 일과 나에게 몰입한다. 귀신이 무서운 것보다 돈 없는 현실이 더 무서웠다. 몰입할 수 있게 만든 원초적 힘은 갓 태어난 딸아이와 책이었다. 나폴레온 힐의 『놓치고 싶지 않은 나의 꿈 나의 인생』, 『부자는 타고나는 것이 아니라 만들어진다』, 『행동하라! 부자가 되리라』, 데일 카네기의 『카네기 인간관계론』, 스펜서 존슨의 『누가 내 치즈를 옮겼을까』, 피터 드러커의 『자기 경영노트』, 스티븐 코비의 『성공하는 사람들의 7가지 습관』, 벤자민 프랭클린 『프랭클린 자서전』, 웨이슈잉의 『하버드 새벽 4시반』, 할 엘로드의 『미라클모닝』, 이지성 작가의 『리딩으로 리드하라』 등 내면의 성장과 삶의 질을 높이고자 부단히 읽었다. 자기계발 분야만 1년에 50권 이상을 넘게 읽었다고 해서 갑자기 두뇌가 열린다거나 엄청난 지식이 늘어 사회생활에 영향을 미치는 일은 없었다. 하지만 나 자신이 문제를 대하는 태도가 변하기 시작하는 에너지를 느낀다. 분명한 건 옳고 그름을 판별하는 능력이 분명해졌고 생각의 폭이 넓어졌다. 적지만 타인의 시선에서 벗어나려는 노력을 하고 있음을 눈치 챘다. 변화하려는 몸부림을 의식적으로 느낀다. 한 분야 50권 이상은 시간의 소중함을 일깨우며 오늘도 10분의 휴식에 책장을 넘긴다.

독서에서 가장 중요한 점은 일단 저지르는 것이다. 요즘엔 인터넷 서점을 자주 이용하지만 얼마 전까지만 해도 차를 타고 서점을 다녔다. 책을 읽기 위해서는 책이 있는 곳으로 가야 한다. 그리고 죽이 되든 밥이 되든 읽으면 된다. 자기가 관심 있어서 하는 분야를 찾아 무조건 읽는다. 목이 마르면 물을 찾듯 삶의 뭔가가 부족하다고 느끼면 책을 읽으면 평온해진다. 나는 1년에 수백 권을 읽는 다독가는 아니지만 내 삶의 뿌리에 깊은 영향을 준 영양제였기에 오늘도 읽는다. 무언가를 계획했으면 망설이지 말고 움직여야 한다.

"어떤 기술에 대해 300번 연습하면 흉내를 낼 수 있고 다른 사람에게 그 기술을 보여줄 수 있다, 3,000번 연습하면 실전에 쓸 수 있는 정도가 되고 평범한 무술인을 상대로 이길 수 있다, 마지막으로 3만 번 연습하면 자신도 모르는 사이에 그 기술로 상대방을 제압하게 된다."라고 극진 가라테의 창시자인 최배달 선생은 말한다. 무도인의 실전을 위한 연습을 강조한 말이다. 독서도 이와 다른 바 없다. 자기 분야에 얼마나 많은 독서를 하느냐에 전문성이 길러진다. 한 분야의 책을 1년 동안 50권 읽는 건 그리 어렵지 않지만 만만치도 않다. 1년은 52주에 해당하니 일주일에 한 권씩 꾸준히 읽다 보면 52권의 책을 읽게 된다. 마쓰모토 유키오 작가의 『1년에 1000권 읽는 독서 멘토링』에서는 '한 분야 당 20권을 읽어서 세미프로가 되라'라고 말했듯이 50권을 읽는다면 단연코 전문가 소리를 들을 만하다.

물리학자인 닐스 보어는 전문가란 '아주 좁은 범위에서 발생할 수 있는 모든 오류를 경험한 사람'이라고 정의했다.

아인슈타인은 "우리가 직면한 문제들은 그 문제들이 발생한 때 갖고 있던 사고방식으로는 해결할 수 없다"라고 했다. 한 분야에 고정된 지식과 관념에서 벗어나야만 다른 방법을 모색할 수 있다. 가장 빠르고 쉬운 방법은 자기 분야에 꾸준히 책을 읽는 방법이다. 한 분야에 50권을 읽는다는 건 어떤 일을 뛰어나게 잘하고자 하는 신념과도 같은 것이다. 급하게 서두르지 말고 비록 거북이의 내딛는 발처럼 느리다 하더라도 자신의 분야에 한 권의 책을 하나하나 읽어나간다면 어느새 한층 성장한 거울 속 자신의 모습을 바라보게 될 것이다.

직장생활에서 전문성이란 문제해결 능력을 말한다. 특히 중소업체의 회사는 대기업과는 매우 다르다. 대기업은 각 분야의 전문가들이 분야를 담당하지만, 중소업체는 세부화된 인력을 확보할 수 있는 여력이 힘들다. 쉽게 말해 일당백이 되어야 한다. 이일 저일 닥치는 대로 해야 한다. 기계 가공은 물론 수리 보수, 지게차, 방수작업, 전기, 소방, 시멘트, 용접 등 전반적으로 알고 있어야 하며 처리능력을 갖추어야 한다. 한 분야에 50권을 읽으면 전문가가 된다. 기계만을 두고 본다면 항공기 정비 자격증을 공부하기 시작하며 읽고 배운 항공기 기체, 전기, 유압, 엔진, MCT, 프로그래밍, 도면 등 대학에서 가르치는 전문서적은 아니지만, 서점에서 구매해 읽은 책들이 다수다. 현대 경영학의 아버지 피터 드러커는 3년마다 주제를 바꿔가며 책을 읽어 35개 분야의 전문가가 된 것으로 유명하다. 어쨌거나 책은 읽으면 읽을수록 지나치지 않고 오히려 새로운 능력을 갖추게 해준다. 운동을 과하게 하면 '오버-트레이닝'으로 오히려 운동하면 할수록 피로도가 증가하고 무기력해지며 몸살과 같은 증상으로 앓아눕게 된다. 나는 팔꿈치 연골이 없다시피 해 한참 운동에 매달리고 있을 때, 과도한 욕심을 부려 두 시간을 훌쩍 넘긴 적이 있었다. 그날은 굉장히 피곤했으며 집에 도착해 몸살 걸리듯 끙끙 앓아누워 며칠을 고생한 적이 있다. 또한, 아무리 몸에 좋은 음식이라도 과하게 먹으면 탈이 난다. 하지만 책은 한 분야에 50권이 아니라 그 이상의 배로 읽는다해도 뇌에 병이 생기거나 몸에 이상 반응이 생기지 않는다. 책을 많이 읽는다는 건 삶의 질을 향상하는 평생의 스승이다. 또한, 끊임없이 변하는 사회와 일에 대한 혁신을 요구하는 영역의 유연성까지 길러진다.

행복한 사람이 되고 싶다면 독서를 해라

하버드 3대 명강 중 하나인 행복학 수업을 강의하는 탈벤 사하르 교수는 "행복이란 의미와 즐거움의 조합"이라고 말한다.

우리는 행복을 위해 공부하고 일하면서 타인들과의 사회적 관계를 지속한다. 내가 가지는 행복의 기준은 언제나 '돈'이었다. 결혼하기 전 혼자일 때도 그랬고 결혼 후 아이가 태어나면서 더더욱 돈이 먼저였다. 행복의 우선순위를 경제적 여유로움에 바탕을 두었다. 빚을 지고 추락하자마자 딸이 태어나고 식구가 늘어나는 걸 실감하며 돈은 나에게 절대 행복의 지표였다.

우리는 내일의 행복을 위해 지금의 고난을 이겨나가고 인내하며 때론 고통을 감내한다. 취업하기 힘든 요즘 세대엔 더더욱 오늘의 행복을 미뤄두고 남들보다 하나라도 다름을 위한 스펙을 쌓기 위해 기꺼이 고난과 역경을 선택해 이겨내고 있다. 매일 밤 벽제 공동묘지를 넘어야 보이는 거래처 공장에 골판지 원단을 머리에 이고 달리면서 문득 '지금의 고생이 나중에는 우리 가족의 웃음이 된다.'라는 생각에 이를 때마다 슈퍼맨으로 변신하게 해주었다.

나에게 행복은 다음 날을 걱정하지 않아도 되는 넉넉함이었고 남의집 살이가 아닌 내 집을 갖는 것이었다. "뚜렷한 하나의 목표에 집중하는 것 그리고 그밖에 모든 산만한 것들을 거부하는 데에 성공이 달려있다."라고 에마 커티스 홉킨스는 말했다. 나는 오로지 신용불량자와 파산이라는 좋지 않은 상황을 이겨내려는 생각만 가졌다. 그러면서 나폴레온 힐의 책을 기초로 본격적인 자기계발 서적을 보게 되었다. 책을 읽는다고 돈이 생기는 것도 아니고 아파트를 구매할 기회가 오는 것도 아니다. 하지만 내가 가지는 생각에 공감해주고 위로해주며 동기부여가 되기도 한 유일한 동반자였다. 무엇보다 생각을 오염시키지 않고 집중하는 데 도움을 주었다. 사실 더는 인생의 추락을 막고자 했던 나만의 발악이기도 했다.

나는 지금까지 여러 직업을 거쳤다. 남들은 한 우물만 파야 한다며 한 직장에 오래도록 다니지만, 당시의 상황에서는 한 푼의 동전이 내겐 너무도 소중했다. 군인, 대리운전, 카드 단말기 영업사원, 대형 화물차 운전, 골판지 배송업무, 주유소, 기계 가공 등 많은 직업군을 가졌다. 공통점이라면 모두 중간 관리자로 승진해 업무를 처리했다. 말단 사원으로 들어가 나중에는 과장, 부장을 달았다. 어떤 곳은 먼저 근무한 이들보다 한 단계 위의 직급을 가지게 돼 미안한 마음을 갖기도 했다. 절대 자랑하기 위함이 아니다. 이런 내면에는 책이 있어서 가능했다. 지난 과거로 인해 비록 어려움을 겪지만 건강하게 태어난 아이와 한 번도 해보지 않은 식당일을 힘든 내색하지 않고 묵묵히 따라와 준 아내를 보며 한 점 부끄러움이 없는 아빠와 가장이 되려고 노력했다.

주유소 말단 사원으로 아르바이트 학생들과 함께 뛰어다니며 읽은 조 지라드『최고의 하루』는 일을 대하는 자세와 그날의 기분이나 감정 탓으로 한 명의 고객을 소홀히 대한다면 자신에게 어떤 파장의 결과가 나타나는지를 일깨워 주었다. 나는 마인드를 키워야 했다. 더욱 빠르게 진급하고 연봉을 올리는 유일한 해결책은 마인드를 새로이 변화시켜야 했다. 이는 어느 날 갑자기 변하고자 한다고 변하는 문제가 아니다. 나는 여러 성공자의 책을 읽으며 동기부여 받고 힘을 얻었으며 삶을 지탱하는 에너지로 삼았다. 가장 적은 돈으로 나를 그들과 같은 마인드로 성장시키는데 독서보다 더한 건 없었다. 그로부터 나는 1년 만에 한 지점을 총괄하는 지점장으로 승진했다. 독서는 언제나 강요하지 않아도 뛰게 만들었고 눈치주지 않았음에도 가슴 뛰게 만드는 말씀 없는 스승이었다. 행복은 주관적인 감정의 경험이므로 정답이 없다. 어떤 일을 꾸준히 해내는 일은 쉬우면서도 가장 어려운 일이다. 나의 행복은 남들이 갖지 않는 무언가를 통해 빠르게 성장하는 데 초점을 맞추었다. 일을 통해 인정받아 경제적 어려움에서 벗어나는 것뿐이었다. 눈에 보이지 않는 마인드를 갖추기란 마치 무도인들이 매일 주먹을 단련해야만 언젠가 강해지듯이 꾸준히 무언가를 통해 생각을 오염시키지 말아야 한다. 그 무언가가 내겐 독서였다. 돌이켜보면 행복이란 고난과 역경을 이겨내고자 하는 과정이며, 흔들리지 않고 목표에 하나씩 다가가는 지극히 도덕적이고 인간적인 욕망의 즐거움과 기쁨의 표현이다. 흔들리지 않기 위해서는 독서만큼 단순하고 강력한 방법은 없다.

살아가면서 가장 감사하는 일은 가족들의 건강함이다. 그 어떤 것도 이보다 앞설 수는 없다. 나는 독서를 꾸준히 하며 달라지는 가장 큰 변화 중 하나는 바로 감사하는 마음이다. 나는 눈을 떠 아침 출근 시간 자동차에 몸을 싣고 매일 큰 소리로 기도를 올린다. 비바람을 막아줄 집이 있어 감사하고, 나를 걱정해주며 뜸 들이고 난 첫 밥을 챙겨주는 아내에게 감사하며, 두 아이가 건강하게 학교생활에 적응함에 감사드린다. 현재 가진 것에 감사하고, 나보다 많이 가진 자를 부러워하며 목을 뒤로 제치기보다는 제대로 인식한 지금의 나에게 감사한다. 감사는 항상 지금의 순간에 집중하고 이기적인 내가 튀어나오는 걸 방지하고 겸손함과 숙연함으로 편안함을 준다. 나는 현재 사는 지방으로 이사한 후부터 지금까지 약 10년간 하루도 빠지지 않고 부모님께 전화 안부를 묻는다. 처음에 며칠간은 어머님께서 무안해하셨다. "집에 무슨 일 있냐? 갑자기 왜 이래?"라며 의아해하셨다. 아버지께서는 은근 좋으시면서도 내색하지 않으셨다. '며칠 반짝하다 말겠지.'라며 의심했지만 10년간 이어진 지금은 아버지께서 더욱 흥겨워하신다. 미국 최고의 앵커이자 세계에서 가장 영향력 있는 여성인 오프라 윈프리는 "고맙습니다. 나는 진실로 복 받은 사람입니다, 라고 말하지 않고 지나간 날이 단 하루도 없다."라고 말했듯이 언제나 모든 것에 감사하는 마음으로 겸손을 유지한다. 일주일이 지나고 한 달이 지나면서는 오히려 그 시각에 전화가 울리지 않으면 오히려 어머니께서 전화가 왔다. 항간에 가까운 지인에게 이런 일을 말하면 십중팔구 오히려 걱정하시니 필요할 때만 전화하는 것이 서로에게 좋다는 궤변과 핑계를 늘어놓기도 한다. 당시 난 40년 가까이 살면서 부모님에게 사랑한다는 말을 표현해본 적이 없었다. 프랜차이즈 음식점을 각종 대출을 받아 시작할 무렵 아버지께서는 캄보디아 성당 건축을 맡은 국내 건설회사의 소장으로 일하셨다. 워낙 과묵하시고 책임감이 강하셔서 어릴 적 나의 기억엔 아버지와 손잡고 다닌 기억이 단 하나도 없다. 그만큼 일만 하신 분이셨다. 1년 365일 중 360일 가까이 일만 하셨다. 현재 진행 중인 건축물이 완성되는 날, 준공검사가 끝나는 날이 쉬는 날이었다. 철이 들지 않은 혈기왕성한 나와 아버지의 사이는 가까우면서도 가장 멀고 불편한 사이였다. 자연스럽게 대화는 어머니와 많아질 수밖에 없었지만, 워낙 없이 시작한 삶은 녹록치 않아 어머니께서도 봉제 공장에 다니며 가정경제에 보탬이 되고자 애를 쓰셨다. 중학교 1학년 때는 친구의 안경을 깨트리는 바람에 공장에서 어머니를 찾아 물어준 적이 있다. 지금은 안경 값이 대중화되었지만, 당시에는 상당히 비쌌다. 이때 어머니의 난감한 표정과 힘들어하는 모습을 나는 생생하게 기억하고 있다.

『언어의 온도』를 쓴 이기주 작가는 어머니의 삶의 무게가 적힌 일기장을 보며 '눈물은 눈에만 있는 게 아닌 듯하다. 눈물은 기억에도 있고, 또 마음에도 있다.'라고 말한다. 부모로서 짊어져야 할 삶의 무게를 본 순간 내 기억 속의 눈물이 깊이 각인되어 한 자락 필름으로 남아있다. 독서는 나를 철들게 했다. 효는 돈을 많이 벌면, 이라고 말하지 않고, 내가 성공하면, 의 가정이 아니었다. 내가 할 방법을 고민하다가 우연히 통화하며 느끼기 시작했다. 부모님은 아주 작은 사소한 것을 원하신다는 것을. 지금은 통화 중에 누구나 할 것 없이 '사랑한다.'라는 말을 자연스럽게 시작하고 끝을 맺는다. 오늘도 내일도 앞으로도 계속 나는 '사랑 문안 인사'를 매일 드릴 것이다.

'행복은 사소한 일에서 곧바로 즐거움을 알아채는 것이다.'라고 휴 월폴은 말한다. 나의 독서는 어머니와 나를 하나로 연결해 주는 중매쟁이 역할을 했다. 독서가 나를 변하게 만들었다. 나는 독서를 통해 부모님을 찾았고 부모님과 나의 행복의 공통분모를 찾았다. 성공자들의 공통점은 감사하는 마음이다. 그중에 부모님의 감사가 다른 어떤 공부보다도 우선되어야 한다. 그리고 우리에게 필요한 것은 감사함을 표현할 적극적이고 사소한 결단이다. 사소한 결단은 부모님의 얼굴에 미소를 만든다.

지나치게 팔을 많이 써 고장이 난 나의 팔꿈치 '관절염'을 통해 일명 할머니들의 말 못할 고통을 알게 되었다. 그리고 어머니는 평생 하신 봉제공장일 때문에 무릎 관절에 이상이 생겨 다리 모양이 점점 O자처럼 되고 있었다. 내가 아프기 전에는 어머니의 관절염 고통을 그저 나이가 들면 으레 찾아오는 전염병 정도로 여겼다. 내가 직접 경험해보니 참아내기 힘든 고통 중 하나라는 사실을 느끼게 되었다. 잠을 자면서도 아파하시는 어머니의 고통을 이해하지 못한 불효자였다. 걸어가는 뒷모습을 보며 다리의 모양이 심각하게 휘어 있는 것을 보고 그제야 병원으로 향했고 진단결과 관절염 말기 판정으로 최대한 빠른 시기에 수술이 필요하다는 의사 소견을 들었다. 당시 한참 기계를 점검하고 있던 나에게 아버지께서 다급히 전화가 왔다. 여름휴가를 맞춰 수술하려 계획 중인데 약 한 달간 입원해야 한다는 것이다. 아버지의 휴가는 2박 3일이라 어머니의 병간호가 어렵다는 전화였다. 나는 곧바로 어머니의 수술에 맞춰 일주일간의 휴가를 낼 수 있다고 했다. 그리고 8월 8일 어머니의 수술이 시작되었다. 오른쪽 다리를 먼저 수술 후 곧바로 왼쪽 다리를 수술했다. 두 다리 모두 수술을 했기 때문에 어머니의 고통은 배가 되었다. 어머니의 통증은 진통제의 강도를 높여도 소용없듯 이를 악물며 아파하셨다. 아들로서 이를 지켜보는 것 또한 심적 고통이 말로 표현할 수 없이 아팠다. 병간호 한다고는 하지만 내가 할 일은 식사시간에 밥을 챙겨주는 것과 물리치료실로 이동하는 것 외엔 도움이 되지 못해 아쉬웠다. 나는 집에서 떠나올 때 세 권의 책을 가져와 틈나는 대로 읽었다. 김영수 작가의 『사마천 인간의 길을 묻다』, 유발 하라리의 『호모 데우스』, 주쯔이의 『단 한 줄도 읽지 못하게 하라』를 일주일간의 병원 생활에서 읽었다. 어머니는 인형공장, 바지공장 등 의류공장의 재봉사로 30년을 넘게 일했다. 매일 12시간에서 15시간씩 일했다. 지금이야 주 5일 근무가 보편화 되었지만, 당시엔 일요일에도 출근했다. 행복은 즐거움이자 기쁨을 만끽하는 의식상태다. 하지만 몸의 고통이 상당하거나 지속한다면 행복과는 거리가 멀어지고 오롯이 부정적인 생각으로만 가득 찬다.

유발 하라리의 『호모 데우스』에서는 '인류의 의제에 오를 큰 주제 중 하나는 행복의 열쇠 찾기가 될 것이다.'라고 말한다. 이어 수많은 사상가, 예언자, 일반인들은 생명 자체가 아니라 행복을 최우선으로 규정했다. 이 책을 읽어나가며 지금 처해있는 상황을 돌아보았다. 얼마 전까지만 해도 무릎 수술은 대학병원에서도 특별한 수술 중 하나였지만 지금은 일반화되었고 가격 또한 개인 보험과 의료보험을 적용하면 부담되지 않는 범위에서 해결할 수 있었다. 나는 이곳 무릎 수술 전문 병원에서 40대의 젊은 아주머니의 무릎 수술도 보았고 80세가 넘는 할머니가 수술 후 회복하는 모습도 보았다. 내가 듣기로는 자식들을 건재하게 키우신 할머니의 소원은 하루를 살더라도 아프지 않고 자신 있게 걸어 다니는 것이라 했다. 유발 하라리의 말처럼 국가가 의료서비스가 없다면 이런 희망의 기회도 사라지게 된다. 이는 행복을 추구할 권리의 기회마저도 사라지게 된다는 의미다. 나는 일주일간 많은 분의 행복한 고통을 인내하는 모습에, 희망의 웃음을 보았다. 우리를 행복하게 만드는 것은 목표 자체가 아니라 과정이기 때문이다. 예를 들어 한라산 정상에 서는 것보다 산을 오르는 과정이 더 뿌듯한 것과 같다. 어머니는 처음 5일간은 고통에서 괴로워하셨지만 6일 째부터는 웃음을 머금고 나와 농담을 주고받을 정도로 상태가 양호했다. 나는 일주일간 고통 속에서 행복과 미래를 위해 웃음으로 답하는 여신들과 함께한 공간에서 책을 읽으며 공감했다. 무릎 수술의 여성분들이 대다수를 차지하고 있다. 어머니와 동시에 여자의 아픔을 보았고 새삼 생명을 잉태한 어머니의 위대함을 느꼈다.

어니 J. 젤린스키의 『느리게 사는 즐거움』에서 "어제는 역사, 내일은 미스터리, 오늘은 선물이다."라고 말한다. 80대 노모의 말처럼 오늘 단 하루를 살더라도 튼튼한 두 다리로 걸어 다니며 편히 잠을 자는 그것이야말로 진정한 행복 아닐까 생각해본다. 행복은 거창한 수식어가 아니다. 남들에게 피해 주지 않으며 내가 좋으면 그것이 행복이다. 어머니의 행복 우선순위를 우리라는 테두리 안에서 찾으려 한 내가 한없이 부끄러웠다. 어머니와의 일주일간 병실 생활은 나에게 행복이라는 의미의 흐릿한 초점을 선명하게 만들었다. 또한, 독서가 주는 생각의 두께를 가늠하는 좋은 기회를 다시금 얻는 귀중한 시간이기도 했다.

독서 모임으로 주말을 알차게 보내라

독서경영포럼 대표이자 작가인 안계환은 자신의 블로그에서 독서토론은 독서를 잘하기 위한 보조수단이라고 말한다. 독서 모임은 책 읽기라는 목적에 여러 사람이 모이는 것을 뜻한다. 보통 모임이라 하면 친목을 도모하기 위한 만남의 인식이 크다. 그중에서도 독서 모임은 책을 통해 뜻이 맞는 이들과 읽고 토론하는 만남이다. 보통 평일보다는 주말 시간을 할애한다. 나는 처음엔 생존 독서를 해왔기 때문에 모임을 생각해 본 적이 없다. 처음엔 독서란 혼자 읽는 공부라고 여겼다. 그래서 독서는 고독하다고 했으며 혼자만의 시간을 가져야만 진정한 사색의 몰입을 즐길 수 있다. 남들처럼 독서를 취미 삼아 읽지 않았다. 책 속의 가능성과 희망의 목소리에 조금이라도 지속하고자 읽었다. 그래서 자기계발서나 성공하신 분들의 자서전을 계속해서 읽고 생각의 끈을 놓지 않으려 했다. 내가 우연히 독서 모임이란 걸 보게 된 계기는 경기도 광명에서 주유소 지점장으로 근무할 때였다. 퇴근 후에 가까운 지인을 만나기로 약속이 되어 기다리던 중 앞쪽 자리에 대여섯 명의 직장인으로 보이는 이들이 책을 들고 한 사람씩 돌아가며 읽었던 부위에 대한 나름의 평을 말했다. 같은 책에서 서로 뜻하는 바나 다른 중요성을 이해하는 문구를 말하며 자신 있게 전달하는 모습을 본 나는 다소 흥미로웠다.

독서를 해야 함에는 인정하지만, 막상 본인들은 읽지 않는다. 아니 읽으려 노력조차 시도하지 않는 이들이 적지 않다. 그만큼 책은 혼자서 하는 경험이기에 쉽게 접할 수 있지만 아무나 읽히지 않는다. 집중력을 요하는 일련의 과정 중 하나이기 때문이다. 하지만 독서를 하고자 하는 작은 관심과 의욕만 있다면 독서 모임을 통해 각종 정보와 독서 요령을 배울 수가 있다. 중요한 건 독서를 하고자 하는 의지의 반영이다.

독서 모임은 사람과 책에 대한 모임이다. 따라서 다른 개인적인 친목 모임과는 사뭇 다르다. 나는 한책협의 미라클 독서 모임에 참석한다. 미라클 독서 모임은 주로 의식의 변화를 중점적으로 하는 독서 모임이다. 모임장이신 권동희 〈위닝북스〉 대표이사는 〈한국석세스라이프스쿨〉의 대표도 맡은 여성 사업가이다. 산동네 흙수저에서 현재 120억 자산을 이룬 대표적인 자수성가 사업가이다. 마인드 변화를 강조한 이 모임에는 언제나 긍정 에너지들이 모인다. 예부터 사람은 끼리끼리 모인다고 했다. 권동희 모임장은 말한다. 어차피 한번 살다 가는 인생, 부정보다는 긍정으로 마인드를 바꿔 보다 풍요로운 나의 주인이 되라고 말한다. 내가 이 모임을 좋아하는 이유가 여기에 있다. 단순히 저자와 책이 전하는 연결고리로 이어진 의견이나 감상만을 듣는 것이 아닌 마음의 힐링까지 얻는다.

'책을 읽는다고 성공하지는 않지만 성공한 사람은 전부 책을 읽는다.'란 말이 있다. 누구나 성공과 행복이라는 내면의 목적과 다짐을 가지며 삶을 바라본다. 이러한 욕구로 독서를 하며 성장하기를 기대한다. 행복이란 참으로 애매모호하다. 나는 삶의 무게에 경험하지 못한 아쉬움을 보다 유연하고자 하는 태도를 배우고자 모임을 찾는다. 모든 행복은 내 안에 있고 내 안에 나는 내가 주인이 되어야 한다.

독서하면 떠오르는 건 '독후감'이다. 당시에는 방학 숙제 단골이자 메뉴이기도 했으며 이것으로 혼쭐이 난 경험을 누구나 가지고 있을 것이다. 또한, 일기도 마찬가지다. 지금은 일기보다 감사 노트를 적고 있다. 어떤 통계치의 예를 들지 않더라도 우리나라는 독서를 하지 않는 나라 중 하나다. OECD 가입국 중 가장 낮다. 연구 결과 책을 읽지 않는 사람은 독서의 필요성을 느끼지 못하는 경우가 많았다. 내 주위에도 서로 양분화된 경우의 수가 존재한다. 책을 많이 읽지만, 삶이 녹록치 않은 사람이 있는가 하면 책 한 권 읽지 않다가 나이 먹으며 머리가 트여 책과 공부에 매진하는 사람이 있다.

인생은 책을 얼마나 읽었느냐에 따라 달라진다며 펴낸『1만 권 독서법』의 저자 인나미 아쓰시는 "책을 읽기 어려운 진짜 이유는 독서를 통해 얻는 게 있으면 좋겠지만 요즘 같은 정보의 홍수시대에 모든 것을 자기 안에 담아두는 것은 가당치도 않다."라고 말한다. 무조건 자신도 모르게 무조건 담아두려는 고정관념에서 벗어나라는 말이다.

책을 접하기 전 주말은 내게 밀린 잠을 자는 게으름의 찬양 시간이었다. '시간은 돈이다'라는 말이 무색하리만큼 적당히 흘려보낸 시간이었다. 대부분 시간을 TV 시청으로 보냈고 기껏 움직여봐야 마트 장보기였다. 미래를 생각했지만 어두운 그늘만 떠올렸고, 행복은 아직은 내 차례가 되지 않아 때 되면 오는 것으로 생각했다. 내 주위 5명이 나의 현 수준이라는 말이 있다. 나는 내 주위에 나와 같은 사람이 있을 뿐이었다. 결혼 전 나의 모습이며 당시 회사 영업 업무로 인한 극도의 스트레스는 머리 정수리에 500원짜리 동전만큼의 머리카락이 빠져 병원을 찾게 했다. 머리에 주사를 놔 주던 나이 지긋하신 의사 선생님의 책을 읽어보라며 내던지듯 한 한마디 말이 엄청난 은혜의 말로 다가왔다. 당시엔 '왜' 의사 선생님의 말씀이 아직도 귓속에 머무는지 알 수 없었지만, 그 덕분에 독서를 위해 스스로 무언가를 찾는 노력을 했다. 그 후로 한 권씩 사들여 보게 된 책이 이제는 삶의 생활이 되었다. 책 몇 권 읽는다고 사람의 타

고난 성질이 바뀌겠느냐마는 자신도 모르게 책 속의 위인들과 닮으려는 의식적 변화는 분명 무언가를 다르게 느끼는 오묘한 에너지를 느꼈다. 시간이 지나 이제는 나를 넘어 독서 모임에 참석해 저자의 뜻과 내가 전달받은 감성을 말하는 그 시간을 즐긴다. 모임이라면 시간이 허락한 비생산적 낭비라고 생각했던 나의 발전 모습이다.

헤럴드 셔먼이 펴낸『억대 연봉자의 메모 수첩』에서는 급한 대로 종이에 메모했다가 나중에 수첩에 기록하는 것은 시간을 이중으로 사용하는 것이므로 비효율적이라며 주말에도 긴장을 늦추지 말고 수첩에 기록하라고 말한다. 독서도 마찬가지다. 주말에는 더더욱 책에 몰입할 수 있는 모임과 시간을 가져야 한다. 나는 주말에는 오히려 독서 모임과 북 카페를 찾아 책을 읽는다. 습관은 환경에 좌우한다. 때론 북 카페에서 공부하는 학생들의 모습은 나의 독서를 몰입하게 해주는 열정 신동들이기도 하다.

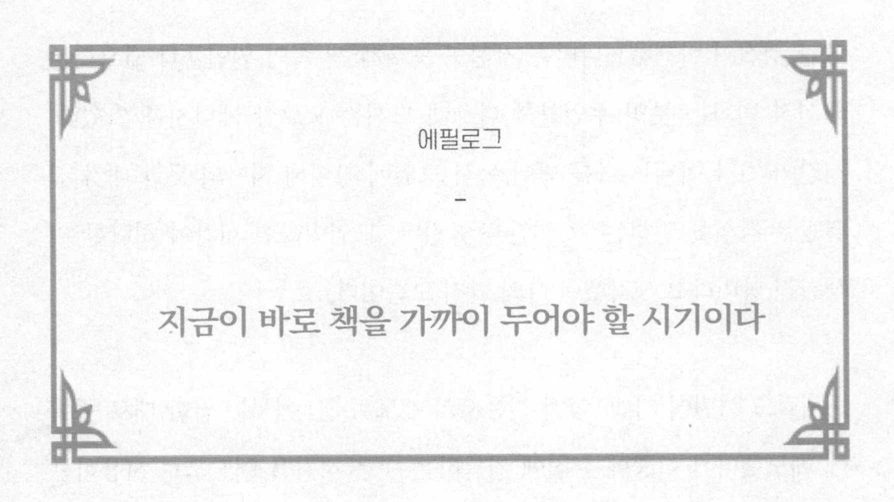

에필로그

지금이 바로 책을 가까이 두어야 할 시기이다

보이지 않는 바이러스로 인해 모든 업종이 '셧다운' 상태가 되어가고 있다. 산업 특구에서도 예외는 없다. 갑자기 주문 물량이 줄거나 취소 또는 무기한 연기 상태로 돌아갔다. 지금까지 아무리 힘든 경제 상황에서도 제조업은 흔들리지 않았다. 하지만 이번에는 달랐다. 이곳 산업 단지의 중견 회사도 이미 무급 휴무로 교대근무 중이며 이제는 구조조정에 들어간 회사도 속출하고 있다. 그나마 직장인들은 상황이 나은 편이다. 동네만 보더라도 개인 식당이나 극장, 기타 서비스업은 인적이 드물어 결국엔 폐업하는 곳이 속출하고 있다.

〈한국경제〉 2020년 4월 5일자 기사 내용에서 '지난해 말 기준 자영업 금융채무 불이행자는 3만5천806명으로 집계됐다.'라는 내용을 읽으며 지난날의 나의 모습이 떠올랐다. 채무불이행은 신용불량자로 이어지며 심적인 압박감과 함께 죄인이 된다. 나 역시 죄인이다. 남의 돈을 빌려 사용했으면 당연히 갚아야 한다. 사정이야 어떻든 간에 갚지 못한 채무는 파산이라 하더라도 심적 부담감은 양심의 가책으로 남게 된다.

처음엔 두렵고 막막한 삶 속에서 도망치고 싶은 마음뿐이었다. 궁지에 몰린 생쥐처럼 바짝 움츠리다가 더는 갈 곳을 잃어 두려움이 사라지게 되는 자신을 보게 되었다. 그순간 내 삶에 책이 들어왔다. 두려움을 작은 희망으로 바꿀 수 있었으며 '죽을힘을 다해 한번 살아내자!'라는 간절함을 배울 수 있었다. 자칫 다른 방향으로 흘러갔다면 생각지도 못한 상황에 부딪쳐 더욱 내리막길로 치닫게 되었을 것이다. 또한, 이러한 상황에 처해있는 사람을 사회적 무관심으로 개인의 잘못이라고만 몰아세우다 보면 가족해체 등 심각한 사회문제를 일으키는 악순환의 고리에 빠질 수도 있었다.

잠시나마 이 글을 쓰고 있는 나 역시 극단적인 생각을 가졌던 장본인이기도 하다. 생각조차 하기 싫을 만큼 찌든 삶의 냄새를 기억하고 있다. '궁지에 몰리면 잘못된 선택을 할 수 있다.'라는 속담이 있듯이 정말로 어렵고 힘든 가정을 위한 제도를 마련해 다시금 사회생활을 할 수 있도록

하여 우선 가정의 해체를 막아야 한다. 당사자 또한 죽을힘을 다해 가정을 지키려 최대한의 노력을 기울여야 한다. 아니 노력보다도 더한 피나는 각오를 다져야 한다.

나는 신용불량자이자 파산자였다. 자신을 인생의 실패자로 여겼다. 누구에게도 발설하고 싶지 않은 나의 커다란 치부를 스스로 까발리고 있는 격이다. 혹자는 무슨 자랑거리라고 책까지 내느냐고 따져들 것이다. 맞는 말이다. 대신 30대 초반의 건강한 젊은이가 팔꿈치 연골이 닳아 없어지는 줄도 모르게 죽기 살기로 살아냈다. 당시를 회상하면 하루하루가 극도의 불안감으로 이미 자존감은 바닥으로 추락했으며 뒤로 넘어져도 코가 깨지는 사람이 나였다. 하지만 책을 읽기 시작하며 위인들의 삶을 온전히 나에게 대입하면서부터 희망의 싹이 트기 시작했다.

아무도 예상치 못한 코로나의 위협으로 직장인뿐만 아니라 자영업자들도 큰 위기 속에 처해있다. 자신을 위로하고 흔들림 없는 곧은 심지를 지속하려거든 지금이 책을 읽어야 할 때다. 그리고 신용불량으로 한층 위기에 내몰린 많은 이들 또한 책 한 권 읽기를 강력히 추천한다. 나의 경험담을 책으로 내는 이유는 빚으로 인해 미래가 없는 현실 속에 망연자실한 많은 이들에게 조금은 위로가 되었으면 하는 간절한 바람 때문이다. 또한, 죽을 각오로 다시 일어서는 작은 동기부여를 통해 '인생은 살아 볼 가치가 있다.'라는 걸 느낌과 동시에 포기하지 않는 삶을 붙잡기 위함이다. 신용이 바닥나 빚에 허덕이거나 파산을 생각하는 이들이라면 더더욱 책 한 권을 손에 들어야 한다. 움베르토 에코는 "자기 안에 있는 타자(他者)를 발견할 때 사람은 비로소 윤리를 얻는다."라고 말한다. 독서는 책 속에서 타인들의 많은 삶을 경험하면서 위로를 받는다. 어떤 부분에서는 공감대가 형성되어 나만이 추락하는 삶의 주인공이 아니라는 걸 깨닫기도 한다.

신용불량자나 파산자가 되면 그 사실 자체가 삶을 초조하게 만들며 극도의 불안과 두려움으로 시련을 탈피하려는 어떤 시도조차 하지 않게 된다. 그저 과거 속에서 맴돌면서 남과 비교하며 한없이 작아지는 자신만을 들여다볼 뿐이다. 생각은 꼬리에 꼬리를 물고 급기야 아무것도 하고 싶지 않은 무기력에 자신을 내버려 두고 만다. 이것을 알아차리게 하는 것이 독서다. 스마트폰이나 인터넷의 디지털세상을 잠시 뒤로하고 오롯이 책 한 권을 몰입하며 읽는 고독의 시간을 갖길 바란다. 분명 독서 습관은 현재 처리하지 못한 빚 문제에 대해 '어떻게 처리할 것인가'를 시작으로 '그렇다면 현재를 어떻게 살 것인가'로 이어지는 올바른 사고 패턴을 만들어줄 것이다.

지금은 모두가 힘든 시기를 참아내고 있다. 이럴 때일수록 책의 삼매경에 빠져들어 보다 나은 내일로 방향을 틀어봄이 어떤가 싶다. 책을 읽어나가다 보면 어느 순간 어떤 구절에 시선이 멈추게 된다. 자신의 심장을 뛰게 하는 멋진 문구에 사로잡혀 평생 간직하기도 한다. 이런 느낌을 많이 받을수록 삶은 서서히 윤택해져 간다.

이 책을 통해 누군가가 위로를 받았다면 감사하다. 누군가 이 책과 공감한다면 이 또한 감사한 일이다. 지금 이 순간 모든 것을 잃어 어떻게 살아가야 할지 모르겠다고 느낀다면 지금부터 책을 읽어야 할 때다. 일단은 읽기 바란다. 힘들 때일수록 온갖 잡념은 계속해서 자신을 파고든다. 잡념에서 벗어나야 한다. 잡념을 이겨내는 최고의 방법은 바로 독서다. 마지막으로 이 책을 읽는 독자분들의 가정에 언제나 평화와 행복의 조화로운 삶이 깃들길 간절히 바란다.